LUDWIG A. PONGRATZ

Bildung im Bermuda-Dreieck

LUDWIG A. PONGRATZ

Bildung im Bermuda-Dreieck: Bologna – Lissabon – Berlin

Eine Kritik der Bildungsreform

Ferdinand Schöningh
Paderborn · München · Wien · Zürich

Umschlagfoto: Christian Pongratz

Bibliografische Information der Deutschen Nationalbibliothek

Die Deutsche Nationalbibliothek verzeichnet diese Publikation in der Deutschen
Nationalbibliografie; detaillierte bibliografische Daten sind im Internet über
http://dnb.d-nb.de abrufbar.

© 2009 Ferdinand Schöningh, Paderborn
(Verlag Ferdinand Schöningh GmbH & Co. KG, Jühenplatz 1, D-33098 Paderborn)

Internet: www.schoeningh.de

Einbandgestaltung: Evelyn Ziegler, München
Printed in Germany.
Herstellung: Ferdinand Schöningh GmbH & Co. KG, Paderborn

ISBN 978-3-506-76728-8

Inhalt

1.
Bildung im Bermuda-Dreieck:
Bologna – Lissabon – Berlin

„Lernen", heißt es in einem Aphorismus Lothar Zenettis, „ist ein Prozeß. Wer ist angeklagt, wer verteidigt, wer ist Zeuge, wer Richter?" (Zenetti 1972, S. 113) Die Pointe dieser Fragen liegt im Doppelsinn des Wortes ‚Prozess'. Denn keiner käme so ohne weiteres auf die Idee, Lernprozesse mit Gerichtsverhandlungen gleichzusetzen. Zumindest gab es bisher wenig Grund dazu. Seitdem jedoch die von der Europäischen Union angestoßenen ‚Prozesse' derart überhand nehmen, dass manchem der Überblick abhanden kommt, – man denke etwa an: Bologna-Prozess, Luxemburg-Prozess, Kopenhagen-Prozess, Brügge-Prozess oder Lissabon-Prozess – drängt sich die Frage geradezu auf: Was heißt hier ‚Prozess'?

Wer der europäischen Nomenklatur auf den Grund geht, merkt alsbald, dass der unscheinbare Begriff ‚Prozess' ein ganzes Arsenal neuer Regierungstechniken bereithält: spezifische Formen der Lenkung, Steuerung und Kontrolle, die – neben anderen öffentlichen Sektoren – nun auch den Bildungsbereich in Beschlag nehmen. Das neue Bildungsregime gibt sich einen freiheitlichen Anstrich, was wenig verwundert: schließlich ist es neoliberal präformiert. Gleichwohl macht sich Skepsis breit. Denn das Versprechen von Freiheit führt neue Zwangsprozeduren im Schlepptau. Sie schüren den Zweifel, ob die in Gang gesetzten ‚Prozesse' das bewirken, was sie vorgeben: bessere Bildung, bessere Schulen und Hochschulen, bessere Lehrerinnen und Lehrer.

Die vorliegende Monographie geht diesem Zweifel nach. Der Verdacht erhärtet sich, dass das neue Bildungsregime alles Mögliche im Gepäck führt – nur nicht Bildung. Die Namen europäischer Städte wie Bologna, Lissabon oder Berlin, die als Kürzel für politische Programme, Strategien und Institutionen stehen, fungieren nicht nur als Aufbruchssignale, sondern markieren zugleich Abbruch und Verlust. Die Rede von der „Bildung im Bermuda-Dreieck" spitzt diese widersprüchliche Verfassung der Bildungsreform metaphorisch zu. Hinter der neuen Glanzfassade kommen neue Widerspruchslagen zum Vorschein, denen die folgenden Überlegungen nachgehen.

1.1 Bologna: Das neue ‚Betriebssystem'

Die Bologna-Deklaration (vgl. Eckardt 2005, S. 110 ff.) und der ‚Prozess', der durch sie angestoßen wurde, fielen nicht vom Himmel. Vorausgegangen waren unterschiedliche Initiativen des Europarates und der Europäischen Gemeinschaft zur Harmonisierung der europäischen Hochschulbildungspolitik; vorausgegangen waren Aktionsprogramme der Europäischen Union, die bereits mit wohlklingenden Namen wie ERASMUS oder SOKRATES aufwarten konnten; vorausgegangen waren schließlich auch nationale Reformdiskussionen, die im Wesentlichen von der Sorge getragen waren, man könne im Globalisierungsprozess den Anschluss verlieren. Als die Hochschulrektorenkonferenz 1996 die „Inkompatibilität der deutschen Studienstrukturen zu dem weltweit dominierenden Modell anglo-amerikanischen Typs" (HRK 1996, S. 10) anmahnte, befand sie sich bereits ganz im Fahrwasser des Weißbuchs der Europäischen Kommission „Lehren und Lernen – Auf dem Weg zur kognitiven Gesellschaft" (Luxemburg 1996). Dieses Weißbuch versuchte, die Zielmarken des europäischen Transformationsprozesses zu umreißen, indem es „drei große Umwälzungen" (ebd., S. 10) prognostizierte: die Globalisierung der Wirtschaft, die Herausbildung einer wissenschaftlich-technischen Zivilisation und die Umwandlung Europas in eine Informationsgesellschaft. Hinter diesen plakativen Zielmarken lugten bereits bare ökonomische Interessen hervor. Denn es ging in erster Linie um Standortsicherung, internationale Wettbewerbsfähigkeit und globale Dominanz. Sollte Bildung im ‚Europa der Bürger' ehedem eine primär partizipatorische Rolle spielen, „in der die Entwicklung der eigenen Persönlichkeit einen zentralen Aspekt einnahm, wurde sie jetzt vor allem als Investition in die Zukunft bewertet, in der die Anwendung wissenschaftlicher Erkenntnisse in Ökonomie und Technik die Grundvoraussetzung für eine positive wirtschaftliche Entwicklung darstelle." (Eckardt 2005, S. 34)

Der ökonomische und technologische Anpassungsdruck saß den Mitgliedsstaaten der Europäischen Union im Nacken, sodass die „großen Vier" (Deutschland, Frankreich, Großbritannien und Italien) im Rahmen der 800-Jahr-Feier der Pariser Universität Sorbonne im Jahr 1998 eine „Gemeinsame Erklärung zur Harmonisierung der Architektur der europäischen Hochschulbildung" unterzeichneten. Sie löste schließlich den Schneeballeffekt aus, der dazu führte, dass sich im darauf folgenden Jahr bereits 29 europäische Staaten in Bologna zusammenfanden, um die so genannte Bologna-Deklaration abzugeben. Der Nachfolgekonferenz im Jahr 2001 in Prag gehörten bereits 33 europäische Unterzeichnerstaaten an. An der Folgekonferenz in Berlin im Jahr 2003 nahmen mehr als 40 europäische Staaten teil. Was mit vier Staaten begonnen hatte, entwickelte sich innerhalb kürzester Zeit zu einem dynamischen Transformationsprozess, dem sich kein europäischer Staat – geschweige denn die Europäische Kommission selbst – entziehen konnte. So betrat die Europäische Kommission den Bologna-Prozess in gewisser Weise „durch die Hintertür" (ebd., S. 69): Erst beim Nachfolgetreffen in Prag 2001 wurde sie als Vollmitglied in die Bologna Follow-Up Gruppe aufgenommen.

Völkerrechtlich gesehen handelt es sich beim Bologna-Prozess nicht um Verträge, sondern um unverbindliche politische Willenserklärungen. Diese Unverbindlichkeit kaschiert den enormen Druck, dem sich alle europäischen Staaten durch den Bologna-Prozess ausgesetzt sehen. Wortreich bemüht sich der Kommentar, der der Bologna-Erklärung beigefügt wurde, jeden Anschein von Zwang herunter zu spielen: „Die Erklärung von Bologna ist keine Reform, die nationalen Regierungen oder höheren Bildungseinrichtungen auferlegt wird. Jeder Druck, den einzelne Länder und Einrichtungen aufgrund des Prozesses von Bologna möglicherweise verspüren, kann nur aus der Tatsache entstehen, dass sie zunehmende gemeinsame Charakteristika verleugnen oder dass sie außerhalb des Mainstreams der Veränderungen bleiben" (zitiert nach: Masschelein/Simons 2005, S. 81). Wenn man diesen Kommentar auf der Zunge zergehen lässt, bleibt der Nachgeschmack einer subtilen Erpressung. Entsprechend interpretieren Masschelein/Simons den Sachverhalt wie folgt: Hier wird mit etwas gedroht, „das man ganz gewiss nicht will"; und vor diesem Hintergrund wird behauptet, „dass es nur eine einzige Alternative gibt, d. h.: keine Alternative. Was man auf keinen Fall will, womit aber gedroht wird, ist, das Existenzrecht zu verlieren, überflüssig oder nutzlos zu werden" (ebd., S. 81).

Diejenigen, die diese Drohung formulierten, waren die ‚Confederation of European Union Rectors´ Conferences‘ und die ‚Association of European Universities‘ (CRE). Inzwischen haben sich diese beiden Verbände zusammengeschlossen zur European University Association (EUA), die selbst wieder ein Teil des komplexen Netzwerkes ist, zu dem sich der Bologna-Prozess ausgewachsen hat (mit Ministertreffen, Follow-Up Group, dazugehörigem Ausschuss (Board) und Sekretariat sowie einer Unzahl von beratenden Gruppen, deren Kürzel selbst Insidern nicht immer geläufig sind: EUA, ESIB, CEPES, EURASHE, ENQA usw.). Kein Wunder, dass inzwischen eigene Bologna-Handbücher erschienen sind, ohne die offensichtlich nicht mehr gelingt, was einer der Untertitel verspricht: „Making Bologna work" (Froment u.a. 2006). Folgt man dem Selbstverständnis der Akteure, die dieses Netzwerk in Gang halten bzw. in Gang halten müssen, so geht es um eine epochale Zäsur in der europäischen Hochschulentwicklung. Dies signalisieren in gewisser Weise bereits die Namen der beiden traditionsreichen Universitäten, von denen der Bologna-Prozess seinen Ausgang nahm. Der Streit, welche der beiden Universitäten – die Sorbonne in Paris oder die Universität von Bologna – für sich in Anspruch nehmen kann, die älteste Universitätsgründung Europas zu sein, kann ad acta gelegt werden. Denn nun können sie für sich reklamieren, die Geburtsorte eines neuartigen ‚europäischen Hochschulraums‘ zu sein.

Dieser Raum soll im Rahmen des Bologna-Prozesses mehr und mehr Gestalt gewinnen. Sein entscheidendes Charakteristikum ist nicht die territoriale Größe, sondern eine neue Regierungstechnik, die es möglich machen soll, eine immense Zahl von Menschen, die diesen Hochschulraum bevölkern, zu verwalten, zu führen und zu kontrollieren. Der Bologna-Prozess bedient sich ‚gouvernementaler‘ Führungsformen und implementiert die dazu notwendigen Kontroll- und Sicherungsstrategien. Diese Strategien arbeiten nicht mit offenem Zwang oder rigiden Direktiven. Sie etablieren kein europäisches Hochschul-Einheitssystem und weisen mögliche Uniformitäts-Erwartungen weit von sich. Daher wurde der anfangs gebrauchte Begriff der ‚Harmonisierung‘ in der Bologna-Erklärung wohlweislich fallengelassen. An seine Stelle trat die

Idee einer ‚funktionellen Konvertibilität', die für Vergleichbarkeit und Transparenz sorgen soll. Man könnte die Konvergenzinstrumente, die der Bologna-Prozess etabliert, mit einem Rechner-Betriebssystem vergleichen: Es fungiert als Schnittstelle für Systemfunktionen, die von Programmen genutzt werden können; es verwaltet das ‚Betriebsmittel' und steuert die Ausführung von Programmen. Diese Programme können, ja, sollen im Rahmen des Bologna-Prozesses eine große Vielgestaltigkeit annehmen bzw. behalten. Der Bologna-Prozess bietet als ‚europäisches Betriebssystem' einen Toleranzrahmen, in dem sich die nationalen Akteure bewegen und aktiv werden können. Zugleich aber etabliert er Standards, die von niemandem unterschritten werden dürfen: etwa die Einführung einer gestuften Studienstruktur im Rahmen von BA/MA-Studiengängen, die Einrichtung eines workload-basierten Systems zur Messung und Übertragung von Studienleistungen (European Credit Transfer and Accumulation System) sowie die Errichtung eines Qualitätssicherungsrahmens und Akkreditierungssystems.

Dies alles dient dazu, einer großen Aspiration – besser: Vision – Gestalt zu verleihen. An die Stelle eines ‚Europas der Bürger' soll nun ein ‚Europa der (Selbst-)Unternehmer' treten. Auf dieses Selbst-Unternehmertum sind die zentralen Ziele des Bologna-Prozesses zugeschnitten: die Förderung der Mobilität, die Förderung der internationalen Wettbewerbsfähigkeit und die Förderung der Beschäftigungsfähigkeit. Von akademischer Bildung ist dabei keine Rede und sie kommt auch nicht ins Spiel, wenn man die zentralen Zielsetzungen klein arbeitet, wie es in den Bologna-Folgekonferenzen geschah. Diskutiert wurden: die Förderung der Attraktivität des europäischen Hochschulraums, die Verknüpfung dieses Raums mit einem europäischen Forschungsraum, die Ergänzung der Doktorandenausbildung um arbeitsmarktrelevante Qualifikationen oder auch die Förderung des lebenslangen Lernens als Grundlage einer wissensbasierten Gesellschaft (vgl. Eckardt 2005, S. 47). Bezugspunkt des europäischen Großprogramms ist ein Lernbegriff, der als Korrelat zur ausgerufenen ‚kognitiven Gesellschaft' fungiert. Das hat seine Gründe: „Der Lernbegriff sträubt sich wenig bis gar nicht gegen das, was ihm inhaltlich angetan wird. Der (klassische) Bildungsbegriff schon. Er ist nicht mit jedweder Bewusstseinsverfassung kompatibel" (Schirlbauer 2006, S. 36). Zumindest nicht mit der Bewusstseinsverfassung, die der Selbst-Unternehmer im europäischen Hochschulraum entwickeln soll. Ihm soll es vor allem um die „Ausrichtung des eigenen Lebens an betriebswirtschaftlichen Effizienzkriterien und unternehmerischen Kalkülen" (Bröckling u. a. 2000, S. 30) gehen, um Risikobereitschaft und individuelles Risikomanagement. Dies setzt das Zugeständnis größerer Selbständigkeit und Autonomie voraus. Doch handelt es sich bei dieser Autonomie um „die Freiheit eines Wirtschaftsprüfers, und wer die Revision nicht übersteht, hat entsprechend selbst die Folgen zu tragen" (Liesner 2006, S. 125). Im Gegenzug lockt der europäische Hochschulraum mit der Aussicht auf Gewinn und Renommee. Seine Angehörigen sollen mit ihrem Wissen Europa zum globalen Marktführer machen. Entsprechend werden sie „als selbstständige, vernünftig konsumierende und risikobewusst produzierende Subjekte angesprochen, was sich im Territorium der europäischen Nationalstaaten wiederholt" (ebd., S. 132).

Die Vision vom ‚Selbst-Unternehmer der Wissensgesellschaft' folgt einer schlichten und fragwürdigen Hypothese, die Andreas Schleicher, PISA-Koordinator der OECD, auf die Faustformel bringt: Bildung sei die „mit Abstand wichtigste Produktionskraft in Zeiten der Globalisierung" (Schleicher, zitiert nach: Kahl 2002). Leider bleibt diese für Pädagoginnen und Pädagogen schmeichelhafte Behauptung ohne empirisch überzeugenden Beleg (vgl. Weiß 2002, S. 188). Doch verschafft sie dem Humankapital-Theorem, dem sich die Reformmaßnahmen der OECD verschrieben haben, öffentliche Reputation. Der Humankapital-Ansatz beansprucht eine Geltung, die den ökonomischen Bereich weit überschreitet. Gerade dies fasziniert seine Anhänger, auch wenn er mit ungedeckten Schecks operiert. „In der Tat", schreibt Gary Becker, einer der Auguren dieses Theorieansatzes, „bin ich zu der Auffassung gekommen, daß der ökonomische Ansatz so umfassend ist, daß er auf alles menschliche Verhalten anwendbar ist, sei es nun Verhalten, das monetär meßbar ist oder unterstellte ‚Schatten-Preise' hat, seien es wiederkehrende oder seltene Entscheidungen, handelt es sich um emotionale oder nüchterne Ziele, reiche oder arme Menschen, Männer oder Frauen, Erwachsene oder Kinder, kluge oder dumme Menschen, Patienten oder Therapeuten, Geschäftsleute oder Politiker, Lehrer oder Schüler" (Becker 1982, S. 7). Wenn dieser Ansatz also für alles und jeden Gültigkeit beanspruchen kann – nicht zuletzt eben für Lehrer und Schüler –, dann scheint es unabdingbar, ins Humankapital zu investieren. Doch ergeht die Aufforderung zur Investition nicht an öffentliche Haushalte. Getreu der marktliberalen Überzeugung, dass sich der Staat aus ‚selbstregulativen' Marktprozessen tunlichst heraushalten sollte, werden nun die einzelnen Angehörigen des europäischen Hochschulraums in die Pflicht genommen, in sich selbst zu investieren. Die Menschen werden dazu aufgerufen, sich als „Kompetenzmaschinen" (Foucault, in: Sennelart 2004 b, S. 319) zu begreifen, die Einkommen produzieren. Entsprechend ergeht an sie die Aufforderung, Kompetenzbilanzen vorzulegen, Investition und Ertrag in ihren eigenen Lernprozess zu kalkulieren, ihre Produktivität als messbares Output vorzuweisen.

Die Konzentration auf Erträge und Output markiert die eigentliche Wende der OECD-Bildungspolitik. Bis in die 80-er Jahre hatte sie vorwiegend Input-Variablen ihrer Mitgliedsstaaten (Schüler-Lehrer-Relationen, Klassengrößen und Investitionen pro Schüler) verglichen. Da sich jedoch kein empirisch stichfester Beleg für die Verbesserung der Bildungsqualität durch den Anstieg von Bildungsausgaben beibringen ließ, erfolgte (begleitet von sinkenden öffentlichen Budgets) der Wechsel zur Output-Steuerung. Dass sich der Schwenk von der Input-Orientierung (die Lerninhalte bzw. Curricula im Blick hatte) zur Output-Orientierung (die auf die Effizienz und Effektivität von Lernprozessen abstellt) zunächst auf den Hochschulbereich konzentrierte, rührt vor allem daher, dass der Hochschulsektor „weltweit einem besonderen

Nachfragedruck ausgesetzt ist" (Weiß 2002, S. 190). Mit Hilfe der Output-Steuerung wird dieser Druck weitergereicht. Jeder Bewohner des neuen Hochschulraums wird dazu angehaltenen, in sich selbst zu investieren: er trägt die Risiken, er trägt die Kosten und verhält sich im Rahmen eines betriebswirtschaftlichen Kalküls. So werden Studierende gleichermaßen zu Karrierekunden und Lohnarbeitern im Hochschulbetrieb. „In einer 40-Stundenwoche haben sie unter Androhung der Entlassung aus dem Betrieb unter einem engmaschigen Kontrollnetz vorab definierte Arbeitspensen zu absolvieren. Das wissenschaftliche Personal, das die Kontrollen vorzunehmen hat, ist seinerseits unter Druck gesetzt, bei Erhaltung der Kundenzufriedenheit einen möglichst raschen und möglichst großen Absolventenausstoß steigender Qualität zu gewährleisten. Daran wird seine eigene Verwendbarkeit ebenso gemessen, wie an der Höhe der Finanzmittel, die Wissenschaftlerinnen und Wissenschaftler anderswo einwerben, um den Betriebsetat zu entlasten. […] Lehren wird dann zum Erbringen einer evaluierten und akkreditierten, permanent an Qualitätskontrolle erinnerten und gegebenenfalls vertraglich vereinbarten Dienstleistung im Rahmen von standardisierten Ausbildungsmodulen, die in letzter Instanz auf einen mehr oder weniger imaginären Arbeitsmarkt zugeschnitten sind." (Ruhloff 2006, S. 31 f.)

Das Dogma der Arbeitsmarktorientierung, das dem Bologna-Prozess seinen Stempel aufdrückt, verweist auf einen weiteren ungedeckten Scheck der neuen Outcome-Steuerung: dass nämlich Absolventen mit berufsspezifischen Qualifikationen bessere Arbeitsmarktchancen hätten als solche mit unspezifischem Zuschnitt. „Dieses Argument wird durch die einschlägigen qualifikationsspezifischen Arbeitsmarkt-Indikatoren nicht gestützt" (Weiß 2002, S. 189) und kollidiert überdies mit der Humankapitalforschung. Es gehört zur Liste von Ungereimtheiten, die den gigantischen Umstellungsprozess insgesamt begleiten: etwa die permanente Versicherung, die Modularisierung von Studiengängen erhöhe die Qualität des Studiums. Das Gegenteil ist von solchen Theorie-Paketen, die im Superstore namens Hochschule gehandelt werden, zu erwarten. Urteilsfähigkeit entspringt nicht aus kompakten, abprüfbaren Stoffgebieten, sondern aus der Selbstbesinnung der Studierenden. Davon aber ist im Modularisierungs-Diskurs nicht die Rede. Ihm geht es um flexible Lerneinheiten, die in verkürzten Studienzeiten die gewünschte ‚Employability' hervorbringen sollen. Die Folgen des Radikalumbaus der Studienstruktur sind alarmierend: Erste statistische Erhebungen belegen einen Anstieg der Studienabbrecherzahlen.

Es ist stets die gleiche Steuerungslogik, die – ausgehend von internationalen Akteuren und Netzwerken – in einem Top-Down-Verfahren bis ins kleinste Segment der Hochschulreform durchgesetzt werden soll. Diese Logik macht sich die ‚Autonomie' der Individuen als Steuerungselement nutzbar. Sie „räumt Autonomie ein und gibt Funktionen nach unten ab, setzt sie aber zugleich dem erhöhten Druck der Erfolgskontrolle aus" (Koch 2006, S. 132). Sie rechnet mit der Kontingenz ihrer Wirkungen und bringt sich daher indirekt, in

Form einer Kontext-Steuerung, ins Spiel. Das Individuum „*muss* für den Erfolg dieser Strategie als Blackbox und in *dem* Sinne als ‚autonom' [...] definiert werden – dies geht aber mit der Umkehrung der Verantwortungszuschreibung bei Misserfolg einher, d. h. Risikoträger und Verantwortlicher von ‚falschen' Entscheidungen ist stets" (Höhne 2006, S. 210) der Einzelne.

Unter diesen Voraussetzungen kann, ja, muss der Sozialstaat seine bisher gewährten Sicherheiten zurücknehmen. Dies betrifft nicht nur flächendeckende Sozialversicherungssysteme, sondern schlägt bis in die pädagogische Alltagspraxis durch: Eltern lernen die neue Steuerungslogik „zum ersten Mal im Kindergarten kennen, wenn ihnen die Erzieherinnen mitteilen, dass das bisher gepflegte gemeinsame Frühstück mit den Kindern in Zukunft ausfallen werde, weil das Personal die Zeit zum Ausfüllen der Dokumentationsbögen über die Lernfortschritte braucht; oder (sie) begegnet ihnen in der Grundschule, wenn gleich bei der Aufnahme [...] Kontrakte mit den Eltern und ihren Kindern über ihr Verhalten und ihre Lernbereitschaft geschlossen werden, damit die Schule bei den allfälligen zentral vorgegebenen Vergleichsarbeiten am Ende des Schuljahres nicht schlecht abschneidet" (Radtke 2006, S. 47). Es breitet sich eine neue Form der Führung aus, die die Geführten in die eigenen Absichten mit einbezieht, um sie zum Koproduzenten ihrer Effekte zu machen. Verhandlungen, Kontrakte, Zielvereinbarungen, ‚Trainingsräume' (als neuartige Straftechnik), Evaluationen, Kontrollen, Rankings, Leistungsstandards, Benchmarking – dies alles gehört zum Set von Steuerungspraktiken, mit denen das „Führen der Führungen" (Foucault 1994, S. 255), d. h. die gezielte Einflussnahme auf die Selbststeuerungsfähigkeit der Subjekte, in die Praxis umgesetzt werden soll.

Diese ‚gouvernementale' Regierungsfigur (die nicht nur den Staat, sondern die Selbst-Regierung jedes Einzelnen betrifft) gehört zum Kern des neoliberalen Projekts. Ihm liegt die Überzeugung zugrunde, dass ein optimales Wirtschaften – mehr noch: ein optimales gesellschaftliches Zusammenleben – aus Tauschakten autonomer und rational handelnder Subjekte hervorgehe, die in interventionsfreien Marktzusammenhängen koordiniert werden (vgl. Willke 2003, S. 106). Foucault, der 1977/78 in seinen Vorlesungen zur ‚Geschichte der Gouvernementalität' (vgl. Foucault 2004) diesen Regierungspraktiken nachgegangen ist, hat dem liberalen Regierungsmodus den ‚konsumierenden Mensch' zur Seite gestellt. Kennzeichen neoliberaler Gouvernementalität hingegen ist der Selbst-Unternehmer, die ‚Ich-AG'. Die neoliberale Gesellschaft, schreibt Foucault, ist „keine Gesellschaft von Supermärkten, sondern eine Unternehmensgesellschaft. Der homo oeconomicus, den man wiederherstellen will, ist nicht der Mensch des Tauschs, nicht der Mensch des Konsums, sondern der Mensch des Unternehmens und der Produktion" (Foucault, 2004 b, S. 208). Entsprechend besteht die Aufgabe neoliberaler Regierungskunst gerade darin, den unternehmerischen Habitus permanent anzustacheln und Interventionen in Marktzusammenhänge zu problematisieren und zurückzunehmen. Angesichts dieser Prämissen aber springen die Ungereimtheiten des Bologna-

Prozesses allererst ins Auge: Einerseits steht die Vision vom europäischen Hochschulraum ganz im Zeichen des neoliberalen Projekts; ihr Leitbild ist der Selbst-Unternehmer, der aus eigener Kraft allen Globalisierungs-Stürmen widersteht. Auf der anderen Seite aber bewegt sich die Interventionspraxis der EU weiterhin im Fahrwasser eines Sozialstaatsmodells; es werden Milliarden öffentlich bereitgestellt, um den anvisierten Raum Wirklichkeit werden zu lassen. Liesner interpretiert diesen Sachverhalt als ‚Doppelstrategie': die Individuen werden einerseits ständig als autonome Subjekte angerufen, während sie zugleich in spezifische Sicherheitsstrategien eingebunden werden, damit die abverlangte Selbstständigkeit nicht aus dem Ruder läuft (vgl. Liesner 2006, S. 124 ff.). Zu diesen Sicherungsstrategien gehören Identifikationsangebote mit der akademischen Community Europas ebenso wie Kerncurricula, evaluative Kontrollformen und Qualitätsstandards, die europaweit durchgesetzt werden müssen. So gesehen erweist sich der europäische Hochschulraum nicht als Ort der freien Entfaltung von Selbst-Unternehmern, sondern er ähnelt eher einer „Schülerselbstverwaltung unter Aufsicht" (Wimmer 2005, S. 24). Was immer in diesem Raum geschieht, geschieht „kontrolliert autonom" (Liesner 2006, S. 121). Die Bewohner des neuen Hochschulraums erfahren diesen Widerspruch tagtäglich am eigenen Leib.

1.2 Lissabon: Die große Aspiration

Wie bereits erwähnt, kam der Bologna-Prozess ohne die Mitwirkung der EU ins Rollen; sie musste sich nachträglich einklinken. Wollte sie nicht noch einmal ins Hintertreffen geraten, gab es für sie nur eine Möglichkeit: sich an die Spitze der Bewegung zu setzen. Dies tat sie dann auch im März 2000 in Lissabon. Die Staats- und Regierungschefs der damals noch 15 EU-Staaten legten die Ziele der Gemeinschaft in einem ambitionierten Entwurf fest, der die Europäische Union bis zum Jahr 2010 zur „wettbewerbsfähigsten und dynamischsten wissensbasierten Wirtschaft der Welt" machen sollte. Die so genannte Lissabon-Strategie hegte ehrgeizige Ziele: etwa dauerhaftes Wachstum und die Anhebung der Beschäftigungsrate von 64% auf 70%, eine verstärkte Investition in Forschung und Entwicklung, den Abbau von Verwaltungsbürokratien sowie die Förderung unternehmerischen Denkens und Handelns. Insgesamt wurden in dem Reformpaket 28 Haupt- und 120 untergeordnete Ziele formuliert, über deren Erreichen oder Verfehlen die Mitgliedsstaaten in jedem Jahr rund 300 Berichte abzuliefern haben. Integraler Bestandteil der Lissabon-Strategie ist das Arbeitsprogramm ‚Allgemeine und berufliche Bildung 2010'. Es intendiert die Schaffung eines ‚europäischen Bildungs- und Beschäftigungsraums' bzw. die Verwirklichung eines ‚Raums des lebenslangen Lernens'. Um Mobilität, Beschäftigung und Wettbewerbsfähigkeit in Europa zu erhöhen, sollen Bildung und Bildungsabschlüsse grenzübergreifend nutzbar gemacht werden. Zu diesem Zweck sollen ein europäisches Leistungspunktesystem (European Credit Transfer System for Vocational Education and Training, ECVET) und ein europäischer Qualifikationsrahmen (EQF), der ein Zuordnungsraster von Kompetenzen und Bildungsabschlüssen zu bestimmten Niveaustufen vorsieht, entwickelt werden. Bildungspolitik wird auf diese Weise zum festen Bestandteil der Beschäftigungs- und Wirtschaftspolitik; sie dient in erster Linie dem Wirtschaftswachstum, der Wettbewerbsfähigkeit und der Mobilität.

Dem haben die EU-Bildungsminister in der ‚Kopenhagener Erklärung‘ ausdrücklich zugestimmt. Im Jahr 2002 vereinbarten sie in Kopenhagen eine stärkere Bildungszusammenarbeit auf europäischer Ebene, die sich vor allem auf die Entwicklung eines europäischen Leistungspunktesystems und eines europäischen Qualifikationsrahmens konzentriert. Ziel ist es, einen EU-weiten Rahmen für die Zuordnung von Kompetenzen und Bildungsabschlüssen zu vereinbarten Niveaustufen einzuführen. Zur Unterstützung des Kopenhagen-Prozesses kamen die europäischen Wirtschafts- und Sozialpartner im gleichen Jahr in einer gemeinsamen Erklärung überein, das lebenslange Lernen nachhaltig zu fördern. Denn vom lebenslangen Lernen wird erwartet, die berufliche Mobilität nachhaltig zu steigern. Es soll vielfältige, prinzipiell lernortunabhängige Bildungs- und Karrierechancen eröffnen. Allerdings setzt dies die Transparenz und Anrechenbarkeit verschiedenster Lernleistungen in unterschiedlichen – auch informellen – Lernkontexten voraus. Der Anspruch lebenslangen Lernens (anvisiert ist eine Weiterbildungsbeteiligungsquote von 12,5 % bis zum Jahr 2010) lässt sich ohne einen systematisierten europäischen Gesamtrahmen nicht umsetzen. Entsprechend legte die EU-Kommission im Juli 2004 einen Legislativvorschlag für eine neue Generation von EU-Bildungsprogrammen nach 2006 vor. Ihm zufolge soll es nur noch ein einziges Gesamtprogramm zur Förderung des lebenslangen Lernens geben, das sich in vier verschiedene Bildungsbereiche gliedert (allgemeine Bildung, berufliche Bildung, Hochschulbildung und Erwachsenenbildung). Der Schwerpunkt der Maßnahmen liegt auf der Förderung grenzüberschreitender Mobilität. Zur Unterstützung dieser Zielvorgaben hat die Europäische Kommission im Januar 2005 unter dem Stichwort ‚EUROPASS‘ ein einheitliches Rahmenkonzept zur Förderung der Transparenz von Qualifikationen und Kompetenzen vorgelegt. Es umfasst fünf Instrumente: den europäischen Lebenslauf, den EUROPASS-Mobilität (zur Dokumentation von Auslandserfahrungen), die Zeugniserläuterungen für berufliche Qualifikationen, das europäische Sprachportfolio und den Diplomzusatz zu Hochschulabschlüssen.

Alles in allem handelt es sich bei der Lissabon-Strategie um ein äußerst ambitioniertes Programm, das den Bologna- und Kopenhagen-Prozess im Horizont einer gemeinsamen, gouvernementalen Regierungspraxis zusammenführt. Allerdings lässt sich der anvisierte europäische Wirtschafts- und Bildungsraum ohne flankierende nationale Reformprogramme kaum realisieren. Nicht zufällig bildet daher das Jahr 2010 die gemeinsame Zielmarke europäischer und deutscher Regierungsprogramme. Nationalstaatliche Interessen sollen sich à la longue in die strategischen Imperative von Lissabon einfügen. Denn die Lissabon-Strategie ist eine hegemoniale Strategie. Sie will alle europäischen Kräfte für den Kampf um Zukunftsmärkte und globale Machtpositionen mobilisieren. Ihr erklärter Konkurrent – Vorbild und Gegner zugleich – sind die USA. Nach dem Motto ‚einholen und überholen‘ soll der europäische Bildungsraum weltweit Standards setzen und zugleich dem gefürchteten ‚brain drain‘ entgegenwirken.

Der schiefe Blick auf den vermuteten ‚Kompetenzvorsprung‘ der USA verkennt indessen, dass sich dort „nicht nur 50 der besten, sondern auch 500 der schlechtesten Hochschulen der Welt" (Hartmann 2005, S. 441) finden lassen. Das Bildungs-Eldorado USA verliert unter dem prüfenden Blick des Bildungssoziologen Hartmann erheblich an Glanz. Bei genauerem Hinsehen zeigt sich, dass dort „zwar ein erheblich höherer Prozentsatz eines Jahrgangs ein Hochschulstudium (beginnt) als in Deutschland, die untere Hälfte der Bevölkerung schickt ihre Kinder aber fast zu 90% auf jene der über 4000 Hochschulen, die sich bestenfalls auf dem Niveau von Berufsakademien bewegen" (Hartmann 2007, S. 97). Solche Einwände aber werden den einmal eingeschlagenen Weg der Europäischen Union kaum tangieren. Denn die EU versteht Europa selbst als ein ‚Unternehmen‘. Die Legitimation aus Kampf und Konkurrenz ist dem ‚Unternehmen EU‘ gleichsam auf den Leib geschrieben. Der hegemoniale Anspruch gehört zu seinen Konstitutionsbedingungen. Ihm sollen sich alle eingeleiteten Maßnahmen – allen voran Bildungsreformprozesse – fügen. Entsprechend alternativlos geben sich für gewöhnlich einschlägige EU-Dokumente. Sie dekretieren und geben die Marschrichtung vor; sie bedienen sich einer „seltsamen Mischung aus Bürokratendeutsch und Entrepreneursrhetorik" (Schirlbauer 2006, S. 37). Die Sprache des ‚Weißbuchs‘ der Europäischen Kommission etwa charakterisiert Schirlbauer so: „Die Sprache des Papiers ist krude. […] (Seine) Lieblingsvokabeln […] dürften neben ‚Wandel‘ und ‚Veränderung‘ vor allem ‚Entwicklung‘ und ‚Anpassung‘ sein. Ihre Herkunft aus der Biologie, speziell der Evolutionslehre, suggeriert Naturnotwendigkeit und Unabänderlichkeit." Und weiter: „Was uns diese Papiere dergestalt vermitteln, ist schlicht dieses: Es geht gar nicht mehr um Bildung, weder um Bildung im Sinne von Kultiviertheit, noch um Bildung im Sinne von Aufklärung" (ebd., S. 37 f.). Worum es geht, das ist die Integration der europäischen Bevölkerung in einen hegemonialen Bildungsraum, für dessen Strukturen und Standards die EU die Zuständigkeit reklamiert.

Wollte man den Vergleich mit einem Rechner-Betriebssystem noch einmal aufgreifen, dann erscheint die Lissabon-Strategie als ein Bündel langfristiger Maßnahmen, die das ‚Unternehmen EU‘ ergreift, um sein ‚Betriebssystem‘ europaweit – besser noch: weltweit – durchzusetzen. Um seiner Unternehmenspolitik zum Erfolg zu verhelfen, greift das ‚Unternehmen EU‘ auf alle derzeit gängigen managerialen Praktiken zurück: etwa Kontraktmanagement, Projektmanagement, Entwicklung von Netzwerken, Feedback-Systeme usw. Die getroffenen Maßnahmen sollen – wie in jedem anderen Unternehmen auch

– ein Klima der Produktivität und Arbeitszufriedenheit erzeugen. Sie sollen die Identifikation mit dem Gesamtunternehmen und seiner Vision vom europäischen Bildungs- und Beschäftigungsraum erhöhen, kurz: sie sollen die ‚corporate identity' der EU sicherstellen. Die entsprechenden EU-Vorgaben lauten: Stärkung der ‚active citizenship', Reduktion der ‚social exclusion', Integration durch ‚networking'. Offensichtlich zielt die politische Programmatik der EU auf Inklusionsprozesse: Die Bevölkerung soll in wachsendem Maße in den europäischen Bildungs- und Beschäftigungsraum mitsamt seiner Regierungslogik hineinfinden.

Nach den ersten fünf Jahren wurde 2005 in Maastricht eine Zwischenbilanz zur Lissabon-Strategie gezogen. Das Maastricht-Kommunikee stellte mit ernüchtertem Unterton fest, dass die Ziele hinsichtlich Produktivität, Bruttoinlandsprodukt und Wachstum – insbesondere im Vergleich zu den USA – nicht erreicht wurden. „Die Lissabon-Strategie war zu überladen und hatte keinen Fokus", räumte EU-Industriekommissar Verheugen ein. Es komme darauf an, die Ziele stärker zu fokussieren und die Umsetzung der beschlossenen Maßnahmen zu intensivieren. Das unbefriedigende Zwischenergebnis wurde so zum Anlass, den Innovationsdruck weiter zu erhöhen. Der steigende Druck aber führt eine unliebsame Konsequenz im Gepäck: auch die Exklusionsprozesse steigen an. Sie erscheinen gleichsam als Kehrseite des Selektionsdrucks, den die Durchsetzung betriebswirtschaftlicher Steuerungsformen im ‚Unternehmen EU' erzeugt. Die Exkludierten stellen dabei keine neue ‚Klasse' dar, sondern „bevölkern in dieser Perspektive verschiedene ‚Mikrosektoren'" (Liesner 2006, S. 134) der Gesellschaft. Es sind diejenigen, die der eigenverantwortlichen Lebensgestaltung als Selbst-Unternehmer nicht nachkommen können oder daran scheitern; es sind diejenigen, denen die Fähigkeiten und Mittel fehlen, dem Innovationsdruck standzuhalten; es sind diejenigen, die die unablässigen Evaluationsprozeduren nicht überstehen und ausgeschlossen werden. Der Logik individueller Risikoverantwortung zufolge haben sie diesen Ausschluss selbst verursacht. Denn diese Logik unterstellt, jeder Einzelne müsse und könne sein Leben selbstständig und autonom gestalten. Unterschlagen wird dabei, dass gravierende soziale Probleme des ‚Unternehmens EU' strukturell verursacht sind. Stattdessen trägt die individuelle Zuschreibung von ‚Verantwortung' dazu bei, strukturelle Probleme „zu einem Teil der Selbstzuschreibung des Subjekts" (Höhne 2006, S. 209) zu machen. Die Kunst neoliberaler Regierung besteht gerade darin, die Grenzen zwischen Selbst- und Fremdregulierung aufzuheben, um die Imperative des ‚Unternehmens EU' in die Selbstreflexion der Subjekte einzuschleusen. Auf diese Weise werden die Exkludierten auf sich selbst zurückgeworfen: Sie bilden keine zusammenhängende Gruppe und sind auch nicht mehr im überkommenen Sinn wohlfahrtsstaatlich regierbar. Wohl aber sind sie nun ansprechbar als Arbeitskraft-Unternehmer mit Lern- und Motivationsdefiziten. Solchen Defiziten lässt sich aufhelfen mit Aus-, Fort- und Weiterbildungsmaßnahmen. Kein Wunder also, dass die Lissabon-Strategie sich dem Konzept des lebenslangen Lernens verschreibt. Es wird den Exkludierten gleichsam als Selbst-Therapie anempfohlen, als Sprungbrett zur Inklusion aus eigener Kraft.

Der ungetrübte Optimismus der EU-Führungsriege, der wachsenden Spannung von Inklusion und Exklusion doch noch beizukommen, erschien dem Nestor der soziologischen Systemtheorie, Niklas Luhmann, in seinen späten Jahren höchst zweifelhaft. Angesichts von massenhaftem gesellschaftlichem Elend blieb ihm nur zu konstatieren, die funktional differenzierte Gesellschaft funktioniere „nicht im vorausgesetzten Sinn" (Luhmann 1995, S. 254); oder – um die Widerspruchsbestimmung auf die Spitze zu treiben –: Die Codes der ausdifferenzierten Teilsysteme „gelten und gelten nicht in derselben Gesellschaft" (ebd., S. 260). Offensichtlich schloss der ‚späte Luhmann' angesichts sich verschärfender ‚Primärdifferenzierungen' zwischen Inklusion und Exklusion Zusammenbrüche großen Ausmaßes nicht mehr aus. „Wenn man das, was man so sieht, hochrechnet", schrieb er 1996, „könnte man auf die Idee kommen, dass dies die Leitdifferenz des nächsten Jahrhunderts sein könnte: Inklusion und Exklusion" (Luhmann 1996, S. 228). Früher und in einem anderen soziologischen Kontext hätte man vermutlich von einer ‚Dialektik der Funktionssysteme' gesprochen.

Die gouvernementale Regierungslogik allerdings lässt solche Überlegungen gar nicht erst zu. Exklusion – so lautet das Mantra des ‚Unternehmens EU' – verweist auf mangelnde Selbst-Aktivierung. Sie muss durch gesteigerte Selbst-Aktivierung, zu der der ‚aktivierende Staat' animiert, bekämpft werden. Den Rest besorgen Sicherheitskräfte. Doch könnte es durchaus sein, dass das ‚Unternehmen EU' in steigendem Maß mit Widerspruchslagen konfrontiert wird, die ihm die Sprache verschlagen. Die Pariser Vorstadt-Unruhen setzten ein Zeichen.

1.3 Berlin: Die Koalition der Willigen

Zwar ist sich die Führungsriege des ‚Unternehmens EU' der Gefahr der Desintegration bewusst. Doch beantwortet sie Systemkrisen gewöhnlich mit Maßnahmen, die der Logik des Systems entsprechen; sie setzt auf steigende Integration von Systemfunktionen. Ihr Grundtenor lautet: Anschlussfähigkeit sichern, Flexibilität erhöhen, Transparenz herstellen. Niemand soll aus der Reihe tanzen, alle sollen ihren Platz einnehmen und ihren Teil zum Unternehmenserfolg beitragen. Es ist schon erstaunlich, wie bereitwillig die europäischen Zielvorgaben von nationalen Regierungen und Akteuren aufgegriffen wurden. Die Berliner Republik reagierte prompt und fügte sich in den Zehn-Jahres-Plan der Lissabon-Strategie ohne zu zögern ein. Dies belegt nicht nur die Agenda 2010 der Schröder-Regierung, es gilt gleichermaßen für die derzeitigen Berliner Koalitionäre. Das nationale Reformprogramm zur Umsetzung der Lissabon-Strategie wirkt wie eine Kopie der Lissabon-Vorgaben. Seine zentralen politischen Ziele lauten z. B.: Ausbau der Wissensgesellschaft, wettbewerbsfähige Gestaltung der Märkte, Ausrichtung der Politik auf mehr Beschäftigung, Verbesserung der Rahmenbedingungen für unternehmerische Tätigkeit usw. Kein Zweifel: in Berlin regiert die Koalition der Willigen.

Ihr stehen zahlreiche nationale Gremien und Akteure zur Seite, die zwar nicht alle in Berlin residieren, sich aber dennoch als Teil des ‚Bermuda-Dreiecks Bologna-Lissabon-Berlin' identifizieren lassen. Unter dem Stichwort ‚Berlin' lassen sich recht unterschiedliche Gremien, Organisationen und Personen metaphorisch subsumieren: etwa das Bundesministerium für Bildung und Forschung, die Bund-Länder-Kommission, die Kultusministerkonferenz, die Hochschulrektorenkonferenz oder das neu gegründete Institut zur Qualitätsentwicklung im Bildungswesen (IQB), nicht zu vergessen die Riege der Protagonisten und Experten, die den Reformprozess (nicht immer ganz uneigennützig) stützen. Aus ihr speist sich vermutlich auch ein Teil jener „reisenden Evaluationsexperten", von denen Koch berichtet, die Universitäten „von Zeit zu Zeit heimsuchen" (Koch 2006, S. 129), um nachzuschauen, wie weit die Umsetzung der ‚Prozesse' gediehen ist.

Die Mitspieler im Reformensemble mussten nicht erst mühsam zusammengesucht werden. Sie standen gewissermaßen schon in den Startlöchern: Die HRK etwa forderte schon lange eine „größere Kompatibilität des deutschen Studiums" (Berlin 1996, S. 10) mit zweistufigen Modellen in anderen Ländern. Die KMK sorgte sich seit längerem um die „internationale Anschlussfähigkeit und damit Mobilität der Studierenden" (Beschlüsse der KMK 2003). Und in die vierte HRG-Novelle war bereits 1998 die Forderung aufgenommen worden, zum Nachweis von Studien- und Prüfungsleistungen solle ein Leistungspunktesystem geschaffen werden (§15, Abs. 3). Zwar setzten die Reformmaßnahmen zunächst im Hochschulsektor an, doch brauchte die ‚Reform von oben' nicht lange, um in Schulen und Kindergärten anzukommen. Der ‚PISA-Schock' kam gerade im richtigen Moment. Die OECD sekundierte den Aufbau des ‚europäischen Bildungsraums' mit einem Indikatorenprogramm, das vergleichende Daten über die Ressourcenausstattung sowie über die Funktions- und Leistungsfähigkeit unterschiedlicher nationaler Bildungssysteme zur Verfügung stellen soll. Hinter dem freundlichen Angebot allerdings, Daten aufzubereiten und zur Verfügung zu stellen, versteckt sich eine durchdachte politische Strategie. Ein ganzes Arsenal neuer Kontroll- und Steuerungselemente soll im Bildungssektor verankert werden: Bildungsstandards, fächerübergreifende Kerncurricula, regelmäßige Evaluationen u. a. m. Dass das gesamte Reformunternehmen einer paradoxen Intervention gleichkommen könnte – etwa indem PISA mit *Schüler*leistungen argumentiert, aber *Schul*leistungen thematisiert (vgl. Radtke 2003, S. 280) -, ging im Getöse der PISA-Debatten unter.

Tatsächlich operieren die eingeleiteten Maßnahmen mit Kausalitätsunterstellungen, denen zufolge die Qualität eines Bildungssystems sich über curriculare Vorgaben bzw. Bildungsstandards erfassen und optimieren lasse. Entsprechend konzentriert sich die Qualitätsverbesserung von Schule und Unterricht vor allem auf die Steuerung und Straffung des Lehr-Lern-Geschehens. Doch verliert sie auf diese Weise die Komplexität der Faktoren aus dem Blick, die gute Schulen und guten Unterricht bestimmen: etwa „die Qualität des Unterrichts, die Qualifikation der Lehrkräfte, die Organisation der Schule, Richtlinien und Auftrag der Schule, rechtliche und kulturelle Rahmenbedingungen, Arbeitsorganisation und –abläufe und der Faktor Zeit. Die meisten dieser Faktoren sind gar nicht oder nur zu einem geringen Teil über finanzielle Ressourcen steuerbar. Deshalb lässt sich das Geheimnis guter Schulbildung auch ganz offensichtlich nicht ausschließlich anhand statistisch messbarer Größen definieren" (Ofenbach 2005, S. 275).

Dies gilt vor allem für die einflussreichsten ‚Steuerungsgrößen', nämlich Schulkultur und Unterrichtsklima. Gute Schulen lassen sich genauso wenig kaufen, wie Schulqualität Output-orientierten Kontrollformen entspringt. „Tatsache ist, dass Lernerfolge allein keinen Rückschluss auf die Faktoren oder gar die Qualität der Faktoren ihrer Verursachung erlauben." (Heid 2007, S. 38). Dennoch gehen die Protagonisten der Bildungsreform unverdrossen davon aus, Qualitätsentwicklung setze erstens eine „permanente evaluative Kontrolle, zweitens Normierung und Standardisierung, drittens eine an Effektivität und Effizienz orientierte Bildungssteuerung" (Koch 2006, S. 128) unabdingbar voraus. Entsprechend einigte sich nach der Veröffentlichung der PISA-Ergebnisse im Dezember 2001 der Chor der Kritiker sehr schnell auf die Forderung, es müssten nationale ‚Bildungsstandards' entwickelt werden. Die notwendigen Maßstäbe lieferte die im Frühjahr 2003 vorgelegte Expertise „Zur Entwicklung nationaler Bildungsstandards" (Klieme u. a. 2003). Sie demonstriert die Bereitschaft der wissenschaftlichen Expertokratie, sich als „Teil von politischen Prozessen" (Tenorth 2003, S. 157) zu begreifen und den ihr zugedachten Part bereitwillig zu spielen. Zweifellos fügen sich die entworfenen Kompetenzmodelle, die die Operationalisier- und Messbarkeit von Bildungsstandards sicherstellen sollen, ins politische Reformprogramm. Sie geben sich handfest empirisch und überspielen dabei ihren normativ-spekulativen Charakter. Im Verein mit Kerncurricula, verbindlichen Testverfahren und einem Leistungspunktesystem entsteht so ein neuartiges Qualitätskontrollregime. Es beschert pädagogischen Praktikern wie Theoretikern keine größere Eigenständigkeit, sondern allenfalls „neue Patentanten in Gestalt der Psychologie, der Verhaltenswissenschaften und der Systemtheorie." (Schirlbauer 2006, S. 39)

Das Zusammenspiel der verschiedenen Kontrollformen lässt sich an der Konstruktion von Modulen, gleichsam den Kernelementen der Reform, anschaulich zeigen: Module werden als inhaltlich und methodisch maßgeschneiderte Lehr- bzw. Lernblöcke verstanden. Sie sind in erster Linie durch die Kompetenzen definiert, die durch sie vermittelt werden sollen. Thematisch sind Module fächerübergreifend angelegt; sie ‚vernetzen' also verschiedene Gebiete und verbinden zudem verschiedene Lehr- und Lernformen (vgl. Binder 2006, S. 185). Die Vorstellung, mit Hilfe von Modulen ließe sich Kompetenzen ein maßgeschneidertes und evaluierbares Korsett verpassen, das zudem noch individuell abrufbar sein soll (learning on demand), liefert die Grundlage zum Aufbau eines europäischen Systems mit einheitlicher, standardisierter Leistungsbeurteilung. Die gepriesene Transparenz des Systems wird jedoch bezahlt mit der Durchsetzung umfassender Steuerungsinstrumente. Sie sollen Aufnahmeverfahren und die Evaluation von Lehrenden und Lernenden ebenso regeln, wie Lernmaterialien, Beratungen und Qualitätskontrollen von Studiengängen. Selbst der Prozentsatz der Studierenden, die sich zu den Besten zählen und die nächste Hürde nehmen dürfen, unterliegt externer Steuerung. Das ECTS-Notensystem bedient sich der Normalverteilungsskala, die dafür sorgt, dass es Gewinner und Verlierer geben muss. Die Bewertungsmodi sind ebenso künstlich wie das gesamte Punktesystem. Ihm zufolge hat derjenige den Titel ‚Bachelor of Arts‘ in der Tasche, der mindestens 4.500 Arbeitsstunden im Rahmen von eindeutig umrissenen Modulen absolviert hat. Doch bleibt die Präzision und Transparenz trügerisch: „Durch die präzise Formulierung von Lernzielen wird das Verständnis transportiert, dass Leistungen in (vormals so genannten) Bildungseinrichtungen in einer Wenn-Dann-Relation herstellbar sind und dadurch lehrveranstaltungsspezifischer Kompetenzerwerb möglich sei" (Bakic 2006, S. 111).

Gegen solche Kontrollphantasien regte sich alsbald Widerstand. Denn eine höhere Qualität von Schule und Unterricht kommt nicht einfach durch klarere Forderungen und Zielsetzungen zustande, sondern „nur durch andere Vermittlungs- und Aneignungsformen" (Herrmann 2003, S. 630). Offenbar verliert die Riege der Reformer aus dem Blick, dass sich Schulleistungen gar nicht herstellen lassen – allenfalls hervorrufen, wenn die Schülerinnen und Schüler mitspielen (vgl. Herrmann 2005, S. 301). Mehr noch: den Reform-Strategen scheint kaum vorstellbar, ihre Reformmaßnahmen könnten am Ende kontraproduktiv zu Buche schlagen. Dabei liegen genügend Erfahrungen aus anderen Ländern vor, an denen sich ablesen lässt, was ‚Standards von oben‘ bewirken: Unterricht und Schule entwickeln sich zu einer curricularen Monokultur, „zum Backblech für einen Standardkuchen.., der, ohne bestellt zu sein, dem ‚Kunden‘ serviert wird" (Hameyer 2004, S. 10). Studien zur Wirksamkeit von Standards und standardisierten Tests belegen hinreichend deren negativen Einfluss: „Das Konkurrenzverhalten und die Gewalt unter Schülern nimmt zu, die Fluktuation von Schülern und Lehrern steigt [...], die Zahl der Sitzenbleiber und Schulabbrecher nimmt zu […], das Curriculum verarmt, Betrug, um bessere Testwerte zu erhalten, greift auf allen Ebenen [...] um sich, die soziale Ungleichheit steigt – und die Schulleistungstestwerte nehmen insgesamt eher ab als zu" (Lind 2004, S. 58 f.).

Das neue Kontrollregime erweist sich jedoch nicht nur in Bezug auf Schülerleistung kontraproduktiv. Es ruft auch bei Pädagoginnen und Pädagogen heterogene Widerstandsformen hervor. Sie manifestieren sich beispielsweise in Formen der ‚inneren Kündigung‘, im Anstieg der Frühverrentung oder im schlichten Eingeständnis, dem Reformdruck nicht mehr gewachsen zu sein. Doch findet der Widerstand auch produktive Ausdrucksformen: etwa in kritischen Kommunikationsnetzen und Internetforen (vgl. www.forum-kritische-pädagogik.de; www.blicküberdenzaun.de) oder in Manifestationen des Widerspruchs. Entsprechend setzte die ‚Frankfurter Erklärung' (vgl. Frost 2006, S. 12 ff.) mit ihren Einsprüchen gegen die technokratische Umsteuerung des Bildungswesens bundesweit ein Zeichen. Sie wurde binnen kurzer Zeit von über 300 Erziehungswissenschaftlern und Pädagogen unterzeichnet. Die bildungstheoretische und –politische Gegenbewegung, die mit der ‚Frankfurter Erklärung' ihren ersten, öffentlichkeitswirksamen Ausdruck fand, rückt die problematischen Kernpunkte der Reform ins Zentrum der Kritik: Standardisierung, Kompetenzorientierung, Modularisierung, Evaluation und Qualitätskontrolle. Genau genommen bilden diese Begriffe einen gemeinsamen Problemkomplex: „Standards braucht, wer evaluieren, steuern und mit beidem ‚Qualität' entwickeln will. Man muss ja wissen, was in der Evaluation verglichen werden soll, denn zu jedem Vergleich gehört ein *tertium comparationis*. Das leisten die ‚Standards'. Sie müssen durch operationale Definitionen exakt bestimmt werden, um ihre Einhaltung und Erreichung messbar zu machen. Das Definiens liefert der Kompetenzbegriff, dem zu lösende Aufgaben zugeordnet werden" (Koch 2006, S. 134). Aber da beginnt auch schon der Streit: An welchen Aufgaben lassen sich welche Kompetenzen angemessen demonstrieren? In welchem Verhältnis stehen Standards (als Präskriptionen gewünschten Verhaltens) zu Kompetenzen (die angeblich eine Entwicklungslogik, eine „regelgeleitete Tiefenstruktur des Könnens" (Gruschka 2006, S. 146) beschreiben)? Zudem: Wenn man Kompetenzen einen generativen Charakter zuschreibt (sie also nicht an einen bestimmten Aufgabeninhalt und entsprechende Anwendungen binden kann), dann wirft ihre Operationalisierung erhebliche Schwierigkeiten auf, vor allem dann, wenn keine empirisch belegten altersspezifischen Kompetenzmodelle vorliegen. Dass sie nicht vorliegen, räumte das ‚Klieme-Gutachten' (2003) unumwunden ein: Es ging davon aus, dass die Entwicklung eines systematischen Katalogs von Kompetenzen, Kompetenzmodellen und Kompetenzstufen für unterschiedliche Fächer, Schulformen und Altersjahrgänge mindestens zehn Jahre in Anspruch nehmen werde. So lange aber wollte die Kultusministerkonferenz nicht warten: Politiker brauchen ‚Ergebnisse' (vgl. Herrmann 2005, S. 306).

Worauf also sollten Bildungsstandards zurückgreifen – wenn nicht auf bereits bestehende Lehrpläne, die entsprechend umgeschrieben werden. Ein Großteil der für den Bereich Deutsch veröffentlichten Bildungsstandards hinterlässt jedenfalls den Eindruck, als handelte es sich um „Listen von umgeschriebenen Lehrplanzielen mit exemplarischen testartigen Konkretisierungen" (Messner 2004, S. 35). Kein Wunder, dass in diesen Bildungsstandards die alten ideologischen Fixierungen von Schullaufbahnen wieder auftauchen: Lyrik wird z. B. in der Hauptschule nicht genannt; dafür werden Hauptschüler mit Sachtexten traktiert, darunter viele Lückentexte. Während für den mittleren Schulabschluss ein umfangreicher und differenzierter Wortschatz erwartet wird, sollen Hauptschüler die für sie geltenden schulischen, beruflichen und gesellschaftlichen Sprechsituationen bewältigen. „Bei den Mittleren ist Gesprächsleitung vorgesehen, die man bei den Hauptschülern nicht findet, dafür sollen diese lernen und üben, was ‚Bitte und Danke' bedeuten" (Gruschka 2006, S. 156).

Die Schwachstellen der KMK-Bildungsstandards liegen auf der Hand: Es handelt sich um ‚Regelstandards', für die bisher keine ausreichend überzeugenden Begründungen vorliegen (vgl. Brügelmann 2004, S. 72). Darüber hinaus präsentieren sie sich als ‚Schmalspur-Standards': Sie sind fachbezogen und im Wesentlichen auf die kognitive Dimension von Lernprozessen konzentriert. In ihrer Funktion verkoppeln sie System-Monitoring, Schul-Evaluation und Lerndiagnose: Dies prädestiniert sie zu Kontroll- und Selektionsinstrumenten. Sie sind weder prozedural noch kontextuell definiert. Ihre Fokussierung auf eng umschriebene Lernziele verkennt, „dass der Wert von Erfahrungen von der Qualität der Prozesse abhängt, in denen sie erworben wurden. Ohne Standards für die Lehrerrolle, für Unterrichtsbedingungen, für Arbeits- und Sozialformen in der Schule verkommt Bildung zu außengesteuertem Training" (Brügelmann, zitiert in: Rumpf 2006, S. 67).

Bei näherer Hinsicht zeigt sich also, dass die Bildungsstandards – die eher als ‚Halbbildungsstandards' (vgl. Jahnke/ Meyerhöfer 2006) apostrophiert werden sollten – mit einer heißen Nadel zusammengenäht wurden. Denn die aktuelle Reform kann sich lange Vorlaufzeiten gar nicht leisten – und sie braucht es auch nicht. Das Kompetenzkonzept ist hinreichend unterbestimmt und fungibel, um die eingeläutete Umsteuerung des Bildungssystems in Gang zu halten. „Es wird gar nicht mehr versucht, Kompetenz als innere Struktur eines Wissens, als Operator des Verstehens, als Modus des Handelns usw. zu bestimmen. Die Kompetenz erscheint mit und in vielen Facetten. Sie sind irgendwie immer beteiligt und man kann Kompetenz entsprechend pragmatisch beschreiben" (Gruschka 2006, S. 154). Diesen Pragmatismus lassen sich die Vordenker der Reform durch keine kritische Reflexion trüben. Bildungsstandards, Kompetenzerwerb und Testverfahren werden systematisch kurzgeschlossen: „Die Bildungsstandards", heißt es im ‚Klieme-Gutachten', „legen fest, welche Kompetenzen die Kinder oder Jugendlichen bis zu einer bestimmten Jahrgangsstufe erworben haben sollen. Die Kompetenzen werden so konkret beschrieben, dass sie in Aufgabenstellung umgesetzt und prinzipiell mit Hilfe von Testverfahren erfasst werden können" (Klieme u. a. 2003, S. 20).

Der Dreischritt ‚Bildungsstandards – Kompetenzen – Testverfahren' lässt sich unter der Hand jedoch leicht umkehren. Das Lösenkönnen der Testaufgabe, ursprünglich als Indikator gedacht, um bestimmte Fähigkeiten und Fertigkeiten nachzuweisen, wird schließlich selbst zum Standard (vgl. Rekus 2005, S. 83 f.). Genau genommen geht es dann nicht mehr um Bildungs-, sondern um Leistungs- bzw. Teststandards, die sich als ‚heimliches Kerncurriculum' etablieren. Offiziell werden die Schulen in die fragwürdige Freiheit entlassen, „festzulegen, wie genau – mit welchem Curriculum, mit welcher Stundentafel in den einzelnen Jahrgängen, mit welchen Formen der Unterrichtsorganisation im Einzelnen – die Kompetenzziele erreicht werden sollen und können" (Klieme u. a. 2003, S. 55). Inoffiziell aber hält das berüchtigte ‚teaching to the test' in den Schulen Einzug: Es wird nicht mehr geprüft, was gelernt werden soll, sondern es wird gelernt, was geprüft wird. Auf diese Weise unterlaufen Bildungsstandards die Autonomierhetorik und schlagen bis auf die Ebene einzelner Schulträger und Schulen durch.

Mit Hilfe einer ‚Doppelstrategie' (nämlich einerseits Freiheiten zuzugestehen und andererseits den kontrollierenden Durchgriff zu intensivieren) wird es möglich, die ungelösten Probleme von Bildungsstandards an die Praktiker vor Ort' weiterzureichen. Dies betrifft vor allem die (angebliche) Wertneutralität des Kompetenzansatzes. Kompetenztheoretiker umschiffen die gewöhnlich konfliktreichen, normativen Lehrplanentscheidungen, indem sie inhaltliche Festlegungen meiden. Kompetenzen sollen sich „sachneutral formulieren und gegenstandsgleichgültig abtesten lassen" (Rekus 2004, S. 291). Doch sind konkrete Unterrichtsentscheidungen ohne inhaltliche und normative Festlegungen nicht zu haben. Die Quadratur des Kreises besteht in diesem Fall darin, Werte und Normen mit den regional- oder schulspezifischen Inhalten zu verknüpfen. Entsprechend werden Schulen aufgefordert, schuleigene Profile und Lehrpläne vorzulegen, während im Gegenzug staatliche Vorgaben auf Kerncurricula zurückgeschnitten werden. Der Unterrichtspraxis wird dergestalt zugemutet, für die normative Dimension des Kompetenzerwerbs einzustehen, die bei Kompetenztheoretikern allenfalls indirekt durchscheint.

Erkennbar wird sie beispielsweise in der Annahme, Kompetenzen durchliefen einen gestuften Entwicklungsgang, wobei höherstufige Kompetenzen sich dadurch auszeichnen, sich von der ursprünglichen Verwendungssituation lösen zu können. „Es geht vereinfacht gesagt um die Bereitschaft, das, was man kann, nicht nur in den geforderten Evaluationszusammenhängen, sondern – global gesprochen – in beliebigen Kontexten zu zeigen" (ebd., S. 292). Beim Fremdsprachenunterricht etwa zeigt sich das „in der Intention und Motivation, sich offen und akzeptierend mit anderen Kulturen auseinander zu setzen" (Klieme u. a. 2003, S. 73). Unmerklich verwandelt sich dabei eine Fertigkeit (nämlich: Sprachkenntnis) auf ‚höherer Ebene' in eine normative Haltung (nämlich: kulturelle Toleranz). Das mag zwar wünschenswert sein, doch folgt das eine nicht notwendig aus dem anderen. Mit dem Fortschreiten zu höheren Niveaustufen springt aus formalisierten, abstrakten Beschreibungen dessen, was ist, scheinbar wie von selbst das, was sein soll, heraus. Diese Argumentationslogik hat ihre Vorläufer im Philanthropinismus des 18. Jahrhunderts. Bereits in Salzmanns ‚Moralischem Elementarbuch' von 1785 heißt es: „Gute Gesinnung ist nur ein höherer Grad von richtiger Erkenntnis" (Salzmann 1785, S. IV).

Wer sich dieser Überzeugung anschließt, braucht sich um normative Begründungsreflexionen nicht lange scheren. Man könnte versucht sein, für die beanspruchte kulturelle Toleranz die Ideale der Völkerverständigung zu reklamieren. Doch dürfte die OECD daran weniger gedacht haben, als sie ihren Literacy-Begriff kurz und bündig umriss: „Using printed and written information to function in society" (OECD 1995, S. 14). Man sieht: Alles dreht sich um Funktionalität; die aber ist aber nicht wertneutral zu haben, auch wenn es so klingt. Wen wundert es da noch, wenn Lerschs wohlmeinender Versuch „in 30 Schritten von der Theorie zur Praxis kompetenzfördernden Unterrichts" (Lersch 2007) zu gelangen, sich in allerlei Ungereimtheiten verstrickt. Auf der einen Seite verficht er die bekannte Wertneutralitäts-These: „Kompetenzen […] können prinzipiell in sozial anerkannter, aber auch devianter Form genutzt werden; man kann sich auch zu einem hochkompetenten Einbrecher entwickeln" (ebd., S. 438). Auf der anderen Seite aber möchte er einen Werthorizont der Unterrichtsarbeit herbeireden – und landet unversehens bei gängigen Gemeinplätzen: Kompetenz sei an die „Entwicklung eines Systems von Welt-, Wert- und Handlungsorientierungen, Interessen und Motivationen zu einer sozialverträglichen und gesellschaftlich wertvollen Kompetenznutzung" (ebd., S. 438) zu knüpfen. Auch Lerschs Versuch, ‚Kompetenzerwerb' und ‚Sozialverträglichkeit' bzw. ‚Kompetenznutzung' und ‚gesellschaftlichen Wert' über einen Leisten zu schlagen, lässt ungewollt (wenngleich nicht zufällig) den Philanthropinismus wieder auferstehen. Damals ging es um ‚Brauchbarkeit' und ‚Glückseligkeit'; heute geht es um ‚Kompetenznutzung' und ‚Sozialverträglichkeit'.

Angesichts dieser historischen Bezüge wachsen begründete Zweifel, ob den europaweit bzw. international operierenden Reformprogrammen überhaupt ein bildungstheoretisches Grundverständnis attestiert werden kann. Tenorth, der Bildungsstandards und Kompetenzmodelle zu einem zeitgemäßen Konzept von Allgemeinbildung (vgl. Tenorth 2003, S. 156) hoch transformieren möchte, muss sich fragen lassen, warum dieses ‚Bildungsverständnis' zwar die Reflexivität des Systems thematisiert, die Selbstreflexion des Subjekts jedoch vernachlässigt. Denn sein funktionalistisches Theorieverständnis geht zum Subjektbegriff, dem traditionellen Kern bildungstheoretischer Diskurse, ausdrücklich auf Distanz. Tenorths Idee allgemeiner Bildung, die als eine „mit Bescheidenheitspathos vorgetragene" (Koch 2004, S. 187) ‚Grundbildung' daherkommt, orientiert sich an den „Funktionserwartungen von Nation und Gesellschaft", die „bedient und erfüllt werden" (Tenorth 2004, S. 171) sollen. Der kritische Rückbezug des Gelernten auf den Lernenden aber bleibt unterbelichtet, genauer: er bleibt innerhalb des funktionalistischen Konzepts ohne begriffliche Fassung. Darüber kann auch die Hausse des ‚selbstregulierten Lernens' nicht hinweghelfen, denn ‚selbstreguliert' bedeutet keineswegs ‚selbstreflexiv' und schon gar nicht ‚selbstbestimmt'.

So tritt auseinander, was Reformbefürworter gern über einen Leisten schlagen möchten: System und Subjekt, Bildung und Kompetenz, Individualisierung und Standardisierung. Wer auf Systemrationalität setzt (statt auf die Urteilskraft reflektierender Subjekte), dem bleibt keine andere Wahl, als Qualitätsentwicklung an formalisierte Verfahren zu binden. In der Folge bestimmen dann nicht Personen, Ideen oder Inhalte die Güte von Lehre und Unterricht,

sondern entsprechende Kontrollverfahren. Wer Kompetenz als ,Can do State-
ments' (vgl. Köller 2007, S. 15) bzw. als Arsenal pragmatischer Fähigkeiten
und Fertigkeiten konzipiert (statt als Horizont des Weltverständnisses; vgl.
Blumenberg 1998, S. 25), der darf sich nicht wundern, wenn nicht Bildung die
Essenz von Bildungsstandards bestimmt, sondern lediglich das, was sich auf
Kompetenzskalen abbilden lässt. Tendenziell fällt heraus, was dem Kompetenzbegriff nicht genügt, was zu wenig ,fachlich gerahmt' ist, was sich nicht
auf Stufenskalen abbilden lässt: „z. B. historisches Verständnis, mathemati-
sche und philosophische Einsicht, Grundsätze und wesentliche Gesichtspunk-
te, Selbstdenken und der Geist des Prüfens, Interesse am Wissen und Liebe zur
Sprache, Neugier und die Gewöhnung, mit dem Gelernten Umgang zu pflegen, Ernsthaftigkeit, Sinn für Witz und Humor und vielleicht sogar ein wenig
Neigung zum Schönen und Erhabenen, Redekultur, zivilisierter Umgang und
Geselligkeit" (Koch 2006, S. 137). Wer auf Standardisierung und Zentralisie-
rung setzt, überrollt so am Ende seine eigenen Optionen; zentrale Vergleichsarbeiten dominieren dezentrale Schulprogramme, Kompetenztests dominieren
schulnahe Curricula, die Selektionsfunktion von Bildungsstandards dominiert
deren Orientierungsfunktion. So werden Bildungsstandards zum Musterbei-
spiel dafür, wie die Reform das vernichtet, was sie zu erzeugen vorgibt: Individualität, Vielfalt und Differenz.

1.4 Falsche Versprechungen: Fragwürdige Masterpläne

Der europäische bzw. nationale Bildungsraum, der mit Hilfe von Bildungsstandards, Kompetenzmodellen, Schulevaluationen und Tests vermessen werden soll, laboriert an einem tief sitzenden Widerspruch: Er präsentiert sich als
Raum zur Individualisierung, als Raum vielfältiger Schulprogramme und
Schulcurricula, als Raum mannigfaltiger Lernwege. Zugleich aber dominiert
dieser Bildungsraum die Entwicklungsmöglichkeiten von Schülern und Schulen. Er setzt sie unter verschärften Selektionsdruck und präsentiert jedem regelmäßig die Rechnung. Um herauszufinden, wie viel die proklamierte Freiheit wirklich wert ist (und wo sie endet), sind einige reformpädagogisch engagierte Schulen längst dazu übergegangen, ihre eigenen Standards – als ,Stan-
dards von unten' – zu entwickeln (vgl. von der Groeben u. a. 2005). Allerdings
hat einer der Vordenker der Reform Enthusiasten, die die proklamierte Freiheit
zu wortwörtlich nehmen könnten, bereits vorgewarnt: stets handle es sich um
„Selbständigkeit in der Abhängigkeit" (Tenorth 2005). Um die Masterpläne
der Reform weiter schmieden zu können, muss der hegemoniale Rahmen ge-
wahrt bleiben. Gleichwohl geben sich die Experten und Strategen demokra-
tisch: Alle sollen an der Umsetzung von Masterplänen beteiligt werden, auch
wenn nur wenige sie entworfen haben. „Jeder ist in seiner integralen, unverwechselbaren Persönlichkeit gefragt, ,wirtschaftlich', weil kein Potential verloren gehen, ,demokratisch', weil kein Dissens unbefriedet bleiben darf" (Dra-

heim/Reitz 2006, S. 210). Damit sind alle im Spiel, doch geben Evaluationen und Rankings die Regeln vor. Diese aber bestätigen stets aufs Neue das ‚Prinzip Elite‘.

Die Masterpläne zur Bildungsreform zeigen ein doppeltes Gesicht: als Expertokratie organisiert, propagieren sie demokratische Beteiligung; als Gemeinschaftsaufgabe apostrophiert, erwarten sie von jedem Einzelnen, sein Plansoll zu erfüllen. Wo die Zielmarken nicht erreicht wurden (wie bei der Lissabon-Strategie), wird Selbstkritik geübt und werden alle auf neue Planvorgaben eingeschworen. Das alles erinnert fatal an real-sozialistische Zustände, wäre es nicht von Expertengremien der EU und Deutschlands nach der so genannten ‚Wende‘ ersonnen worden. Stolz gibt der Newsletter der Bertelsmann-Stiftung CHE regelmäßig die neuesten Planerfüllungen zu Protokoll. Die ‚Prozesse‘ und ‚Strategien‘ gehen scheinbar auf.

Bekanntermaßen gehört Klappern zum Handwerk. Das Verbreiten von Steuerungsoptimismus, wie ihn der CHE-Newsletter immer wieder vorführt, ist Teil einer politischen Strategie, die versucht, den Masterplänen Erfolg und Funktionstüchtigkeit zuzuschreiben. Denn so wird es leichter möglich, die Partizipations- und Legitimationsprobleme, die diese Strategien aufwerfen, zu umschiffen. Schließlich sollen alle Beteiligten zur eigenverantwortlichen Mitwirkung animiert werden. Diese Mitwirkungsbereitschaft (besonders von Lehrerinnen und Lehrern) ist auch bitter nötig, weil „motivierte und ideenreiche Lehrer [...] der kritische Erfolgsfaktor" (Ofenbach 2005, S. 275) für das gesamte Reformvorhaben sind. Gerade weil die hohen Erwartungen „der globalen Steuerbarkeit des Output ganzer Funktionssysteme, der externen Kontrollierbarkeit komplexer Organisationen und der pädagogischen Machbarkeit individuellen Verhaltens" (Radtke 2003, S. 282) empirisch letztlich ungedeckt bleiben, muss das Versprechen der Masterpläne immer neu aufpoliert werden. (Das Land Hessen sah sich inzwischen gar genötigt, der Reformkritik mit Hilfe einer eigenen Broschüre entgegen zu treten; vgl. Hessisches Kultusministerium/ Institut für Qualitätsentwicklung 2006.)

In Entwicklungsländern, in denen die gleichen Pläne mit teils desaströsen Folgen umgesetzt wurden oder werden, kann man sich solche Bewusstseinsmassage schenken. Der Einfluss der Weltbank genügt, um Voucher-Modelle durchzusetzen, die die Privatisierung der Bildungslandschaft vorantreiben. Hauptsache, die Experten selbst schenken ihren Programmen und Visionen hinreichend Glauben. Doch trägt die Hoffnung, der Markt werde die gesellschaftlichen Verhältnisse stets von neuem ins Lot bringen, nicht weit. Der kritische Blick auf die (neo-)liberale Reform des europäischen Bildungs- und Beschäftigungsraums zeigt vielmehr, dass zur Vorderbühne, auf der die ‚architektonischen Großentwürfe‘ (vgl. Liesner 2006, S. 128) inszeniert werden, eine Hinterbühne gehört, auf der ganz andere Stücke zur Aufführung kommen: Die Deregulierungs-, Entsicherungs- und Autonomisierungs-Prozesse werden durchkreuzt von neuen Formen von Kontrolle und Repression; die Integrations- und Inklusionsprozesse führen zunehmend gesellschaftliche Ausschlüsse mit sich; und die zugestandenen Individualisierungsspielräume führen eigene Standardisierungszwänge im Schlepptau. Diese gegenläufigen Bewegungen bringen Gegenbewegungen ans Laufen. Sie reichen von lokalen Sozialforen bis zu globalisierungskritischen Bewegungen, von punktuellen Hochschulprotesten bis zum europäischen Netzwerk ‚education is not for sale' (vgl. Krautz 2007, S. 223 ff.). Auch wenn die Masterpläne der Bildungsreform sich den Anschein ausgereifter Konsistenz geben möchten: Sie müssen als Reaktion auf und Produktion von gesellschaftlichen Widerspruchslagen gelesen werden.

2.
Rolle rückwärts:
Philanthropine – Gymnasien – ‚Glücksritterakademien'

Angesichts der bisherigen Überlegungen zur Bildungsreform könnte man auf den Gedanken verfallen, im Terminus ‚Bildungsreform' schwinge ein euphemistischer Unterton mit. Denn weder geht es in der aktuellen Reform um ‚Bildung' (ihr zentraler Leitbegriff lautet vielmehr: ‚Kompetenz'), noch handelt es sich um eine ‚Reform' (sondern eher um einen strategisch geplanten ‚Putsch von ganz oben'; vgl. Luik 2004). Insofern hat der gesamte Umbruch etwas historisch Unvergleichliches. Gleichwohl (oder gerade deshalb?) bemühen sich die Protagonisten des Reformprogramms um historische Parallelen. Als Vergleichsmaßstab kommt dabei nicht die eine oder andere Kurskorrektur des letzten Jahrhunderts in Betracht, sondern die historische Epochenschwelle, die den Beginn der Entwicklung des modernen Schulsystems in Deutschland markiert: die preußischen Reformen zu Beginn des 19. Jahrhunderts. Dabei changiert die Bezugnahme zwischen historisierender Identifikation („Bei uns ist die Erbschaft der neuhumanistischen Reform in guten Händen!") und beschworenem Bruch („Die Zeit der Allgemeinbildungsdiskurse ist endgültig abgelaufen!"). Das eine Mal wird der Schulterschluss von Bildungstheorie und Kompetenzmodellen proklamiert. „‚Kompetenzen', heißt es entsprechend im Klieme-Gutachten, „beschreiben [...] nichts anderes als solche Fähigkeiten des Subjekts, die auch der Bildungsbegriff gemeint und unterstellt hatte" (Klieme u.a. 2003, S. 67). Das ist gewissermaßen die Tenorthsche Lesart, der zufolge der Kompetenzbegriff die Erbschaft der klassischen philosophischen Reflexionsform ‚Bildung' antritt (vgl. Tenorth 2003). Das andere Mal halten sich Vordenker des aktuellen Umbruchs etwas darauf zugute, bildungstheoretische Entwürfe zu Grabe zu tragen. Bildung sei inzwischen ein alter Hut. Der zukünftige Weg führe vom ‚Allgemeinbildungsideal' zur ‚Basiskompetenz'. Lenzen, der diese Position verficht (vgl. Lenzen 2003), hält sich mit Brückenschlägen zur bildungsphilosophischen Theorietradition nicht lange auf. Nachdem er zentralen Kategorien der Moderne wie ‚Vernunft', ‚Emanzipation' oder ‚Subjekt' den Laufpass gegeben hat (vgl. Lenzen 1994, S. 11 ff.), geht er bei der Systemtheorie Luhmannscher Provenienz vor Anker.

In gewisser Weise manövriert sich dabei Tenorth in größere Schwierigkeiten als Lenzen. Zwar argumentieren beide aus einem konstruktivistisch-systemtheoretischen Blickwinkel, doch möchte Tenorth den Kuchen essen und behalten (sprich: bildungstheoretisch argumentieren ohne Bildungstheorie zu betreiben), während Lenzen lapidar behauptet, bildungstheoretische Entwürfe seien ‚gegessen' und ‚vom Tisch'. Man kann das Muster der Tenorthschen Argumentation an seiner ‚Abrechnung' mit etlichen bildungsphilosophisch orientierten Kollegen anschaulich studieren (vgl. Tenorth 2007). Tenorth eröffnet

seine Philippika, indem er seinen bildungsphilosophischen Opponenten ein
realitätsvergessenes, dualistisches Weltbild unterstellt. Ihre „erhabene, vornehme, kritische, ambitionierte und […] quasi religiöse Rede" (ebd., S. 33) über
Bildung reiße eine fragwürdige – und zudem unnötige Kluft auf: etwa zwischen ‚Bildung' und ‚Halbbildung' oder zwischen ‚Bildung' und ‚Herrschaft'.
(Nebenbei bemerkt: dass der Titel des bildungstheoretischen Klassikers von
Heinz-Joachim Heydorn „Über den Widerspruch von Bildung und Herrschaft"
zum Missverständnis Anlass geben könnte, es werde zwischen ‚Bildung' und
‚Herrschaft' eine Kluft aufgerissen, sei konzediert. Wer den Text aufmerksam
liest, wird schnell merken, dass es Heydorn um dialektische Vermittlung geht:
Bildung findet nicht im pädagogischen Wolkenkuckucksheim jenseits der gesellschaftlichen Praxis statt, sondern wird von der jeweiligen Herrschaftsverfassung ebenso hervorgetrieben, wie sie sie umgekehrt selbst antreibt. Doch
bleibt Tenorth für diese Argumentation taub. Da ihm der Zugang zu dialekti-
schen Denkfiguren versperrt ist, kann er Widerspruchslagen nur als ‚binäre
Codierung' lesen.)

Indem Tenorth auf diese Weise die Guten ins Töpfchen und die Schlechten
ins Kröpfchen sortiert, bedient er sich genau jener Strategie, die er seinen
Gegnern vorrechnet. Sie gibt ihm Gelegenheit, alle Kritiker des von ihm prote-
gierten Reformprogramms unterschiedslos abzufertigen, einerlei „ob Koch
oder Ruhloff, Sünker, Heydorn oder Pongratz, Euler oder Heitger, Gruschka
nicht zu vergessen" (ebd., S. 35). Nachdem die Grenzzäune subjektiv gezogen
wurden, kann man daran gehen, Grenzen in der Sache zu ignorieren. Eine
„grundlagentheoretische Differenz" (ebd., S. 36) kann Tenorth bei den von
ihm erwählten Gegnern partout nicht ausmachen (auch wenn er sich mit keinem von ihnen differenziert argumentierend auseinandersetzt). Damit ist der
Weg für die ‚Pointe' frei geräumt, um die es ihm geht: die bildungsphilosophi-
sche Tradition soll ‚heimgeholt', integriert und an die funktionalistisch-prag-
matische Konzeption von ‚Basiskompetenzen' angeschlossen werden. Wer da
nicht mitgeht, folgt „alten Vorurteilen" (ebd., S. 37). Dass die grundlagentheo-
retischen Differenzen mit Tenorths Unterscheidung von ‚schmuddeligen' All-
tagskompetenzen und „vermeintlich hoher" (ebd., S. 38) Bildung gar nicht ge-
troffen werden, bleibt ohne Resonanz. Tenorth, der anderen gerne ihre Vorurteile vorrechnet, spielt mit einem bekannten Klischee. Er rechnet der bildungstheoretischen Tradition ihre ästhetische Abgehobenheit vor. Das kommt bei
Praktikern gut an, verfehlt jedoch den theoretischen Kern der Auseinandersetzung. Dafür soll sein Vorgehen einen Kurzschluss plausibel machen: dass
nämlich zwischen Basiskompetenzen und Bildung ein „Verhältnis der katego-
rialen Identität" (ebd., S. 38) bestehe.

Die theoretische Entdifferenzierung wirkt erschlichen, doch liefert sie die
‚Geschäftsgrundlage' für praktische Reformmaßnahmen, die sich als Rolle
rückwärts präsentieren, als Wiederbelebung eines philanthropisch eingefärbten
Pragmatismus, der die progressiven Momente des Neuhumanismus ignoriert
(und lediglich seine dekadenten Restbestände zur Kenntnis nimmt). Wer Ten-

orths ‚kategorialer Identität' misstraut, sollte sich nicht mit Vorurteilen abspei-
sen lassen, sondern selbst noch einmal Rückschau halten. Doch dient der
‚Blick zurück nach vorn' nicht nostalgischer Reminiszenz an vergangene Hö-
henflüge der Bildungstheorie. Produktiv wird die Rückbesinnung auf Bildung
erst dann, wenn sie – einem Motiv Walther Benjamins folgend – sich nicht als
festgehaltene Erinnerung, sondern als Wiederkunft des Vergessenen begreift.
Jede kritische Rekonstruktion von Geschichte blickt „nicht vom Gegenwärtigen aufs Vergangene, sondern wird vom Vergangenen im Gegenwärtigen an-
geblickt. Aus diesem Blick des Vergangenen spricht gerade nicht das, was es
war, sondern das, was es immer noch nicht wurde" (Kappner 1984, S. 25).

So gesehen sind durchaus Zweifel angebracht, wenn der vielstimmige Chor
der Reformer die aktuellen Umbrüche als ‚Fortschritt' verbuchen möchte. Der
entschlossene Schritt ‚nach vorn', der allenthalben nahe gelegt wird, könnte
sich als eklatanter Rückschritt erweisen, als Rückbau von Bildungsstätten zu
‚Glücksritterakademien'. Zugegeben: Die Rede von ‚Glücksritterakademien'
hat etwas Pejoratives. Sie klingt nicht zufällig nach Glücksspieler, Spekulant
oder Hasardeur. Zugleich aber lässt sie eine fast vergessene Episode der Pädagogikgeschichte anklingen: die kurze Blüte der ‚Ritterakademien' gegen
Ende des 17. Jahrhunderts. Aus heutiger Perspektive erscheinen diese Bildungsstätten als zeitbedingter Versuch zur ‚Modernisierung' der Vormoderne,
als vergeblicher Versuch des feudalen Adels, mit Hilfe einer Anpassungsstrategie seinen eigenen Untergang zu überstehen. Zu diesem Zweck sollte der Bil-
dungskanon der traditionellen Gelehrtenschulen entrümpelt und neu formiert
werden. Denn wer am Hof des Landesherrn oder anderswo reüssieren wollte,
brauchte bessere und andere Qualifikationen, als die alten Schulen bieten
konnten: diplomatisches Geschick, Rechts- und Verwaltungswissen, Kenntnisse der neuen (Natur-)Wissenschaften, moderne Sprachen, insbesondere Französisch. Französisch war die Sprache der Fürstenhöfe und aus Frankreich
wehte der Wind einer neuen Elitebildung, der ‚Bildung des Gentilhomme', deren Grundzüge Montaigne ausformulierte. Diese Elitebildung ließ sich nicht in
den Gelehrtenschulen finden, sondern bei hoch qualifizierten Hofmeistern und
Hauslehrern oder in eigenen, kostspieligen ‚Ritterakademien'. Nach 1650 bis
ins 18. Jahrhundert hinein wurden eine ganze Reihe solcher Akademien ge-
gründet.

2.1 Auslaufmodell: Die Grenzen des Philanthropinismus

Dennoch blieben die Ritterakademien, bildungshistorisch betrachtet, ein Auslaufmodell (auch wenn die erste ‚moderne' Universität in Deutschland, ge-
gründet 1694 in Halle, aus einer Ritterakademie hervorging). Die Ritterakademien folgten einer Reformlogik, die auch die aufsteigende Bourgeoisie des 18.
Jahrhunderts (mithin der erklärte soziale, ökonomische und politische Konkurrent des Adels) für sich beanspruchte. Sie bestand kurz gesagt darin, die Effizi-

enz von Bildungseinrichtungen und –prozessen dadurch zu erhöhen, dass die Bildungsinhalte mit den unmittelbaren Erwartungen und Ansprüchen des jeweiligen Standes, Lebenskreises und Berufsfeldes kurzgeschlossen wurden. Was immer als zeitgemäßer Bedarf in Erscheinung trat, sollte sich in aktualisierten Lehrplänen niederschlagen. Für den Adel lautete das reformorientierte Kontrastprogramm wie folgt: körperliche Gewandtheit statt Stubenhockergelehrsamkeit, geistige Kraft für praktisches Handeln statt irrelevanten scholastischen Wissens, die Welt selbst als Bildungsquelle statt rein literarischer Bildung (vgl. Blankertz 1982, S. 40).

Die Bourgeoisie des 18. Jahrhunderts folgte verständlicherweise einer etwas anderen Programmatik. Ihr Ideal war die intensive Verkopplung von Ordnungswissen und Ordnungsmacht, von Vernünftigkeit und Moralität, von Psychotechnik und Selbstregulierung. Der Philanthropinismus des 18. Jahrhunderts bringt diese Zuspitzung verinnerlichernder Kontrolle anschaulich zum Ausdruck. In gewissem Sinn hatte das aufstrebende Bürgertum auch keine andere Wahl. Denn der absolutistische Hof brachte denjenigen in Vorteil, der zugunsten des Erwerbs von Einfluss seine Handlungen weitgehend zu manipulieren gelernt hatte. Dies galt für den Hofadel, mehr aber noch für den Aufstieg des Bürgertums. „Das Bürgertum erwies sich dem Adel insofern überlegen, als es die pädagogische Operationalisierung des zivilisatorischen Zwangs zum Prinzip der Entwicklung machte, oder besser: machen wollte. Der Bürger musste sich mehr Gewalt antun, um wenigstens ‚moralisch‘, dem inneren Anspruch nach, der Person von Stand überlegen zu sein" (Rutschky 1977, S. XXXV). So wurde Moralerziehung, d. h. die Kanalisierung des Willens als Vermögen der Tugend, zum zentralen Diskussionsthema bürgerlicher Aufklärungspädagogik. Sie sollte, wie Salzmann im Vorwort zu seinem ‚Moralischen Elementarbuch‘ von 1785 schreibt, „dasjenige [...] erzeugen, was man gute Gesinnung zu nennen pflegt. [...] Gute Gesinnung ist nur ein höherer Grad von richtiger Erkenntnis" (Salzmann 1785, S. IV).

Gerade dieser letzte Schluss ist typisch für die Pädagogik des Philanthropinismus. Ob bei Resewitz, Basedow oder Campe, stets wird versucht, aus der Erkenntnis des Seins das Sollen geradezu herauszudestillieren, Moralität also als Erkenntnisakt zu begründen. ‚Ordnung der Welt durch Ordnung der Vorstellungen von der Welt‘ – so könnte man den Grundsatz dieser Pädagogik zusammenfassen. Entsprechend wichtig ist es, die pädagogische Praxis an konkrete, bildhafte Prozeduren zu binden: an moralische Leitbilder, an Modelle sozialer Integration, an die Regulierung der Empfindungen und Vorstellungen. Damit die beanspruchte Neuordnung zur zweiten, inneren Natur gerinnt, bedienen sich die Philanthropen eines ganzen Arsenals von Mitteln: Übungen im Aufschieben von Affekten, Kontrolle der eigenen Gedanken und Phantasien, Steuerung des Verhaltens über Belohnungen (Meritentafeln, Lobbilletts und Punkte) und Ehrenstrafen, Sublimation durch körperliche Arbeit und Abhärtung, permanente Beschäftigung und Inanspruchnahme von Verstand und Vorstellungskraft, moralische Indoktrination durch Fallbeispiele und eine eigens entwickelte Jugendliteratur.

Stets sollen die Dinge vor das innere Auge gebracht werden. In didaktisch-methodischer Hinsicht geschieht dies zunächst über Abbildungen (Zeichnungen, Bilderbücher etc.), doch gehört der Sammlung von Gegenständen (in Realien- und Schulkabinetten) der Vorzug. Die Philanthropine erweitern diesen Zugang zur Realität über Mineral- und Tiersammlungen, physikalische Geräte, und Bibliotheken bis hin zur Anlage von botanischen Gärten. Ihren Höhepunkt finden solche pädagogisch gesteuerten Realitätskontakte in systematischen Werkstattbesuchen (von denen etwa Trapp berichtet) oder in Wanderungen und Reisen (wie sie in Salzmanns Schnepfenthaler Anstalt üblich wurden). Der Realismus der Lehrpläne, der in diesen innovativen Lehr- und Lernformen zum Ausdruck kommt, folgt einem unverhohlenen Pragmatismus. Bildung zielt auf ‚Brauchbarkeit'; sie allein befördere die Chancen des Zöglings, sein Glück zu machen. Und genau darum geht es: ‚the pursuit of happiness', wie die amerikanische Verfassung aus dem Jahre 1787 formuliert.

‚Glückseligkeit' und ‚Brauchbarkeit' sollten sich die Hände reichen. Nach dieser Gleichung packten die Philanthropen des 18. Jahrhunderts in ihren Fächerkanon alles hinein, was ökonomischen Erfolg versprach: ‚Praktische Rechenkunst' und ‚teutsches Briefschreiben', ‚Anweisung zu einer vernünftigen Conduite' und ‚Kriegsbaukunst', ‚Unterricht in der Oeconomie' und in den ‚mechanischen Disciplinen'. Von Zeichnen und Lesen bis zu Landwirtschaft und Fischerei konnte so ziemlich alles Verwendung finden und Professor Trapp im Dessauer Philanthropin hatte seine liebe Not, dieses all-inclusive-Angebot zu einem konsistenten Lehrplan zusammenzufügen.

Dass dabei auf regionale Besonderheiten, auf Wünsche von Gönnern und Geldgebern und nicht zuletzt auf die Schülerpopulation Rücksicht genommen werden musste, liegt auf der Hand. In gewissem Sinn ließe sich sagen, die Lehrpläne der Musteranstalten des 18. Jahrhunderts waren ‚kundenorientiert'. Wen wundert es da noch, wenn diesen ‚pädagogischen Gründerjahren' aus heutiger Perspektive ein fast neoliberal anmutendes Flair zugeschrieben wird. So wird uns Basedow (für einige Zeit selbst Professor an einer dänischen Ritterakademie bevor er daran ging, seinen Plan eines Philanthropins zu realisieren) neuerdings als Urgestein pädagogischen Unternehmertums vorgestellt. Voller Bewunderung berichtet z. B. Kersting, wie die Philanthropen „in eigenen Unternehmen" (Kersting 2003, S. 146) eine „moderne Pädagogik" (ebd., S. 146) entwickelten, die sich am Bedarf der bürgerlichen Gesellschaft orientierte. Basedow avanciert zum „vor Ideen sprühenden Initiator, Manager und Zeremonienmeister der Ware Pädagogik" (ebd., S. 159). Natürlich darf in diesem zeitkonformen Rückblick der Hinweis nicht fehlen, dass das Ende des 18. Jahrhunderts durch einen „enormen Zuwachs an Wissen" gekennzeichnet war, für den Basedow das Konzept eines „beschleunigten Unterrichts" (ebd., S. 153) bereithielt. Allerdings zeigte Basedow in der Ausführung seiner Pläne leider wenig Geschick, so dass er schließlich als ‚Marktschreier' und ‚Projekte-macher' in Verruf kam.

Die Sympathie für den ‚Einzelkämpfer', ‚Finanzstrategen' und ‚pädagogi-schen Unternehmer', der für das „teuerste aller Reformunternehmen" (ebd., S. 155) genügend Geldmittel zusammenbrachte, dürfte einem aktuellen Motiv geschuldet sein: dem Lob des leistungswilligen, risikobereiten pädagogischen Unternehmers, der sich an Basedow ein Beispiel nehmen sollte, wie man Er-ziehung und Bildung als ein ‚Geschäft' (ebd., S. 176) betreibt. Getreu den neoliberalen Prämissen liegt auch auf der Hand, was Basedows zukunftswei-sendem Konzept das Kreuz brach: nämlich die „im Zuge der französischen Revolution, erst Recht mit der politischen Reaktion [...] eintretende [...] staatli-che Gängelei" (ebd., S. 148). Oberflächlich betrachtet kam der Philanthropi-nismus tatsächlich aufgrund einer neuen, „in die Obhut der Staaten fallenden Schulpolitik" (ebd., S. 170) an sein Ende. Doch bleibt diese Lesart allzu sehr vom aktuellen Deregulierungs-Interesse inspiriert. Ihr entgeht die innere Wi-dersprüchlichkeit der Aufklärungspädagogik, die sie schließlich zu einem his-torischen ‚Auslaufmodell' machte.

Diese innere Widersprüchlichkeit besteht kurz gesagt darin, dass die postu-lierte Gleichung von ‚Brauchbarkeit' und ‚Glückseligkeit' einfach nicht aufge-hen wollte. Dies ist nicht nur ein Praxisproblem (etwa im Sinne defizienter aufklärungspädagogischer Konzepte und Rezepte), sondern reicht weit dar-über hinaus. Es betrifft die Konstitutionsproblematik der beginnenden Moder-ne, des Aufklärungszeitalters insgesamt. Wie sich die Widersprüche dieser ge-sellschaftlichen Konstellation in die aufklärungspädagogischen Diskurse ein-schreiben, lässt sich an Niethammers bekannter Streitschrift („Der Streit des Philanthropinismus und Humanismus in der Theorie des Erziehungs-Unter-richts unserer Zeit", Jena 1808) exemplarisch ablesen (vgl. Euler 1989).

Worum drehte sich dieser Streit, den der Philanthropinismus nicht für sich entscheiden konnte? Es ging um die Idee der Humanitätsbildung, genauer: um den doppelten Anspruch der Aufklärung, sowohl der Universalität der Ver-nunftbildung wie auch dem Einzelnen in seiner Besonderheit gerecht zu wer-den. Dass beides zusammengehen könne, hatte die Frühaufklärung (etwa bei Comenius) noch ontotheologisch begründet: als unterstellte All-Harmonie von Einzelnem und Allgemeinem. Doch verlor dieser Rückgriff auf vornominalis-tische Theorieelemente mit der fortschreitenden Auflösung der mittelalterli-chen Ordnung den Boden unter den Füßen. Die „nominalistische Freisetzung" (ebd., S. 158) der Menschen am Ausgang des Mittelalters leitete eine folgen-reiche Verschiebung von der einstmals ontotheologischen Vernunftbegründung zu einer „bürgerlichen Metaphysik der Nützlichkeit" (ebd., S. 243) ein. Das ‚bürgerliche Subjekt' wird im Fortgang des Aufklärungsprozesses nicht länger als abstrakter Träger einer vernünftigen Allgemeinheit verstanden, sondern zum besonderen Funktionär realer bürgerlicher Verhältnisse gemacht. Was ehedem als universale Befreiung intendiert war, entäußert sich schließlich als bloß funktionale Sachkompetenz. Und beides fügt sich eben nicht so bruchlos ineinander, wie es der Aufklärungspädagogik gerne recht wäre.

Es zeigen sich erste Risse in der behaupteten Identität von Nützlichkeit und Glückseligkeit, gegen die Leibniz ein letztes Mal seine spekulative Utopie der ‚prästabilierten Harmonie' entwirft. Doch geht dies nur, indem der immer handgreiflicher werdende Widerspruch zwischen Einzelnem und Allgemeinem, zwischen Individuum und bürgerlich verfasster Gesellschaft, hinter einer metaphysischen Monadologie scheinbar verschwindet. Dieser Schein aber lässt sich nicht unbefristet lange aufrechterhalten. So wird es schließlich Sache des Neuhumanismus, unüberhörbar Kritik am aufklärerischen Subjektverständnis als bürgerlichem Funktionssubjekt zu üben. Damit schlägt Bildungstheorie explizit in Gesellschaftskritik um. Sie wird – in einem frühen Sinn – ‚Kritische Theorie': „Der Neuhumanismus bestimmt das bürgerliche Subjekt als kritisches, d. h. er stellt den besonderen Einzelnen in ein kritisches Verhältnis zur realen Allgemeinheit" (ebd., S. 307). Genau darin überschreitet er den bornierten Reflexionshorizont des Philanthropinismus. Dessen Dilemma liegt auf der Hand: Er erzeugt zu guter Letzt „Blechfabrikanten, Manufakturwarenbesitzer, Reeder, keine Menschen" (Heydorn 2004, Bd. 3, S. 77).

2.2 Differenzen: Der neuhumanistische Bruch mit dem Utilitarismus

Die neuhumanistische Bildungstheorie wirft auf diese Weise zum ersten Mal systematisch die Frage nach der Subjektwerdung in der Moderne auf, wohl wissend, dass ein Rückweg zu einer ontotheologisch-metaphysisch bestimmten Allgemeinheit ebenso ausgeschlossen ist wie die kritiklose Anpassung an den herrschenden gesellschaftlichen Status quo. Will man dennoch im vollen Bewusstsein des die Aufklärung entzaubernden Nominalismus an der Idee vernünftiger Allgemeinheit festhalten, so bleibt nur eine Konsequenz: „Der kritische Weg ist allein noch offen" (Kant 1977, S. 712). Kant, der diesen Weg mutig beschreitet, erschüttert mit dem Nachweis der im Subjekt gründenden Objektivität das Selbstverständnis des Philanthropinismus. Kants Kritizismus begnügt sich nicht damit, Vernunft zu predigen, sondern er fördert die Vernünftigkeit in der Kritik des Vernunftvermögens selbst zu Tage: Die Vernunft ist notwendig im Einzelnen und sie ist zugleich das notwendig Allgemeine, das die real herrschende Allgemeinheit unter Kritik stellt. Der Spur dieses Differenzdenkens folgend stößt Kant im ‚Schematismus-Kapitel' der ‚Kritik der reinen Vernunft' auf ein ‚Drittes': die Urteilskraft als notwendigen Teil der Kritik des theoretischen Vernunftgebrauchs (vgl. Euler 1989, S. 317). Sie bietet den systematischen Angelpunkt, von dem aus eine umfassende Theorie der Bildung in der Moderne anheben kann. Zwar hat Kant auf dieser Grundlage keine eigene Bildungstheorie entworfen – das unternahmen im Anschluss an ihn etwa Schiller, Humboldt, Niethammer u. a. –, doch hat er der neuhumanistischen Bildungstheorie das Fundament gelegt.

Die dezidiert kritische Reflexionsfigur des Neuhumanismus bewegt sich in einem Kantischen Denkhorizont, auch wenn sie Kant nicht blindlings beerbt. Kants reflexionsphilosophische Formel, der Mensch solle zum Menschen bzw. der Idee der Menschheit und deren Bestimmung gemäß erzogen werden, gibt den Neuhumanisten das Stichwort: ‚Universale und allseitige Bildung der menschlichen Kräfte' lautet entsprechend die neue Programmformel, die so unterschiedlich geartete Männer wie Wolf, Jachmann, Thiersch, Fichte, Fröbel oder Humboldt gleichermaßen ins Feld führen. Daran kann die preußische Schul-, vor allem aber die Universitätsreform zu Beginn des 19. Jahrhunderts anknüpfen. Der neuhumanistischen Kritik erschien der Bürger der Manufakturepoche als Inbegriff verweigerten Menschentums. Der Neuhumanismus aber insistiert auf die Einlösung des ganzen Glücksversprechens, das die Philanthropen stets nur im Munde führten.

Die Zeit scheint endlich dafür reif: Mit dem Übergang von der Manufaktur zur großen Industrie rückt das Reich der Freiheit in hoffnungsvolle Nähe. Die Abrichtung der Menschen zu einer vorbestimmten Profession wird ökonomisch obsolet, denn das expandierende Kapital verlangt nach allgemeiner Disponibilität, die die berufsständischen Grenzen sprengt. Der frühe Manufakturbürger war noch auf seine praktisch-produktive Tätigkeit verpflichtet. Er sollte selbst beherrschen, wozu er seine Arbeiter in Dienst nahm. Erst mit dem Eintritt in die ‚große Industrie' trennt sich die Kontrollfunktion über das Kapital allmählich von der produktiven Praxis. Das Bürgertum entwickelt neue Qualifikationserfordernisse, die sich im neuhumanistischen Bildungsbegriff niederschlagen. Er nimmt – anders als der Realismus des 18. Jahrhunderts – überwiegend abstrakt-theoretische, disponierende Momente in sich auf. Bildung wird formal, also inhaltlich variabel, für eine offene Geschichte konzipiert. Das Bürgertum setzt sich als zukünftige Menschheit. Im Bildungsbegriff konzentriert sich dieser utopische Überschuss, den das ökonomische Kalkül alleine nicht deckt.

Die Freisetzung der Gattung nimmt für das Bürgertum den Weg über die Vernunft, genauer: über das objektivierte Gebilde der Vernunft: die Sprache. Von Heyne und Wolf bis Hegel wird – neben Mathematik – die Grammatik zum originären Feld der logischen Propädeutik. Sie setzt, wie Hegel formuliert, den „Anfang der logischen Bildung" (Hegel 1940, S. 241). Nicht so sehr sehnsuchtsvolle griechische Wahlverwandtschaft, sondern dass die alten Sprachen als Exerzierplatz des Verstandes dienen können, gibt den Ausschlag. Grammatische Übungen schärfen die Logik, erhöhen die geistige Gewandtheit, kurz: sie sind das ABC der Herrschaft in der Sphäre des Begriffs, mit dem die Wirklichkeit verfügbar wird. Mündigkeit, dies gehört zur Quintessenz des neuhumanistischen Bildungsverständnisses, gelingt nur dort, wo der Geist sich von unmittelbar sinnlicher Determination löst und aufsteigt zu abstrakten Strukturen und Formen. Um solche Abstraktion geht es, wenn mit Verweis auf Humboldt die landläufige Formel vom ‚Lernen des Lernens' ins Spiel gebracht wird.

Man muss sich klar machen, dass damit das Lernen in weiteste Distanz zur Welt gerückt wird. Während der Philanthropinismus der Nützlichkeit und unmittelbaren Anschlussfähigkeit an ökonomisch-technische Verfahren das Wort redete, bricht der Neuhumanismus mit allen Formen des pädagogischen Utilitarismus. „So hart dieses in den Ohren unserer Lebensnähepädagogen auch klingen mag, im Grunde war damit ein Privileg formuliert, das Privileg der Söhne der bürgerlichen Creme. Hier ist nichts zu spüren von der Kurzatmigkeit lebensnaher Anlernvorgänge. Das Bewusstsein der dergestalt Lernenden wird in den weitesten Horizont gezogen. Das Gymnasium bereitet auf überhaupt keinen bestimmten Beruf vor, sondern auf die Universität. In ihm soll Denken gelernt werden" (Schirlbauer 2005, S. 86). Denken, so die Hegelsche Konsequenz, aber lernt man nur durch Denken, durch die Anregung des Geistes zur Selbsttätigkeit, zur Auseinandersetzung mit der Vielgestaltigkeit der Welt. Im formalisierten Bildungskonzept, das aus dieser Einsicht erwächst, findet die Vernunftkritik ihre genuin pädagogische Gestalt. Bildung heißt in erster Linie: Ausbildung der Urteilskraft. Je komplexer die gesellschaftlichen Anforderungen an die Individuen werden, umso mehr muss sich Unterricht – damals wie heute – auf die Seite des Theoretischen begeben, auf die „Ebene der Abstraktionen, der Gedanken, der Begriffe, der Strukturen und allgemeinen Verhältnisse und Relationen [...], weil es [...] wesentlich um die Ausbildung der Urteilskraft der jungen Leute geht, derjenigen Fähigkeit bzw. Komponente unserer Vernunft, die es überhaupt erst erlaubt, ein Etwas als bestimmtes Etwas unter einen allgemeinen Begriff zu subsumieren, einen konkreten Fall als Fall eines Gesetzes oder eines Prinzips aufzufassen" (ebd., S. 85).

So gesehen ist die Lebensferne, die die neuhumanistische Bildungsreform den Schulen auferlegt, kein Manko, sondern ein Zeichen des Fortschritts. Da ist noch keine Rede von ‚learning by doing‘, von ‚Lebensnähe‘ und ‚Übungsfirmen‘ (den späten Nachfolgern der Trappschen Werkstattbesuche), sondern von Distanz. Vorschnelle Kritiker des Neuhumanismus legen dies gern als vornehme Abgehobenheit oder elitäre Geistigkeit aus. Doch verkennen sie damit den historischen Lernprozess, aus dem das Bürgertum zu Beginn des 19. Jahrhunderts die Konsequenzen zog: Es begriff, dass eine effektive Nutzung der Arbeitskraft deren Vorqualifizierung einschließt, dass eine Trennung allgemeiner Ausbildungsgänge von der Produktion beide in neuer Weise zusammenfügt, dass die Logik der Bildung nicht der Logik der Produktion folgen kann oder muss. Zur Basislektion des Bürgertums gehörte, dass „Unbildung [...], das Ideal jeder primitiven Herrschaft, [...] für die bürgerliche (Gesellschaft) absehbaren Ruin" (Koneffke 2004, S. 242) bedeutet. Diese Einsicht war die Voraussetzung zur gesellschaftlichen Ausdifferenzierung des modernen Bildungswesens und die Brisanz der aktuellen Bildungsreform besteht vor allem darin, Bildungsprozesse der Produktionslogik erneut auszuliefern und diese Gleichschaltung als ‚Harmonisierung‘, ‚Effektivierung‘, oder ‚Optimierung‘ auszugeben.

Demgegenüber insistiert das neuhumanistische Bildungskonzept auf Differenz (in der Erwartung, dass das vom Praxisdruck befreite, systematisierte Lernen sich am Ende – wenngleich vermittelt – als höchst praxisrelevant erweist). Die Schulentwicklung im 19. und 20. Jahrhundert folgt dieser Einsicht, radikalisiert sie und macht zugleich die Dialektik des Vorgangs ganz erkennbar: Vernunftkritik kann sich dem eigenen Anspruch nach nicht mit der halben Wahrheit zufrieden geben. Weder begnügt sie sich damit, dass die Gesellschaft des Menschen nicht als Menschen, sondern immer nur als Bruchstück bedarf, noch gibt sie sich damit zufrieden, dass allgemeine Bildung nur einer Minderheit zugute kommt. Das neuhumanistische Bildungswesen setzt die Ablösung des ständischen Statusrechts durch das moderne Kontraktrecht voraus. Allgemeine Bildung braucht allgemein zugestandene Freiheitsrechte, die allerdings in Deutschland erst nach dem Zusammenbruch Altpreußens im Jahre 1806/07 durch den Ansturm der französischen Revolutionsarmee Platz greifen. Die großen Reformen, die die Männer der ‚Bewegungspartei' nach der Niederlage anstreben, vor allem die Reform der Agrar- und Gewerbeverfassung, sind gesellschaftlich längst überfällig.

Die Folge der gewöhnlich als ‚Bauernbefreiung' titulierten Agrarreform aber ist ein sozial erzwungener Mobilisierungsdruck der Landbevölkerung. Den ‚freigesetzten' Arbeitermassen vom Land, die in die Städte abwandern müssen, wird die Hauptlast der frühindustriellen Durchgangsphase aufgebürdet. Solche Nötigung lässt sich gesellschaftlich nur legitimieren, wenn der Freisetzung aus ständischen Bindungen Partizipationsrechte zur Seite gestellt werden. Entsprechend setzte die Humboldtsche Bildungsreform konzeptionell auf die Beteiligung aller Bevölkerungsgruppen. Ihre Leitideen waren: durchgängige Einheit der Bildungsorganisation vom Elementarunterricht bis zum Universitätsstudium, eine gemeinsame Bildung für alle Staatsbürger als Medium vernünftiger sozialer Integration, Vorrang der selbstbewussten formalen Bildung (des ‚Lernens des Lernens') auf allen Unterrichtsstufen. Die Realisierungschancen dieser radikal antiständischen, im Grundsatz demokratischen Reform aber blieben hinter der sozialen Realität der frühen preußischen Industrialisierungsphase weit zurück. So fällt die humanistische Bildungsreform in Bruchstücke auseinander, die ihre eigene Dynamik entwickeln.

Letztlich bleibt die bürgerliche Aussicht auf die Fülle menschlicher Lebensführung, auf Universalität, tief in sich zerrissen. Die harmonische Entfaltung aller Kräfte bleibt unerfülltes Postulat, durchkreuzt von der wachsenden Disharmonie zwischen einer Produktionsbildung für die Masse des Industrieproletariats, die auf bloße Verwertbarkeit abzielt, und einer ästhetischen Bildung für wenige Privilegierte, die sich im Elysium des griechischen Menschen verliert. „Ästhetische Befreiung wird Selbstvergiftung, das schöpferische Bewusstsein zur todesverhafteten Größe", schreibt Heydorn, „der Mensch kehrt nur als Gespenst zu sich zurück" (Heydorn 2004, Bd. 4, S. 80 f.). Das neuhumanistische Bildungsideal wird unter den Bedingungen sich verschärfender gesellschaftlicher Widersprüche zugleich antiquarisch und elitär, es kehrt sich gegen sich selbst, verfängt sich in seinem eigenen Widerspruch. Neuhumanistische Bildung, die die Kritik des herrschenden, falschen Allgemeinen auf ihre Fahnen schrieb, wird selbst Teil der bürgerlichen Herrschaft, der sie widerstreitet, ohne sie einfach abschütteln zu können. „Notwendig muss die gesellschaftliche Herrschaft Bildung in ihren Dienst stellen, weil nur Aufklärung als zunehmende Rationalität der Produktion und des Verkehrs ihr partikulares Interesse befriedigen kann. Notwendig insistiert aber auch jene Rationalität als Bildung auf Überwindung der Partikularität, auf universeller Gewinnung der Menschheit durch sich selbst. In der Bildungsinstitution ist das, was Herrschaft sichern soll, um dieses Zwecks willen domestizierter Widerspruch gegen den Zweck" (Koneffke 1980, S. 25).

2.3 Reformdebatten: Bildung als umkämpftes Terrain

Der Widerspruch von Bildung und Herrschaft – wohl gemerkt: einer Bildung, die sich in der herrschaftlichen Institution gegen sich selbst kehrt wie auch einer Herrschaft, die sich in der Bildungsinstitution permanent gegen sich selbst wenden muss – kommt nicht allein in der neuhumanistischen Bildungsreform zum Tragen. Er bestimmt auch alle weiteren, schulischen und universitären Reformprozesse. Daher geraten sämtliche Bildungsreformen des 19. und 20. Jahrhunderts in soziale und politische Kämpfe; Bildung wird zu einem umkämpften Terrain.

Doch bleibt trotz aller Krisen und Konjunkturen, trotz politischer Machtwechsel und desaströser Kriege die allgemein verbindliche, staatliche Form öffentlicher Bildung über rund 200 Jahre erhalten. Den relativ stabilen Bedingungen des Bildungssystems entspricht ein relativ stabiler Bedarf. Er ermöglicht die Langfristigkeit und Stetigkeit der Entwicklung öffentlicher Bildung. Für die Initialphase der preußischen Bildungsreform lässt sich festhalten: Es kommt zur ersten Ausbildung universalistischer Strukturen, für die vor allem zwei Merkmale kennzeichnend werden: eine immer umfassendere Inklusion von Bevölkerungsteilen in das Schulsystem und die Ablösung der ständischen Selektion durch eine Bildungsselektion nach Leistungsgesichtspunkten. Das Lernen gerät damit unter die Zwänge des Leistungsprinzips. „Es ist zwar nach wie vor Lernen ohne Handlungsdruck, aber mit Leistungsdruck. Und das beschleunigt die Fortschrittsdynamik" (Schirlbauer 2005, S. 82). Liest man diese Fortschrittsdynamik individualistisch, entpuppt sie sich als Bildungskarriere. Die zweckfreie Bildung dient also durchaus ihrem Zweck – und sei nur als „Einstiegsvoraussetzung für eine preußische Beamtenkarriere" und als „Distinktionsmerkmal für die schmale Schicht des gehobenen Bürgertums" (Schirlbauer 2005 b, S. 233). Universalisierung und Expansion von Bildung verschwistern sich auf diese Weise von Beginn an mit dem Staat, der als ‚Vikar der Nation' die entsprechenden Rahmenbedingungen bereitstellen soll. Denn die Aufgabe, Bildung als eine allgemeine Reproduktionsbedingung der

Gesellschaft zu organisieren, fällt in der bürgerlichen Welt notwendig einer Instanz zu, die damit betraut ist, den Zusammenhalt der Gesellschaft in seinen allgemeinen Bedingungen sicher zu stellen: eben dem Staat. Aus diesem Grund geht die höhere Bildung mit der neuhumanistischen Reform immer umfassender im Staatsdienst auf. Augenfällig wird das an der Einrichtung von Staatprüfungen als Zugangsvoraussetzungen für Justizdienst, Verwaltungsdienst und höheres Schulwesen.

Man kann diesen Prozess der Verregelung und Verrechtlichung des Bildungssystems als Form der Binnendifferenzierung beschreiben, die die Leistungsfähigkeit des Systems – vor allem den Modus der Bildungsselektion – erhöht. Zugleich erweist sich die Etablierung neuer Selektionsprinzipien und -zwänge jedoch als Herrschaftsstrategie des Bürgertums, um Funktionsspielräume der Mündigkeit zu definieren und abzusichern. Das „volle Set an Voraussetzungen" (Koneffke 2006, S. 34) soll einer Elite vorbehalten bleiben. Daher erfolgt die Expansion des Bildungswesens seit der Mitte des 19. Jahrhunderts nicht in Form einer undifferenzierten Inklusion (etwa in der Weise, dass immer mehr Schulen in das System der berechtigenden Anstalten aufgenommen oder gar dem Gymnasium gleichgestellt werden), sondern curricular differenziert und hierarchisch abgestuft. „Die deutsche Schulgeschichte zeigt sich als ein permanenter Kampf um die Typisierung oder Enttypisierung des Schulangebots, die Auf- und Abwertung von Schulformen, Unterrichtsfächern, Lehrergruppen, Abschlüssen und Berechtigungen. Und sie ist ein permanentes Verwirrspiel um die schulpolitische Symbolik" (Zymek 2001, S. 90).

Diese binnenschulischen Kämpfe um Zugangsberechtigungen und Ausschlüsse führten zu einer Binnendynamik des Systems, die Systemtheoretiker gern als ‚Autologik' oder Eigensinn des Systems apostrophieren. Nath geht sogar so weit, den Wachstumsschüben des bürgerlichen Bildungswesens in den letzten 200 Jahren eine eigendynamische Regelmäßigkeit zu unterstellen, an der sich „die politischen Intentionen der Bildungsadministration brachen" (Nath 2001, S. 43). Diese Autonomie-Zuschreibung zum Bildungssystem liegt zwar ganz im funktionalistischen Trend, lebt jedoch aus der problematischen Unterstellung, dass es – wie Luhmann formuliert – „keine ausschließende Teilsysteminklusion mehr" (Luhmann 1995, S. 258) gebe. Im Klartext: die Teilnahme an einem gesellschaftlichen Teilsystem impliziert nicht zugleich den Ausschluss aus einem anderen Teilsystem. Die Teilsysteme agieren nach dieser Vorstellung autonom, wenngleich interdependent. Sie sind – wie die systemtheoretische Zauberformel lautet – ‚strukturell gekoppelt'.

Tatsächlich lässt sich aber an der Analyse von Exklusionsprozessen zeigen, dass es viele Fälle gibt, in denen Personen aufgrund ihres Ausschlusses aus einem System zugleich auch die Möglichkeit verlieren, an anderen Systemen zu partizipieren. Luhmann beschreibt solche ‚Spill-over-Effekte' immer wieder selbst: „Keine Ausbildung, keine Arbeit, kein Einkommen, keine regulären Ehen, Kinder ohne registrierte Geburt, ohne Ausweis, ohne Zugang zu an sich vorgesehenen Anspruchsberechtigungen, keine Beteiligung an Politik, kein

Zugang zu Rechtsberatung, zur Polizei oder zu Gerichten – die Liste ließe sich verlängern" (Luhmann 1996, S. 228). Wenn es aber so ist, dass es immer wieder zu Kettenreaktionen in anderen Systemzusammenhängen kommt, dann ist die behauptete Autonomie der Teilsysteme nur noch die Hälfte wert. Sie sind, mehr als Nath lieb ist, der Ort politischer und sozialer Kämpfe, die die Entwicklung des Bildungssystems zu einem wechselvollen, ungleichzeitigen und widersprüchlichen Prozess machen.

Das Elementarschulwesen des 19. Jahrhunderts etwa musste sich seine Anerkennung und Bedeutung im Rahmen staatlicher Schulpolitik langfristig erst erkämpfen. Die vernachlässigte Stellung, die dem Volksschulwesen in der ersten Hälfte des 19. Jahrhunderts zukam, war nicht allein der restaurativen Bildungspolitik des Vormärz, sondern auch der Exklusivität geschuldet, mit der das Bürgertum sich vornehmlich um seine eigenen Bildungsbelange kümmerte. Von einem systematischen Interesse für das ‚niedere Schulwesen' kann zunächst jedenfalls keine Rede sein – vielleicht eher von einem systematischen Desinteresse, das begrenzten Raum für Neuerungen ließ, soweit sie nicht das Eigeninteresse der etablierten Bourgeoisie tangierten. Betrachtet man das Bild, das F. Paulsens Autobiographie von einer Landschule um die Mitte des 19. Jahrhunderts überliefert (Paulsen 1906), dann wird Blankertz' Bemerkung verständlich, die Stiehlschen Regulative von 1854 hätten vielfach schon deshalb kaum Veranlassung zum Widerspruch gefunden, weil ihre reduktiven Zielangaben „oft noch gar nicht erreicht waren" (Blankertz 1982, S. 165). Den entscheidenden Aufschwung erlebte das preußische Volksschulwesen erst in der zweiten Hälfte des 19. Jahrhunderts, zu einem Zeitpunkt also, als ökonomische Interessen mehrheitlich nicht mehr gegen, sondern für einen Schulbesuch aller Heranwachsenden sprachen. Fortschritte im Schulwesen, das zeigen zahlreiche sozialgeschichtliche Quellenanalysen, mussten stets „gegen Interessengruppen mühsam und zäh errungen werden" (Herrlitz u. a. 1981, S. 179).

Erst mit dem industriellen ‚Take off' im letzten Drittel des 19. Jahrhunderts zogen die Kontroll- und Leistungsmechanismen, die im Gymnasium schon lange bekannt waren, auch in die Volksschule ein. „Zensuren und Zeugnisse, Versetzungen, Erteilung von Abschlusszeugnissen – dies alles etabliert sich in der Volksschule erst nach 1880" (Tillmann 2003, S. 312). Aufgrund der wachsenden Qualifikationsfunktion der Volksschule kann man sie hinsichtlich des 19. (nicht jedoch des 20.) Jahrhunderts zu den Modernisierungsgewinnern zählen (vgl. Nath 2001, S. 36). Gleichzeitig aber wachsen auch die Abstimmungsprobleme zwischen den einzelnen Teilsystemen: Es gibt Überfüllungskrisen und Mangelphasen, es gibt Statusgewinner und Deklassierte. Und natürlich entbrennt an den Scharnierstellen der unterschiedlichen Schultypen ein sozialer und politischer Kampf um Reformstrategien.

Aufgrund der Dominanz des preußischen Gymnasiums müssen sich alle neu entstehenden Schulgattungen zu ihm in Beziehung setzen. Dies geschieht zunächst dadurch, dass Bildungsziele wie Lehrinhalte anderer Schuleinrichtungen „aus dem Vergleich mit dem Gymnasium legitimiert" (Kraul 1984, S.

72) werden. Es entwickelt sich eine hierarchische Ordnung von Schultypen, die in der zweiten Hälfte des 19. Jahrhunderts politisch heiß umstritten ist. Im Streit zwischen Realschule und Gymnasium entlädt sich der soziale Konflikt zwischen der bisherigen bildungsbürgerlichen Führungsschicht und einer neu heraufdrängenden Elite von Wirtschaftsbürgern, Technikern und Ingenieuren, der erst mit der Schulkonferenz im Juni 1900 seine Schlichtung findet. Was für die Lehrpläne von 1856 (Gymnasium) und 1859 (Realschule) undenkbar war, was die neuerlichen Lehrpläne von 1882 in eine systematisch abgestufte Rangfolge zu bringen versuchten, was selbst die Lehrpläne von 1892 noch immer versagten – das wird mit dem so genannten ‚Allerhöchsten Erlaß‘ vom 26. November 1900 endlich zugestanden: die gleichberechtigte Anerkennung der Abschlüsse von drei unterschiedlichen höheren Schularten (Realgymnasium, Oberrealschule und Gymnasium).

Es hat sich in der Sozialgeschichte der Schule die Auffassung etabliert, dass die Periodisierung des Entwicklungsgangs zwei große Zäsuren erkennbar mache: zum einen die ‚Sattelzeit‘ um 1800 und zum anderen die gesellschaftliche Umbruchszeit um 1900. Für die innere Periodisierung dieser ‚Modernisierungsschübe‘ allerdings lässt sich kein entsprechendes Einvernehmen herstellen. Die historische Rekonstruktion bleibt in diesem Fall nicht nur unterschiedlichen methodischen, sondern auch normativen Horizonten verhaftet. Vor allem funktionalistische Analysen, die sich etwas darauf zugute halten, langfristige Entwicklungsprozesse mit Hilfe von Beteiligungsindizes auf eine empirische Grundlage zu stellen, unterstreichen die Eigendynamik von Systemen. Ihnen zufolge verlagern sich die Entwicklungsbedingungen des Bildungssystems ins System selbst. Auf diese Weise wird es möglich, die ökonomischen, sozialen und politischen Kämpfe im System zu relativieren und herunterzuspielen. In der Analyse von Bildungskonjunkturen glaubt z. B. Tenorth „nahezu verschwörungstheoretische Erklärungsmuster" (Tenorth 2003, S. 330) ausmachen zu können. Dagegen setzt er eine ostentative Coolness, die systemischen Organisationen per se die Kraft zum Versachlichen und Ausbalancieren zuschreibt (vgl. Tenorth 2001, S. 79).

Der Widerspruch der Bildung, der auch in den bildungspolitischen Kämpfen des 20. Jahrhunderts virulent bleibt, findet in solchen Theorieentwürfen keine Resonanz. Ins Blickfeld des Interesses rückt der fortgesetzte Trend zur Öffnung der Bildungsselektion. Thematisiert werden die Individualisierung von Schullaufbahnen und die schubweise Integration des gesamten Schulsystems. Wir hören vom flächendeckenden Schulsystemausbau in den 60er und 70er Jahren des 20. Jahrhunderts, wir hören von einer zunehmenden Regelungsdichte – aber wir hören nichts darüber, wie Form und Inhalt von Bildungsprozessen mehr denn je auseinanderklaffen. Unthematisiert bleibt auch, dass die wachsende materielle Reife des Bildungssystems mit einer bisher ungekannten Paralysierung des Bewusstseins bezahlt wird. Gerade die moderne Schule spielt bei der allgemeinen Enteignung des Bewusstseins einen eigenen, unverzichtbaren Part: „Die Denkfabrik des pauperisierten Menschen ist aufgebaut", so umreißt Heydorn die Situation der späten 60er Jahre, „die Planungs-boys arbeiten unermüdlich, schleppen die Inhalte unseres Unterbewusstseins in ihre Umsatzproduktion. Alle Unmittelbarkeit wird manipuliert. Die res extensa frisst die res cogitans, aber nicht spinozistisch, als Koinzidenz von Gott, Vernunft und Materie, sondern als Müllhaufen" (Heydorn 2004, Bd. 3, S. 291).

In der Enteignung des Bewusstseins findet der Widerspruch von Bildung und Herrschaft seine zeitgemäße Form. Zugleich wird Bildung uneinge-schränkt unter den Aspekt der Verwertung gerückt. Eine rationellere industriel-le Mobilisierung kündigt sich in den Reformschüben des 20. Jahrhunderts an, vor allem in den Umbrüchen der späten 60er und frühen 70er Jahre. Heydorn sieht schon sehr früh mit aller Klarheit, wie in den Rationalisierungsprozessen der Bildungsreform der 70er Jahre des letzten Jahrhunderts „die Vokabel der Emanzipation [...] zur negativen Utopie" (Heydorn 2004, Bd. 4, S. 113) ver-kommt. Zwar werden mit der Gesamtschulreform frühbürgerliche Egalitätsfor-derungen der Form nach wieder aufgegriffen, aber doch nur, um das unver-wirklichte Gleichheits- und Freiheitspostulat, das in die moderne Bildungsver-fassung eingeschrieben ist, dem Inhalt nach zu liquidieren. Pädagogische Re-form- und ökonomische Verwertungsinteressen reichen sich die Hände: „Sinn-los, Lebensnähe zu fordern; der Kapitalismus verbürgt Lebensnähe, hebt Wohlstand, schließlich auch Lehrergehälter. [...] Sinnlos, Eignung für Produk-tion zu verlangen; das wird besorgt. Die monopolisierte Industrie kann Pro-duktionseignung besser vermitteln als jede Schule; von daher gesehen könnte man die Schule abschaffen, ein paar Techniken ausgenommen" (Heydorn 2004, Bd. 3, S. 291).

Mit solchen Sätzen katapultiert uns Heydorn mitten hinein in die aktuellen Umbruchs- und Deregulierungsprozesse. Dass seine Analysen in den 70er Jah-ren keinen fruchtbaren Boden fanden, liegt auf der Hand. Wer zu spät kommt, den bestraft bekanntlich das Leben. Wer aber zu früh kommt, so kommentiert Schirlbauer Heydorns unvergleichliche Position in der Bildungstheorie des 20. Jahrhunderts, „den bestraft die Zeitgenossenschaft: durch Ignoranz. Man muss an solchen Sentenzen nur wenig korrigieren, damit klar wird, dass unsere heu-tige Situation beschrieben wird" (Schirlbauer 2005, S. 193).

2.4 Entdifferenzierung:
Die restaurative Gleichschaltung von Bildung und Verwertungsinteresse

2.4.1 Plastikwörter

In der aktuellen Flut von Reformprogrammen und –traktaten finden sich nur wenige Texte, die so unverblümt wie Heydorn auf den Punkt bringen, was ge-spielt wird – und was auf dem Spiel steht. Stattdessen lässt der Chor der neuesten Reformpädagogen unisono das gleiche Vokabular erklingen. Es handelt sich dabei häufig genug um ‚Plastikwörter'. Plastikwörter, so umreißt Pörksen den Begriff, „sind der elementare Bausatz des Industriestaats. Diese Chiffren bahnen den Weg in die großräumige Geometrie: hindernislos, unbeengt ist alles auf reibungslose Durchfahrt eingestellt, wo sie in Gebrauch sind" (Pörksen 1988, S. 19). Pörksen führt ein ganzes Arsenal solcher Plastikwörter vor: ‚Entwicklung', ‚Beziehung', ‚Fortschritt', ‚Modell', ‚System', ‚Information' etc. In der Liste fehlen verständlicherweise die Chiffren, die uns die neueste Bildungsreform beschert. Nachzutragen wären daher (alphabetisch sortiert) z. B.: ‚Controlling', ‚employability', ‚lebenslanges Lernen', ‚Modualisierung', ‚Monitoring', ‚Profilbildung', ‚Qualitätsmanagement', ‚self-commodification' (was im Deutschen vielleicht mit ‚Selbst-Verwertungsfähigkeit oder –bereitschaft' übersetzt werden könnte), ‚Standardisierung' oder ‚Zertifizierung'. Die Liste ließe sich verlängern.

Ein entscheidender Begriff fehlt natürlich: ‚Autonomie'. Er ist es, mit dem uns die neuen Bildungsreformen schmackhaft gemacht werden sollen. Er ist es auch, mit dem die Brücke zu den neuhumanistischen Reformern geschlagen werden soll. Doch gibt es nicht den geringsten Grund anzunehmen, dass die nationalen und internationalen Agenturen, die uns die aktuelle Reform bescheren, bei Humboldt in die Lehre gegangen sein könnten. Wenn die OCED von ‚Autonomie' spricht, dann handelt es sich dabei um ein Steuerungselement innerhalb einer spezifischen neoliberalen Regierungstechnik, deren Sinn vor allem darin besteht, das Erziehungssystem für ökonomische Interessen besser zugänglich zu machen. Die Anrufung der ‚Autonomie' gewinnt unter diesen Umständen den Charakter einer Erpressung: Wer sie verwirft, verliert sein Existenzrecht in der Tauschgesellschaft. Wer sie annimmt, muss sich verkaufen. ‚Autonomie' heißt: wechselseitige Selbstverpflichtung im Rahmen eines neuen Kontraktmanagements, das eine flexiblere Kontrolle aller durch alle sicherstellen soll. Autonomie heißt bestenfalls: Wahlfreiheit als Kunde oder Konsument eines Bildungsmarkts, der – widersprüchlich genug – um der ‚Autonomie' willen mit Gewalt durchgesetzt werden soll.

‚Reibungsverluste' werden einkalkuliert. Die Reformagenturen rechnen durchaus mit Nebenfolgen – die vielleicht gar nicht so ungewollt sind, wie es auf den ersten Blick scheinen mag (vgl. Bellmann 2005, S. 15 ff.). Dass diese kontraproduktiven Effekte nicht sofort durchschaubar sind, hängt nicht alleine mit dem Sprachnebel zusammen, den die neoliberale Reform fortwährend produziert, sondern auch mit der Gleichzeitigkeit der Prozesse. Der „Zwang, alles gleichzeitig zu verändern, ist ein zentraler Mechanismus der Durchsetzung der Reform" (Radtke 2003, S. 287). Es kann den Reformern nicht schnell genug gehen und dies nicht allein aus Gründen einer Überrumpelungstaktik. Denn der Druck, den die Reformagenturen ausüben, sitzt ihnen selbst im Nacken: in der Form krisenhafter Entwicklungen des Weltwirtschaftssystems.

Bereits in den 60er Jahren begann z. B. die Weltbank damit, eigene Forschungskapazitäten zu Bildungsfragen aufzubauen. Den theoretischen Rahmen lieferte die Humankapital-Theorie, die davon ausgeht, dass über gesteigerte Qualifikationen die Produktivität von Betrieben erhöht und schließlich auch das Wirtschaftswachstum von Gesamtgesellschaften verbessert werden könne. Diese Theorie hat durchaus ihre Schwachstellen (vgl. Weber 1998). Sie schlugen sich in typischen Theoriekonjunkturen nieder. Der Humankapital-Ansatz blieb in seiner Entwicklung abhängig von politischen Großwetterlagen (vgl. Weiß 2003). Erst seit den 90er Jahren ist sein Kurswert wieder gestiegen. Seitdem fordert die Weltbank vermehrt z. B. staatliche Maßnahmen zur Stärkung der Grundbildung. Die Übernahme von Kosten für weiterführende Bildungswege hingegen soll privaten Haushalten (etwa in Form von Studiengebühren) aufgebürdet werden. Der Kurs folgt neoliberalen Prämissen. Er favorisiert die „Durchsetzung einer veränderten Definition staatlicher Aufgaben unter den Bedingungen gezielt verknappter öffentlicher Mittel: Privatisierung, Wettbewerb und Dezentralisierung im öffentlichen Sektor, Ersetzung bzw. Ergänzung bürokratischer Regulation durch größere Anteile von Marktelementen und Kontrolle durch verstärkte Einführung von zentralen Prüfungen, Tests und Evaluationen" (Klausenitzer 2001, S. 243).

Unter diesen Voraussetzungen kommt Humboldts Bildungsidee, die ihren Maßstab an der „inneren Verbesserung und Veredelung" (Humboldt 1968, S. 57) der Menschen gewinnen sollte, unter die Räder. Stattdessen feiert der Utilitarismus des 18. Jahrhunderts fröhliche Urständ. Die Europäische Kommission dekretiert: „Allgemeine Bildung und berufliche Bildung bilden keinen Gegensatz mehr und sind nicht mehr voneinander zu trennen. [...] Den Unternehmen kommt im Bildungsbereich eine wachsende Rolle zu. Sie haben zur Verbreitung der aus ihren Erfahrungen gewonnenen neuen Kompetenzen beizutragen. [...] Schule und Unternehmen sollen aneinander angenähert werden" (Luxemburg 1995, S. 34 ff.). Damit ist der Streit zwischen Philanthropinismus und Neuhumanismus scheinbar ad acta gelegt. Das EU-Weißbuch erklärt alle „doktrinären Bildungsdiskussionen" (ebd., S. 44) für beendet. Der Widerspruch von Bildung und Herrschaft hat sich – zumindest auf allerhöchster EU-Ebene – in Luft aufgelöst. Die Lösung bedient sich einfachster Mittel: Kritische Bildung wird unter ökonomische Kuratel gestellt und Widerspruch nicht zugelassen. Bildung verwandelt sich in ‚employability‘, die Kritik nur so weit akzeptiert, wie sie ‚im Rahmen‘ bleibt. Der Rahmen aber wird abgesteckt von internationalen und nationalen Organisationen, Institutionen und Konzernen samt ihren Großprogrammen.

Wenn man schon eine Parallele zur neuhumanistischen Bildungsreform ziehen will, dann nicht in der Zielsetzung, sondern allenfalls im Verfahren und in der Radikalität des Bruchs: Beide Male handelt es sich um Top-down-Reformen und beides Mal werden bisher gültige Grundstrukturen aus den Angeln gehoben. Die aktuelle Reform folgt der Intention, die Differenzierung von Bildungssystem und ökonomischem Sektor tendenziell aufzuheben. Man kann diese Ent-Differenzierung auch als Re-Partikularisierung ehedem universalistischer Systemstrukturen deuten (vgl. Zymek 2001, S. 89 ff.). Hinsichtlich des strukturellen Bruchs jedenfalls drängt sich der Eindruck auf, dass die aktuelle Transformation des deutschen Schul- und Hochschulsystems in ihrer Bedeutung „nur mit der Humboldtschen Universitätsreform vergleichbar ist" (Terhart 2003, S. 173). Doch sollte diese Einschätzung nicht zum vorschnellen Schluss verleiten, Humboldts Geist sei wieder auferstanden. Im Gegenteil: die philanthropisch-utilitaristischen Anklänge der Reform sind unüberhörbar. Plädiert wird u. a. für: eine Rückführung des Grades der Verwissenschaftlichung in den Hochschulen, eine größere Praktikabilität und ‚Anschlussfähigkeit' der Ausbildung, effizientere Ausbildungsgänge und die (Teil-)Privatisierung des Bildungswesens. Die eingeleiteten Maßnahmen werden sicherlich nicht zu einer „Wiederholung der Geschichte mit umgekehrtem Vorzeichen" (Zymek 2001, S. 91) führen, doch wird es zu deutlichen Exklusions-, Auslagerungs- bzw. Outsourcing-Prozessen kommen. Dem korrespondiert ein schleichender oder offener Verlust wesentlicher Funktionen des staatlichen Bildungssystems: etwa der Selektionsfunktion (die von Unternehmen oder privaten Testagenturen übernommen wird) oder der Qualifizierungs- und Vermittlungsfunktion (die private Bildungsanbieter, Personalberatungsfirmen und Vermittlungsagenturen aller Art in steigendem Maß übernehmen werden).

Der radikale Umbruch erzeugt Druck und Angst. Versüßt werden die Verunsicherungen jedoch mit dem Versprechen, am Ende winke ein Bildungseldorado, das die Bildungsbedürfnisse von mehr Menschen als je zuvor zufrieden stellen könne. Leider sprechen die bisherigen Erfahrungen dagegen. Man muss nicht erst an Milton Friedmanns Voucher-Konzept erinnern, mit dem er das Chile der Pinochet-Diktatur „in einem nationalen Feldexperiment an die Grenze des Soziozids" (Hakl 2003/04, S. 96) führte. Eindrucksvolle Beispiele liefern auch aktuelle Reformprozesse: Steiner-Khamsi demonstriert z. B. am Umbau des mongolischen Bildungssystems, wie Entwicklungsbanken und internationale Organisationen als Elefanten im Porzellanladen agieren (vgl. Steiner-Khamsi 2003). Nicht minder lehrreich sind die Ergebnisse des Systemumbaus in Großbritannien. Dort führen die von Schulbehörden oder kommerziellen Instituten organisierten Tests und Evaluationen von Schulen bzw. Schülern „zu einer gewollten oder ungewollten neuen Hierarchisierung der [...] Schullandschaft" (Zymek 2001, S. 98), zu neuen Formen kultureller, sozialer und ökonomischer Ungleichheit, zu einem „höheren Einfluss schichtspezifischer Herkunftsmilieus auf die Schulwahl" und zu „einer politisch wie pädagogisch nicht wünschenswerten Rehomogenisierung sozialer Milieus" (Drewek/Tenorth 2001, S. 76).

Im Klartext heißt das: ‚Services for the poor are poor services.' Die soziale Spaltung der Gesellschaft wächst, soziale Konfliktlagen verschärfen sich und das Bildungseldorado existiert nur für eine zahlungskräftige Mittel- und Oberschicht. Am Ende werden die Krisen und Widersprüche der Weltwirtschaft (Wachstumskrisen, Währungskrisen, Verschuldungskrisen; vgl. Sablofski 2004, S. 27 ff.) mit Hilfe von internationalen und nationalen Bildungsagenturen durchgereicht bis auf die unterste Ebene lokaler Bildungseinrichtungen und individueller Lernbiographien. Die negativen Konsequenzen verschwinden jedoch hinter einem euphemistischen Sprachnebel, mit dem die Reform schön geredet wird. Wir können unsere Liste von Plastikwörtern also verlängern. Neben der bereits erwähnten ‚Autonomie' wären z. B. zu ergänzen: ‚Kompetenz', ‚Exzellenz', ‚Internationalität', ‚Wissen', ‚Qualität', ‚Flexibilität' oder ‚Lernen des Lernens'.

Wenn man den Sinn solcher Wörter verstehen will, sollte man tunlichst nicht an den gängigen Begriffsgebrauch anknüpfen. ‚Autonomie' – dies dürfte inzwischen deutlich geworden sein – muss als ‚freiwillige Selbstkontrolle' (vgl. Pongratz 2004) gelesen werden, als Internalisierung eines flexiblen, servilen und selbstorganisierenden Habitus. ‚Qualität' bzw. ‚Total Quality Management' entziffert Bröckling als ‚totale Mobilmachung' (vgl. Bröckling 2000). Und ‚Kompetenz' lässt sich als allgegenwärtige Bereitschaft und Fähigkeit zur Indienstnahme für Verwertungsprozesse dechiffrieren. Dies setzt voraus, dass der Begriffsinhalt vielgestaltig, auswechselbar und diffus bleibt. ‚Kompetenz' ist gewissermaßen das Plastikwort par excellence. Denn das Plastik – schreibt Roland Barthes, auf den Pörksen explizit verweist – „ist weniger eine Substanz als vielmehr die Idee ihrer endlosen Umwandlung" (Barthes 1964, zitiert nach Pörksen 1988, S. 21). Genau dies erhebt der Kompetenzbegriff zum Programm; seine abstrakte und formalisierte Übersetzung findet er im Begriff der „Selbstorganisationsdisposition" (vgl. Erpenbeck 2001).

Schaut man sich z. B. die Kompetenztypologie an, die Tippelt, Mandl und Straka präsentieren (vgl. Tippelt/Mandl/Straka 2003), wird schnell klar, dass der Kompetenzbegriff dem Muster der Afri-Cola Werbung („Alles ist in Afri-Cola…") folgt. Er soll so ziemlich alles abdecken: sensomotorische Fertigkeiten und Technikverständnis, Selbstmanagement und Moralität, Teamfähigkeit und persönliches Erfahrungswissen. ‚Kompetenz' kann eben alles sein, solange sie die Anpassung an die jeweiligen Bedürfnisse des Marktes sicherstellt. Im Kern läuft diese ‚Allgemeinbildung' auf eine permanente Selbstanpassung hinaus, die mal als unausweichlicher Zwang, mal als stets erneuerte Chance daher kommt.

Die Einstimmung in den Kompetenzdiskurs fängt zunächst ganz brav und praxisbezogen an: etwa wenn Tenorth seine Kompetenzmodelle präsentiert (vgl. Tenorth 2003, S. 159 ff.) und dabei seinen Kompetenzbegriff (nicht statt, sondern) als Bildung auszugeben versucht: Die „Kompetenz zur Selbstregulation des Wissens", heißt es da, „das erinnert an Humboldt [...]" (ebd., S. 162). Noch mehr aber erinnert es an Theorien der Selbstorganisation, denen Humboldt ein wenig reflexionsphilosophische Aura verleihen soll. Sprachbildung kommt als ‚kommunikative Kompetenz' daher; Selbstbildung wird zum ‚durch Lernen gesteuerten Lebenslauf'.

Dass hinter der Verbreitung der neuesten Schlüsselbegriffe eine langfristige politische Strategie stehen könnte, macht der entpolitisierte Begriffsgebrauch unkenntlich. Stattdessen umgeben sich kompetenzorientierte Tests mit der Aura des Objektiven und Wertneutralen. Nur hin und wieder lassen Testkonstrukteure die Katze aus dem Sack und bekennen, dass ihre Konzeptionen normativ sind (vgl. Deutsches PISA-Konsortium 2001, S. 19; 30). Die Normen aber fallen nicht vom Himmel; sie stammen „aus zentralen Positionen der OECD und der in ihr wirkenden relevanten Akteure" (Fuchs 2003, S. 168). Die Entpolitisierung des Kompetenzkonzepts geht mit seiner Dekontextualisierung Hand in Hand. Kompetenzen orientieren sich nicht an spezifischen Curricula oder an Schul- und Unterrichtssituationen, sondern an einer vom PISA-Konsortium zusammengebrauten Vorstellung davon, was „in modernen Gesellschaften für eine befriedigende Lebensführung in persönlicher und wirtschaftlicher Hinsicht sowie für eine aktive Teilnahme am gesellschaftlichen Leben" (Deutsches PISA-Konsortium 2001, S. 16) notwendig sei. Um dies überhaupt testen zu können, werden Kompetenzen ,gestuft' gedacht und ,domänenspezifisch' zurechtgeschnitten. Das Ganze erinnert nicht zufällig an gut sortierte Apothekerschränke, wobei – je nach Bedarf – hin und wieder umsortiert werden muss.

Die ,Offenheit' des Kompetenzansatzes erscheint auf den ersten Blick vor allem Praktikern sympathisch. Befürworter des Konzepts machen geltend, es eröffne ,Spielräume' für die praktische Gestaltung von Lernprozessen. Tatsächlich machen Kompetenzen um konkrete Lerninhalte einen weiten Bogen. Doch steckt der Teufel bekanntlich im Detail. Ein Beispiel: Die ,Bildungsstandards im Fach Deutsch für den Mittleren Schulabschluss' (vgl. KMK 2004, S. 14 ff.) spezifizieren den Kompetenzbereich ,literarische Texte verstehen und nutzen' unter anderem durch die Fähigkeiten, ,wesentliche Elemente eines Textes erfassen' oder auch ,eigene Deutungen des Textes entwickeln' zu können. „Das muss weder an Böll noch an Grass, sondern kann ebenso gut auch an einer Handy-Gebrauchsanweisung überprüft werden. Weitergehende Bildungsziele, etwa Wertschätzung von Literatur, was traditionell zu den Bildungszielen des Literaturunterrichts gehörte, fällt nicht mehr in den Bereich der Bildungsstandards, da Einstellungen und Haltungen keine überprüfbaren Kompetenzen darstellen" (Rekus 2007, S. 157). Der Brückenschlag zwischen Kompetenzen (verstanden als allgemeinen, formal umschriebenen Dispositionen) und Kenntnissen, Fähigkeiten und Fertigkeiten (verstanden als tätigkeitsbezogenen, überprüfbaren Lerninhalten) bleibt höchst unsicher. Diese Unsicherheit ist die Kehrseite der gepriesenen Flexibilität des Kompetenz-Konzepts. Sie schlägt am Ende auf den Praktiker zurück, der sich bei ungenügenden Testergebnissen der ihm Anbefohlenen möglicherweise fragen lassen muss, ob er die falschen Lerninhalte gewählt hatte.

Im Zuge dekontextualisierter Modelle kommt ein Wissensbegriff in Umlauf, demzufolge Wissen wie ein Transportgut behandelt werden kann. Wissen, so die Unterstellung, sei eine konservierbare, transportable, werthaltige und verwertbare Ware. Man kann sie angeblich speichern, managen, ins Unermessliche steigern oder entsorgen. So kommt es dann zum Mythos von der ,Halbwertzeit' des Wissens und dem „Kalauer von der Wissensexplosion" (Schirlbauer 2005, S. 191). Das Wort ,Wissensexplosion', so kommentiert

Schirlbauer ironisch, „ist geschickt gewählt. Vor Explosionen sollte man sich
in der Tat in Sicherheit bringen. Nur: In Wahrheit explodiert ja gar nichts. Viele der so genannten neuen Erkenntnisse sind durchaus strittig. Nicht alles, was
in neuen Publikationen steht, ist eine Erkenntnis, schon gar nicht eine bahn-
brechende. Explodieren tut nicht das Wissen. Was hier explodiert, ist die Zahl
der Publikationen. [...] Wissen kann man überhaupt nicht zählen. Zählen kann
man nur Stückzahlen, und die haben wir hier nicht" (Ebd., S. 191).

Doch kann sich das epidemisch gewordene Verwertungsinteresse mit dieser
Auskunft nicht beruhigen. Also wird versucht, das Nichtzählbare zählbar zu
machen: durch Dekontextualisierung (man könnte auch sagen: durch waren-
förmige Zurichtung). Sie unterschlägt, dass innovatives Wissen immer situati-
ves Wissen ist, eingelagert in konkrete Prozesse der Produktion und Kommunikation (vgl. Polanyi 1985). Sie unterschlägt auch, dass „Wissen immer Wissen von Subjekten ist, ohne andere Subjekte von der Teilhabe auszuschließen,
und dass ein wahrer Sachverhalt erst Wissen wird, wenn subjektive Gewissheit
und rationale Rechtfertigung in einem Bewusstsein zusammentreffen, das
nicht nur organische Voraussetzungen hat, sondern ohne gesellschaftlichen
Austausch nicht denkbar ist" (Fischbach 2002, S. 12). Bleibt hinzuzufügen,
dass informationstechnische Geräte „weder Information noch Wissen bewah-
ren, verbreiten oder verarbeiten, sondern Signale konservieren, transportieren
und transformieren. Information entsteht daraus erst durch Interpretation, die
sich mittels kultureller Codes vollzieht. Wissen bildet sich nicht unmittelbar
durch Aufnahme von Information, sondern setzt deren kritische Bewertung
voraus" (ebd., S. 12 f.).

Man kann die Kritik des Wissensbegriffs, den einschlägige Reformdoku-
mente ins Feld führen, noch ein Stück weiter treiben. Schaut man sich beispielsweise das so genannte Klieme-Gutachten genauer an, so geht diese Expertise mit einer gewissen Selbstverständlichkeit davon aus, dass „Wissen zunächst als deklaratives Wissen (explizites, verbalisierbares Wissen über Sach-
verhalte) erworben werden muss" (Klieme u. a. 2003, S. 78), bevor es auf höheren Niveaustufen in ein Können übergeht, für das dann „automatisch zu-
gängliche Verknüpfungen und Abläufe" (ebd., S. 78) kennzeichnend seien.
Könnerschaft setzt demnach explizites Wissen voraus – und genau darin liegt
der Trugschluss (vgl. Bockrath 2008). Jeder weiß, dass die Identifikation eines
vertrauten Gesichts in einer großen Menschenmenge oder die einer bestimmten Tonfolge in einem Musikstück in der Regel gelingt, ohne dass Einzelheiten
der Physiognomie oder der Komposition erkannt werden. Vor allem Polanyi
macht darauf aufmerksam, dass „jeder unserer Gedanken Komponenten umfaßt, die wir nur mittelbar, nebenbei, unterhalb unseres eigentlichen Denkin-
haltes registrieren – und daß alles Denken aus dieser Unterlage, die gleichsam
ein Teil unseres Körpers ist, hervorgeht" (Polanyi 1985, S.10). Dieses implizite Wissen ist für den Lernfortschritt wie für das Welt- und Selbstverständnis
von Schülern fundamental bedeutsam. Doch bleibt es in den Kompetenzmodellen ohne Resonanz. Deren Operationalisier- und Messbarkeitsfetisch schei-

tert an der schlichten Tatsache, dass sich im Akt der Mitteilung selbst ein Wissen offenbart, das wir nicht mitzuteilen wissen (vgl. ebd., S. 14). Alle Dimensionen des Wissens, die weder direkt mitteilbar oder vermittelbar noch sprachlich rekonstruierbar sind – Bockrath (2008) verweist neben implizitem auch auf körperliches und negatives Wissen – kommen in dekontextualisierten Modellen nicht zum Zug.

So gesehen entpuppen sich Schlagwörter wie ‚Halbwertzeit des Wissens‘ oder ‚Wissensexplosion‘ als ahnungslos und naiv. Doch nicht nur dies: Sie erzeugen zugleich einen irritierenden Effekt. Sie legen Relevanzverlust und Bedeutungssteigerung des Wissens gleichermaßen nahe. Ob ich nichts mehr lerne, weil übermorgen eh alles überholt ist, oder ständig lerne – das läuft im Endeffekt auf dasselbe hinaus. In dieser Situation werfen die Bildungsstrategen der EU einen Rettungsanker aus. Die Lösung der Quadratur des Kreises heißt: ‚lebenslanges Lernen‘ (und eng damit verbunden ‚Lernen des Lernens‘). Lebenslanges Lernen bedeutet immer beides zugleich: Ballast abwerfen (z. B. Erstausbildungsphasen kürzen) und neue Rationen aktuell erforderlicher ‚Kompetenzen‘ in stets wiederkehrenden Phasen an Bord nehmen. Lebenslanges Lernen, heißt es im entsprechenden Memorandum der EU, müsse zum „Grundprinzip" werden, denn alle Europäer sollen „ohne Ausnahme [...] gleiche Chancen haben, um sich an die Anforderungen des sozialen und wirtschaftlichen Wandels anzupassen [...]" (Europäische Kommission 2000, S. 3). Dass diese ausnahmslose Chance sich zum ausnahmslosen Zwang auswächst, steht auf einem anderen Blatt. Die alte Idee des ‚Aufstiegs durch Bildung‘ verkehrt sich in die lebenslange Pflicht zur marktkonformen Selbstoptimierung.

Der Zauber, den die Leerformel vom ‚Lernen des Lernens‘ verbreitet, lässt jedem die Möglichkeit, beliebige Vorstellungen hineinzupacken. Nur eine entscheidende Einsicht findet kein Gehör: dass man das Lernen womöglich gar nicht lernen kann. „Man kann zwar vieles lernen, man kann dividieren lernen, die richtige Übersetzung des Ablativus absolutus im Lateinischen, man kann Rückenschwimmen lernen [...], nur das Lernen kann man nicht lernen, weil das Lernen kein Inhalt ist, sondern sich auf Inhalte richtet, genau genommen eine Tätigkeit ist, welche sich *nach* Inhalten richtet, welche als solche primär eine Eigenschaft haben, nämlich heterogen zu sein" (Schirlbauer 2005, S. 192). Hinter dem Plastikwort ‚Lernen des Lernens‘ lugt die abstrakte Trennung von Form und Inhalt hervor. In ihr kommt ein verdinglichter, entfremdeter Bewusstseinszustand zum Ausdruck – Adorno hätte vermutlich von Halbbildung gesprochen –, dem die Transformation von Schulen und Hochschulen zu Bildungs-Discountern zuarbeitet.

2.4.2 Bildungs-Discounter

Discountläden sind für Käufer durchaus attraktiv. Nicht zufällig wirbt die Edeka-Gruppe mit dem Slogan: „Wir wollen für Sie besser sein!" Dies ist gleich-

sam der kategorische Imperativ des Qualitätsmanagements, den sich selbstverständlich auch Schulen und Hochschulen zu Eigen machen sollen. Der Slogan
ist zustimmungsfähig – solange die Frage unterbleibt, woran sich denn das
Bessere bemessen lasse. Wird sie gestellt, tun sich unerwartete Gräben auf. In
diesen Grabenkämpfen müssen sich Reformpädagogen alten Schlags darüber
belehren lassen, dass die ‚bessere Qualität' ihr Maß habe, mithin quantifizier-
bar sei. Da nun einmal alles am Gelde hänge und zum Gelde dränge, seien dabei vor allem Kosten-Nutzen-Kalkulationen zu berücksichtigen. Die ‚bessere
Bildung' müsse sich gegenüber dem verknöcherten, bürokratischen, alten
staatlichen Bildungssystem als die effizientere und effektivere, flexiblere und
innovativere erweisen. Dies aber gehe nur, wenn sich Bildung endlich dem
Wettbewerb aussetze, damit die ‚invisible hand' des Marktes ihre heilsame
Wirkung entfalten kann. Der Genauigkeit halber müsste man von Quasi-Märk-
ten sprechen, die die neuen Bildungsreformer propagieren. Denn gewisse ho-
heitliche Funktionen sollen partout zentralisiert in der Hand des Staates bleiben. Dazu zählen vor allem die Formulierung rechtlicher Rahmenbedingungen
und die Zielkontrolle: „Die Geschäftsgrundlagen müssen klar sein, ebenso die
Ziele, die erreicht werden sollen. Mehr wird jedoch nicht festgelegt" (Oelkers/
Mangold 2003, S. 10).

Das ist auf den ersten Blick herzlich wenig. Die Humboldtsche Vision vom
Staat als ‚selbstlosem Treuhänder der Bildung des Volkes' jedenfalls hat sich
in Luft aufgelöst. Statt dessen kommen nun zentralisierte Steuerungsinstrumente mit unausweichlicher Konsequenz durch die Hintertüre der Bildungsinstitutionen wieder hereinspaziert: Standardisierung, Leistungsstandserhebun-
gen, permanente Evaluationen und Qualitätskontrollen, neue Verwaltungs-
steuerung, Nutzer- bzw. Studiengebühren usw. Wer A sagt, muss auch B sagen
– wer Output-Steuerung sagt, der muss sich auch zur neuen ‚performance-ori-
ented culture' bekennen.

Auf diese Weise wird das Verhältnis von Schul- bzw. Hochschulsystem und
Wirtschaftssystem neu justiert. Die ‚Ökonomisierung' der Bildung zielt nicht
einfach auf eine Auflösung der Systemgrenzen, sondern auf die Übertragung
betriebswirtschaftlicher Organisations- und Steuerungsformen in systemfrem-
de Bereiche. Bildungseinrichtungen und Wirtschaft sollen dadurch so aufeinander abgestimmt werden, „dass in beiden Systemen gleichermaßen ökonomische Kalküle die wesentliche handlungsorientierende Größe darstellen" (Hoffacker 2001, S. 3). So gesehen ist die Rede von der ‚Ökonomisierung' der Bildung dahingehend zu präzisieren, dass es sich um eine ‚Verbetriebswirtschaftlichung' handelt, durch die die Logik der Verwertung unmittelbarer denn je im
Bildungsbereich zur Anwendung gebracht werden soll.

Dass das öffentliche Bildungswesen immer der Reproduktion der Gesellschaft diente und insofern im Rahmen eines ökonomischen Kalküls operierte,
ist nicht neu. Neu aber ist, dass die Eigenlogik von Bildungsprozessen dem
betriebswirtschaftlichen Kalkül nun unmittelbar unterstellt werden soll. Und
dies, obwohl der Erfolgsnachweis der neuen Managementtechniken weiterhin

aussteht: „Die Behauptung, dass Wettbewerb Schulen verbessere, lässt sich empirisch nicht bestätigen" (Levacic/Hardman/Woods 1998; zitiert nach: Weiß 2003, S. 219; vgl. auch: Klausenitzer 2004, S. 151). Doch hält dies zahlreiche Zeitgenossen nicht davon ab, die angeblich fälligen Konsequenzen bereits jetzt zu ziehen: „Vorbei der Traum", so gibt z. B. Spiewak erleichtert zu Protokoll, „zwei Millionen Studenten eine gleich geartete Ausbildung zukommen zu lassen. Nicht jeder muss die Einheit von Forschung und Lehre genießen, wie es Humboldt einst als Idealbild formulierte. Weder müssen alle Universitäten ein Studium in jedem Fach anbieten, noch muss jeder Professor ein großer Wissenschaftler sein. Ein guter Lehrer tut es auch, der entsprechend mehr Stunden unterrichten soll. Gebraucht werden unterschiedliche Angebote, die miteinander im Wettbewerb stehen: Universitäten, in denen Studenten und Professoren auf höchstem Niveau forschen, und andere, die sich stärker auf Ausbildung und Lehre konzentrieren; Hochschulen, die auf dem Weltmarkt konkurrieren, und solche, die ihren regionalen Turf (was soviel wie Pferderennbahn oder Pferderennen bedeutet, L. P.) bedienen. Dabei muss es selbstverständlich sein, dass sich so profilierte Hochschulen Studenten auswählen, die zu ihnen passen" (Spiewak 2003, S. 1).

Ob die aktuellen Unbrüche im Bildungswesen so viel Zustimmung verdienen, lässt sich mit guten Gründen bezweifeln. Klaus-Jürgen Tillmann etwa wirft auf das Szenario der Reformentwicklungen einen weitaus skeptischeren Blick (vgl. Tillmann 2003, S. 319 ff.). Doch geht auch er davon aus, dass sich die Verwertungslogik in weiten Teilen des Bildungssektors in den nächsten Jahrzehnten weiter durchsetzen wird. Schulen und Hochschulen nehmen dabei den Charakter von Service-Agenturen an, die unterschiedliche Märkte mit unterschiedlichen Kundenstämmen bedienen. Dies setzt natürlich voraus, dass die Kunden sich als Kunden und die Anbieter sich als Anbieter begreifen lernen. Dem dienen besondere Lehrangebote, die praktisch alle Schulen und Hochschulen in ihr Standardprogramm integrieren: Rhetorik- und Selbstdarstellungskurse, Präsentations- und Moderationsverfahren, Soft-Skill-Techniken und Bewerbungstrainings. Am intensivsten aber wirkt der stumme Zwang der Verhältnisse selbst: durch die Verkürzung und Straffung von Studienzeiten, durch die Vervielfachung und Verstetigung von Prüfungen, durch die Einführung von Studiengebühren oder das Ausloben von Studienpreisen.

Der Umbau von Hochschulen zu Service-Agenturen mit einem qualifizierten Warenangebot findet vor allem in der Modularisierung von Studiengängen seinen Niederschlag. An die Stelle von Studiengängen, die sich an der Struktur einer Disziplin orientieren, treten nun Studienprogramme, die den Anspruch erheben, Studienzeit und Studienbelastung objektivieren zu können. Module fungieren demnach als Tauschobjekte bzw. käufliche (Bildungs-)Waren, die von Kunden geordert werden können. Modularisierte Studiengänge (oder Lehrgänge) entsprechen einem bestimmten Waren-Sortiment, wobei den Käufern bestimmte Wahlmöglichkeiten eingeräumt werden (z. B. wann sie welche Module erwerben wollen). Die Flexibilität des ‚Einkaufs‘ von Modulen hält sich dabei in (von Studienordnungen) abgesteckten Grenzen. Die Module selbst gewinnen den Charakter präparierter Warenpakete, die unterschiedliche Ingredienzien enthalten können (Fertiggerichten vergleichbar, die unterschiedliche Nahrungsmittel zu einem Standardgericht kombinieren). „So kann ein Modul als eine Einheit aus Lehrstoff, Unterrichtsmethoden und Evaluationsmethoden aufgefasst werden, die gemeinsam zu einem bestimmten Set von Wissen, Fertigkeiten und Haltungen beitragen müssen. Diese ‚Pakete' lassen sich miteinander verkoppeln und können dem Studenten als Bausteine angeboten werden, so dass dieser […] in sich selbst investieren kann" (Masschelein/ Simons 2005, S. 75 f.).

Allerdings teilen die Anbieter solcher Module (also Schulen und Hochschulen) die Grundsituation aller Konkurrenten des Bildungsmarkts: nämlich das Risiko, auf ihren Modulen als ‚Ladenhütern' möglicherweise sitzen zu bleiben, wenn sich nicht genügend Käufer finden. Andererseits treibt sie die Aussicht auf Gewinn (denn Module sind ihrer eigenen Logik nach privatwirtschaftlich produzierte, vermarktbare Bildungsgüter). Entsprechend müssen sich Bildungseinrichtungen auf dem Markt positionieren, ein Werbe-Image entwickeln (am besten mit eigenem, geschütztem Warenzeichen).

Dabei könnte es Bildungseinrichtungen als Anbietern von Bildungsgütern im Prinzip gleichgültig sein, was ihre ‚Kunden' damit anfangen – Hauptsache, sie zahlen pünktlich den geforderten Preis (etwa in Form von Schulgeldern oder Studiengebühren). Doch machen Bildungsinstitutionen gewöhnlich ein doppeltes Angebot: Sie stellen nicht nur Bildungsgüter zur Verfügung, sondern arrangieren auch Lernumgebungen für deren individuelle Aneignung. Dies setzt natürlich die Einwilligung der Individuen voraus, sich diesen Aneignungsprozessen auch zu unterziehen bzw. sie an sich selbst zu vollziehen. Für diejenigen, die sich solchen (Selbst-)Transformationen verweigern, die also ihre ‚Veredelung zum Markenartikel' einer Bildungsinstitution ablehnen, bleiben zwei Möglichkeiten: Sie werden entweder relegiert, um willigeren Aspiranten Platz zu machen, oder sie erfahren als ‚Kunden' der Bildungsinstitution solange Akzeptanz, wie sie als ‚Käufer' für Umsatz sorgen (also: Studiengebühren bezahlen). Das Problem des ‚ewigen Studenten' wandelt sich so in ein willkommenes langfristiges Kunden-Verhältnis – oder es löst sich in Luft auf, wenn die Bildungseinrichtung den Kunden aus ihrer Kundenkartei streicht.

Die Begrenzung von Studienplätzen, -zeiten und Gratifikationen ist inzwischen zur Regel geworden. Dabei erfolgt die Verknappung von Zeit, Ressourcen, Studienplätzen und Zertifikaten jedoch nicht nur aus steuerungstechnischen Gründen, sondern sie dient dazu, eine spezifische Haltung aufzurufen, eine kalkulierende Denkungsart, die dem Habitus der Selbstvermarktung entspringt. Kunden bzw. Bildungskonsumenten sollen sich als ‚unternehmerische Subjekte' verstehen lernen, die sich selbst verwalten und managen. Sie sollen jeden Kauf von Bildungsgütern als Selbst-Investition begreifen. Um Fehlinvestitionen zu vermeiden, sind sie aufgerufen, die eigenen Bedürfnisse aufzuspüren, ihr eigenes Lernvermögen zu entdecken und sich um sich selbst zu sorgen. Diese ‚Sorge um sich' (vgl. Foucault 1989) läuft darauf hinaus, das gesamte eigene Leben als eine Art ‚Unternehmung' zu betrachten; es geht um „die Kapitalisierung des Lebens" (Masschelein/Simons 2005, S. 26) durch Selbstverwaltung, Selbstkontrolle, Selbstrealisierung und Selbststeigerung. Über das Gelingen oder Misslingen dieser Selbst-Unternehmung aber entscheidet letztendlich ‚der Markt'. Er ist der Ort eines permanenten ökonomischen Tribunals, das jeden Selbst-Unternehmer zur Rechenschaft zieht und seine Führungsqualitäten herausfordert. Mit anderen Worten: Der Markt führt die Selbst-Führungen. Sein „Führungsregime führt uns, indem es uns Freiheit lässt, aber diese Freiheit hat einen Preis: fortwährende Beobachtung" (ebd., S. 48) in Form von Evaluationen, Audits und Qualitätskontrollen. Im Rahmen dieses Führungsregimes fungiert ‚Qualität' als letztlich leerer, gleichwohl strategischer Führungsbegriff. Seine Hauptaufgabe liegt darin, das Führungsregime zu bestätigen und zu verstetigen.

Dies gilt jedoch nicht allein für die Figur des unternehmerischen Studierenden, sondern ebenso für die Figur des Unterrichtenden. Als Anbieter von Dienstleistungen und Lernvereinbarungen wird auch ihm permanente Selbstoptimierung abverlangt. Die Freiheit von Forschung und Lehre gewinnt auf diese Weise eine neue Ausrichtung: Sie wird zur ‚Freihcit' des professoralen Selbst-Unternehmers im Kampf um Marktanteile in und zwischen Hochschulen. Die erfolgreiche Vermarktung des eigenen Wissens und Könnens wird zur Daueraufgabe. Da bleibt kein Platz mehr für die Zerrbilder vom spleenig-genialen Denker (das im Einsteinjahr noch einmal aufpoliert wurde) oder vom hoch bezahlten, aber nutzlosen Grübler. Der neue Typ des Hochschullehrers kommt als smarter, cleverer Geschäftsmann daher, als Wissenschaftsmanager, der die Klaviatur der Selbst-Vermarktung zu bedienen weiß: Er kennt sich aus mit Drittmitteleinwerbung, Gutachteraktivitäten, öffentlichkeitswirksamen Auftritten, Projektakquisition oder der künstlichen Vervielfältigung von Publikationen. Hochschullehrer werden nun „in verstärktem Maße und ganz ausdrücklich zum Transmissionsriemen wirtschaftlicher Interessen" (Demirovic 2004, S. 512; vgl. auch Morkel 2000). Dazu müssen sie sich Zugang zu Einladungs- und Reputationszirkeln verschaffen, Loyalitäten entwickeln oder sich in old-boys-networks einfädeln, um die unvermeidlichen peer-reviews gut zu überstehen. Nur wer gelernt hat, auf administrative und symbolische Herrschaft zurückzugreifen (vgl. ebd., S. 510), wird sich in Rankings eine Spitzenposition sichern können. Dabei geht es nicht in erster Linie um qualitativ überzeugende Arbeitsergebnisse. Denn die Chance, an eigenen, langfristig angelegten Fragen arbeiten zu können, gerät angesichts der permanenten Nötigung, Lehrinhalte und Forschungsfragen am wechselnden Bedarf des Marktes ausrichten zu müssen, zusehends ins Hintertreffen.

Der Funktionalisierung der Forschung entspricht die Funktionalisierung der Lehre. Studierende werden dazu angeregt, sich ebenso clever zu verhalten wie ihre Hochschullehrer. Sie sollen ein effizientes und effektives Studienverhalten entwickeln, das den eigenen Arbeitseinsatz am Erfolg ausrichtet. Der Erfolg aber bemisst sich nicht an gewonnener Einsicht, sondern an erworbenen Kredit-Punkten und Leistungsabschlüssen. Dies führt „häufig zu einem Free-Rider-Verhalten der Studierenden" (ebd., S. 504), das die Hochschulen veranlasst, die Studienbedingungen noch feinmaschiger zu reglementieren. Flankierende Maßnahmen zur Orientierung und (Zwangs-)Beratung verstärken zusätzlich ein Studienverhalten, dem wesentliche akademische Lernerfahrungen als Verschwendung vorkommen müssen. Denn es fehlt „die Zeit, einfach drauf los zu lesen und zu diskutieren, es fehlen Kontexte wie Tutorien oder Arbeitsgruppen. Es fehlt schließlich auch so etwas wie die Möglichkeit, eine Art Gegencurriculum zu entwickeln" (ebd., S. 505), obwohl gerade aus solchen informellen Lernkontexten lang anhaltende Wirkungen zum Aufbau eines problemorientierten, reflexiven Habitus resultieren. Sobald einmal Studierende das Kosten-Nutzen-Kalkül der Reform internalisiert haben, wird es zum Anlass zirkulärer Selbstbestätigung. Theorie erscheint nur mehr als lästiger Umweg zur Praxis. Denn – so lautet der Kurzschluss – nur Praxis ist das Maß der Praxis. Bereits Flauberts ‚Wörterbuch der Gemeinplätze' vermerkte dazu ironisch: „Praxis: der Theorie überlegen" (Flaubert 1968, S. 125).

Bildungsprozesse, die ihren Umweg über die reflektierende Urteilskraft von Subjekten nehmen, gelten demgegenüber als eher langwierig, instabil und unsicher. Gleichwohl kommen Schulen und Hochschulen um diese Klippe nicht herum. Denn Bildungseinrichtungen sind unter unternehmerischen Gesichtspunkten nicht nur Verkaufs-Agenturen von ‚Bildung', sondern zugleich auch Produktionsstätten von Kompetenzen. Studierende kommen in dieser Perspektive nicht allein als Konsumenten von Bildungsangeboten, sondern zugleich als ‚Markenartikel' von Bildungsunternehmungen in den Blick. Sie besetzen als Kunden und High-End-Produkte ein und derselben Einrichtung eine Doppelposition, die sich nicht bruchlos ineinander fügt. Während Hochschulen als Bildungs-Discounter an einem langfristigen Kunden-Verhältnis interessiert sein müssten, erscheinen ihnen als Produktionsstätten von Kompetenzen lange Studienzeiten von Übel. Je kürzer der Produktionsprozess (unter Wahrung festgelegter Standards) organisiert werden kann, umso besser. In gewissem Sinn, so Lutz Koch, werden unter Rationalisierungsgesichtspunkten Studierende zu personae non gratae, „die um so lieber gesehen werden, je schneller sie wieder verschwinden. Am liebsten sähe man diejenigen, die mit der Immatrikulationsurkunde zugleich ihre Examensurkunde in Empfang nehmen. Das ist bekanntlich nicht möglich, stellt aber den Limes dar, dem sich der Prozess anzunähern strebt" (Koch 2004, S. 41; vgl. auch Reheis 2007).

2.4.3 Markenartikel

Dies setzt natürlich voraus, dass Bildung produziert werden kann; und zwar nach einer Logik und mit Steuerungsinstrumenten, die sich an betriebswirtschaftlichen Prozessverläufen orientieren. Tatsächlich ist die aktuelle Bil dungsreform inspiriert von der Vorstellung, man könne Bildungsinstitutionen – vom Kindergarten bis zur Universität – mit Hilfe von Privatisierung und Kommerzialisierung in Wirtschaftsunternehmen transformieren. Die Verbetriebswirtschaftlichung von Studienabläufen soll das Erfolgsrezept liefern, um die Absatzbedingungen der jeweiligen ‚Markenartikel‘ auf internationalen Bildungsmärkten zu steigern. Insofern ist die „neue Studienstruktur die unabdingbare Voraussetzung für den Eintritt der deutschen Universitäten in den globalen Bildungsmarkt“ (Lohmann 2004, S. 166). Die Optimierung der Bildungsproduktion bedient sich aller im Unternehmensbereich üblichen Rationalisierungs- und Kontrollverfahren (Eingangskontrollen, Indikatoren- bzw. Kennziffernsysteme, permanente Fertigungskontrollen, Endabnahme und anschließende Vermarktung). Es versteht sich von selbst, dass Bildungseinrichtungen die Selektion der ‚Rohprodukte‘, die Eingang in ihren Produktionsprozess finden sollen, nun in die eigene Hand nehmen müssen. Auswahlgespräche und Assessments werden ebenso zur Regel wie so genannte ‚Portfolios‘, die einen Gesamtüberblick über alles Wissen, alle Kompetenzen und Einstellungen anstreben, an denen sich die ‚Qualität‘ des Produkts bemessen lassen soll.

Dass im Rahmen der Selektionsverfahren nicht alle Aspiranten zum Zuge kommen können, liegt auf der Hand. Es muss zu Abstufungen kommen zwischen Minderqualifizierten und Hochqualifizierten, zwischen provinziellem Durchschnitt und Elite, zwischen drop-outs und high-potentials. „Daher wird die Überproduktion von Wissen als Bildung zurückgenommen. So viele Gebildete braucht man gar nicht, um den Betrieb in Gang zu halten“ (Schirlbauer 2005a, S. 195). Zugleich muss es immer neue Zwischenstufen geben, ‚Einstiegsluken‘ ins ‚rat race‘ um die besten gesellschaftlichen Plätze. Dass dies Konsequenzen für unterschiedliche Vertragskonditionen, Anstellungsverhältnisse und Besoldungsformen nach sich zieht, braucht nicht weiter erwähnt zu werden. Die traditionelle Geschlossenheit pädagogischer Berufsgruppen löst sich auf.

Selektion, Evaluation und (Weiter-)Lernen bilden einen Komplex, der angetrieben wird vom ‚Willen zur Qualität‘. Der kontinuierliche Verbesserungsprozess aber wird seinen Schatten – den ‚Mängelblick‘ – nicht los: „Evaluation ist Mängelforschung!“ (Koch 2004, S. 42) Und Mängel im Studium müssen abgestellt werden. Wo dies nicht gelingt, helfen Studiengangwechsel oder Studienabbruch. Gemäß der betriebswirtschaftlichen Produktionslogik erscheinen Studienabbrecher als ‚Halbprodukte‘, deren Wert nur dann angegeben werden kann, wenn der Bildungs- bzw. Produktionsprozess mit feingliedrigen Zwischenstufen darstellbar ist. Dabei müssen die Zwischenstufen nach einem generalisierten Bewertungsverfahren für Dritte bzw. Außenstehende erkennbar werden (vor allem dann, wenn ‚Halbprodukte‘ in andere ‚Produktionslinien‘ bzw. Verwendungskontexte übernommen werden sollen). Dazu dient das Credit-Transfer-System; es soll ‚Produkte‘ (Studierende) unterschiedlicher Transformationsstufen (mit unterschiedlichen Bewertungszahlen) in unterschiedliche Transformationsprozesse (Studiengänge; Ausbildungsformen) einbinden helfen. Nur diejenigen, die den gesamten Transformationsprozess erfolgreich an sich vollziehen (lassen), können schließlich als ‚Markenartikel' die Produktionsstätte verlassen.

Dabei spielt der Nimbus des Produktionsortes eine eigene Rolle; er gilt als eigener Qualitätsausweis und überlagert, was immer als faktische Qualität bestimmt werden könnte. Jede Bildungseinrichtung sieht sich veranlasst, Imagepflege zu betreiben und die eigene Reputation hoch zu reden. „Bei den bekannteren Managern scheint der Hinweis auf den Besuch eines bestimmten Internats oder einer international anerkannten Hochschule bereits als Ausweis von Qualifikation zu gelten" (Demirovic 2004, S. 506). Offensichtlich folgt die Selektion von ‚Eliten' sozialen Kriterien (vgl. Hartmann 2002) – und nicht objektivierten Qualitätsstandards. Die zugrunde gelegten Bewertungskennzahlen (z. B. ECTS-Punkte) erzeugen nur den Schein der Vergleichbarkeit von Studienleistungen. Letztlich sind sie nicht minder fiktiv als die proklamierte Einheit des ‚europäischen Hochschulraums', in dem diese Leistungspunkte die Anschlussfähigkeit von Studienmodulen sichern sollen. Die ‚Einheit' des Systems dürfte eher in Machtkonfigurationen zu suchen sein als im viel beschworenen ‚europäischen Geist'. Doch kommen die neuen Machtverhältnisse ohne Mystifikationen ebenso wenig aus wie die alten. Der ‚Geist Europas' beerbt den deutschen Nationalismus, indem er eine neue, diffuse Loyalität einfordert, die sich den Namen ‚active citizenship' zulegt.

Ohne Vision, so versichern Organisationsentwickler, geht eben nichts. „Keine Universität, kein Institut, keine Schule, keine Firma ohne Firmenphilosophie, ohne ‚mission statement', ohne Leitbild" (Schirlbauer 2004, S. 62). Bildungsinstitutionen sollen nicht nur unablässig ihre Produkte optimieren, sondern auch sich selbst. Aus Einzelkämpfern, die der Konkurrenzdruck in den Organisationen gegeneinander treibt, sollen Teams werden, die ihren Kick aus einer höheren Idee, einer ‚Vision' gewinnen. Im Zentrum aller Visionen aber steht die Anrufung des unternehmerischen Selbst. Sie stellt Kants ‚sapere aude', den Wahlspruch aller Aufklärung, geradezu auf den Kopf: „Unternehmerisch sein ist der Ausgang des Menschen aus seiner selbstverschuldeten Unproduktivität. Unproduktivität ist das Unvermögen, sich seines menschlichen Kapitals ohne Leitung eines anderen zu bedienen. Selbstverschuldet ist diese Unproduktivität, wenn die Ursache derselben nicht am Mangel an Humankapital, sondern am Mangel an Entschlossenheit und Mut liegt, sich seines Humankapitals ohne Leitung eines anderen zu bedienen. ‚Wage es, das Selbst zu mobilisieren!' ‚Habe den Mut, dich deines eigenen Kapitals zu bedienen'! ist also der Wahlspruch des Unternehmertums" (Masschelein/Simons 2005, S. 84 f.).

Das heimliche Ideal, das durch alle Modularisierungs-, Qualitäts- und Kompetenztheoreme hindurch scheint, ist der sich selbst organisierende, hochflexible Robinson. Der zeitgenössische Robinson lässt ein altes Leitmotiv bürgerlicher Existenz wieder anklingen: die Idee der Selbsterhaltung bzw. Selbststeigerung. Doch ist der Erfolg weniger denn je gewiss. Seine Unvorhersagbarkeit kompensieren Bildungsinstitutionen gemeinhin mit einem Glücksversprechen: ,Wir bringen dich nach vorne! Wir gehören zur Spitze! Wir sind die beste Versicherung gegen das Risiko des Scheiterns!' So wird die neueste Reform zum Geburtsbett von ,Glücksritterakademien', die nicht weniger marktschreierisch auf sich aufmerksam machen als die Philanthropine des 18. Jahrhunderts.

Ihr Versprechen lautet wie eh und je: kostengünstige, qualitativ hochwertige Produktion von Bildung. Dennoch steckt ein Fehler in der Rechnung. Denn die Gewissheit, mit der Schüler und Studierende zu High-End-Produkten entwickelt werden sollen, existiert nicht. Bereits seit Beginn des 20. Jahrhunderts wissen wir aus empirischen Untersuchungen, dass die bildende Wirkung von Institutionen in erster Linie nicht in den organisatorischen Bedingungen – noch nicht einmal im Wissen von Lehrern – zu suchen ist, sondern dass die ,nature of teaching' den entscheidenden Unterschied macht (vgl. Gonon 2003, S. 294; Wayne/Youngs 2006.). Offensichtlich bleibt Bildung an face-to-face-Interaktionen und singuläre, situative Kontexte gebunden. Dies macht es unmöglich, die Ressourcenwirksamkeit von Bildungsinvestitionen hinreichend zu bestimmen. Eine Meta-Analyse von 377 Studien zur ,Produktions-Funktions-Schätzung', die Hanushek 1997 vorlegte, führte zu dem ernüchternden Ergebnis, dass sich eine konsistente Beziehung zwischen „variations in school resources and student performance" (vgl. Hanushek 1997; Radtke 2003, S. 298) nicht finden ließ. Die irritierten Forscher schlossen messerscharf, dass nicht sein kann, was nicht sein darf – und kamen zur Vermutung, irgendwelche Variablen oder Variablen-Konstellationen übersehen zu haben. Viel näher aber liegt der Schluss, dass das, was übersehen wurde, nicht zu sehen ist: nämlich das unveräußerliche Moment subjektiver Selbstkonstitution, die Reflexivität des Subjekts. In klassischer Terminologie ließe sich auch sagen: Jeder Bildungsprozess bedarf der reflektierenden Urteilskraft, einer spekulativen Leistung von Subjekten also, die selbst nicht wieder funktionalisierbar ist (vgl. Pongratz 2003, S. 37 f.; Fuchs/Schönherr 2007).

Daher gibt es gute Gründe, die Kausalitätsannahmen der aktuellen Reform in Frage zu stellen. Doch scheint es wenig ratsam, ihr im Geist Luhmannscher Systemtheorie die Rechnung aufzumachen. Zwar verweist Luhmann auf die systemspezifischen Codes, die Wirtschafts- und Bildungssystem unterscheiden. Er betont die Eigenlogik der jeweiligen Systeme, die einen steuernden Übergriff nicht zulasse. Doch tut er sich schwer damit, den Code des Bildungssystems zu bestimmen. Auf den ersten Blick, so Luhmann, ließe sich nicht sagen, „wo hier der Code liegen könnte" (Luhmann 1994, S. 185). Luhmann entwirft verschiedene Revisionen seines Codierungsvorschlags, wobei es sich dabei – seinen theoretischen Prämissen folgend – stets um binäre Ausschlusskategorien handelt: etwa ,vermittelbar/nicht vermittelbar' oder (da diese ,Primärcodierung' nicht zureicht) ,besser/schlechter' (vgl. Luhmann 2002, S. 73). Alle vorgeschlagenen Codierungsschemata lassen das funktionalistische bzw. utilitaristische Muster hervortreten, nach dem Luhmann das Bildungssystem zurechtstutzt. Ein kritischer Blick auf die aktuelle Reform lässt sich daraus ebenso wenig gewinnen wie aus der konstruktivistischen Umdeutung von Kausalität zum „Medium lose gekoppelter Möglichkeiten" (Luhmann 1995, S. 7). Zwar kann man (wie etwa Radtke 2003) daraus ableiten, Kausalpläne seien nur Fiktionen und die Vorstellung der Steuerbarkeit pädagogischer Prozesse gehöre ins Reich der Wunschprojektionen. Doch fragt sich, was diese Folgerungen wert sind, wenn unter konstruktivistischem Vorzeichen alle theoretischen Überlegungen als ‚Wirklichkeitsfiktion' verbucht werden. Der kritisch vorgetragene Einspruch gegen den ‚Mythos der Kausal-Pläne' rechnet mit einer Urteilsfähigkeit, die zwischen Mythos und Kritik bzw. Fiktion und Realität zu unterscheiden weiß. Genau dieser Unterschied aber wird von Konstruktivisten wie Luhmann immer wieder eingezogen.

2.5 Bruchlinien: Selbstvermarktung und Selbstverfügung

Die Unterscheidung bedarf einer spekulativen Leistung des Subjekts – in klassischer Terminologie: reflektierender Urteilskraft –, die sich weder ‚outsourcen', noch technisch-instrumentell erledigen lässt; sie folgt weder definitiven Kausal-Plänen, noch einem ökonomischen Rationalitäts-Kalkül.

Es ist so gesehen das sich bildende Subjekt selbst, das den Reformstrategen in die Quere kommt. Damit es sich dennoch in die Rolle fügt, die ihm zugedacht ist, muss es gefügig gemacht werden. Dies geschieht mal mit sanfter Überredung, freundlichem Zuspruch oder Versprechungen, mal mit Zwang. Die Überredung bedient sich des tradierten Vokabulars pädagogischer Reform: Die alten rhetorischen Figuren der Wende zum 20. Jahrhundert werden neu aufpoliert und als ‚neue Lernkultur' oder ‚humanes Lernen' noch einmal unters Volk gebracht. Zwar erweist sich der humanistische Flair bei genauerem Hinsehen als Mogelpackung, doch entfaltet er damals wie heute eine suggestive Wirkung: „Die Thesen der Reform zwingen an keiner Stelle zum Denken. Ohne jeglichen analytischen Charakter scheinen sie unmittelbar einzuleuchten" (Schirlbauer 2005, S. 11). Wer dennoch zweifelt, den bestraft das Leben. Denn die Reform entfaltet einen subtilen Druck, um Theorie und Praxis an die Kette zu legen. Bildungstheorie soll sich als Kompetenztheorie bescheiden, Pädagogik soll sich auf empirische Bildungsforschung konzentrieren und Selbstvermarktung soll sich als zeitgemäße, alternativlose Form der Selbstverfügung erweisen.

Das Versprechen der Selbstverfügung aber läuft angesichts der unübersehbaren Resultate des immer weiter getriebenen Verwertungsprozesses ins Leere. An den Krisen, die die neueste Reform zu lösen vorgibt und zugleich verschärft, werden die Bruchlinien erkennbar, an denen Individuum und Gesellschaft, Einzelnes und Allgemeines auseinander treten: Selbstvermarktung und Selbstverfügung lassen sich ebenso wenig über einen Leisten schlagen wie ehedem Brauchbarkeit und Glückseligkeit. So wird der Blick zurück zum Blick nach vorn: Bereits in der neuhumanistischen Kritik kommt eine entscheidende Erfahrung zum Ausdruck, die sich auch in den Widersprüchen der Gegenwart wieder findet: dass die Selbstbefreiung, die die Wende zur Neuzeit einleitete, „ohne die Individuen, die sich selbst als freie setzen" (Koneffke 2004, S. 242), nicht zu denken ist. Allerdings steht dieser Mündigkeitsentwurf unter limitierenden historischen Bedingungen. Sie werden fassbar als Marktgesellschaft. Mit der Durchsetzung der bürgerlichen Gesellschaft finden sich die Menschen im Wirkungsraum des Marktes wieder, „um als dessen Produzent auch Produkt des Marktes zu werden" (ebd., S. 244). Als Produkte des Marktes aber sind die Menschen darauf angewiesen, ihr Leben zu veräußern, ihre Haut zu Markte zu tragen. Damit verkehrt sich ihre individuelle Selbstsetzung in die Unterwerfung unter verselbständigte Verwertungsprozesse. Vor allem im aktuellen Globalisierungsprozess erscheint „der Impuls von Freiheit und Mündigkeit negiert" (ebd., S. 240). Doch bedeutet ‚negiert' nicht: ‚verschwunden'. „Denn", so führt Koneffke den Gedanken weiter, „kein Element des Marktgeschehens lässt sich ohne Geltung individueller Freiheit, sei sie auch noch so domestiziert, erklären. Dem Markt, ob als Wochen- oder Weltmarkt [...], ist seinerseits die Freiheit der Individuen notwendig vorausgesetzt, wenn auch negativ, als Freiheit, die sich unablässig die Form der Selbstunterwerfung gibt" (ebd., S. 240). In diesem Sinn ließe sich mit Bloch formulieren: Die bürgerliche Gesellschaft *ist* schon die Gesellschaft der Mündigen, aber sie *hat* sich noch *nicht*.

Es ist der Selbstwiderspruch der bürgerlichen Welt, der die bildungstheoretische Reflexion und Praxis in permanente Spannung versetzt. Die Plastikwörter der Reform, die als Beruhigungspillen verabreicht werden (um die Widersprüche schönzureden), erweisen sich als Placebos. An ihnen entzündet sich die theoretische Kritik. Kritische Bildungstheorie macht erkennbar, wie im Reformprozess das Potential der Selbstbestimmung wächst – wenngleich in negativer, verhexter Gestalt. Nichts ist vorentschieden. Denkbar ist, dass mit der Zuspitzung der Widersprüche die Gewaltförmigkeit des gesellschaftlichen Verkehrs wächst, dass die bürgerliche Welt ihre eigenen Legitimationsgrundlagen aufzuzehren beginnt, indem sie ihre menschenrechtliche Verfassung schleichend dementiert. Damit käme allgemeine Bildung tatsächlich an ihr Ende. Es fiele zusammen mit dem Umschlag bürgerlicher Herrschaft in offene Barbarei. Denkbar ist aber auch, dass Pädagogik sich von den Schüben veränderter Vergesellschaftung soweit erfassen lässt, dass sie Gesellschafts- und Selbstkritik als notwendige Beziehung begreifen lernt. Dann könnte sie, im Wissen um das, was aussteht, ihren Aufstieg „zum Vollmitglied der Weltbetriebswirtschaft" (Euler 2003, S. 415) beherzt in den Wind schlagen.

3.
Die Reform der Reform:
Kommerzialisierung – Technologisierung –
Subjektivierung

Einstweilen sind die Vordenker der Reform noch damit beschäftigt, ihre ‚Vollmitgliedschaft in der Weltbetriebswirtschaft' auszuweisen. Entsprechend schießt eine Weltverbesserungsrhetorik ins Kraut, die vor allem von HighTech-Visionären gerne in Anspruch genommen wird. So prophezeit etwa Steinmetz, in wenigen Jahren würden ‚Stanford, MIT & Co' den hiesigen Bildungsanbietern per Internet massiv Konkurrenz machen. „Wer da nicht konkurrenzfähig ist, wird gnadenlos vom Markt bestraft." Und weiter: „Das Lernen wird multimedial. […] Aus der Initiative ‚Schulen ans Netz' muss ‚Schüler ans Netz' werden!" (Steinmetz 2000, S. 4) Wer sich der Verwertungslogik (neo)liberaler Ökonomie so rückhaltlos verschreibt, wird den ‚Reform-Maßnahmen' der letzten Jahre einiges abgewinnen können, auch wenn ihre pädagogischen Begründungen nicht weit tragen. Wo immer man hinschaut, lugen ökonomische Interessen hervor: „Notebooks statt Schulbücher, um schneller ans Wissen zu gelangen; Schulen ans Netz, um mit der Wissensexplosion Schritt zu halten; Fremdsprachenunterricht ab Klasse 1, um mit unseren Nachbarn leichter ins Geschäft zu kommen; die Einschulung schon mit vollendetem drittem Lebensjahr, um die besten Jahre nicht verstreichen zu lassen; Einführung der Ganztagsschule, um die Berufstätigkeit von Frauen zu fördern; Abitur nach Klasse 12, damit unsere Elite im Wettbewerb nicht zu alt ist, und neuerdings auch nationale Bildungsstandards, um in der Globalisierung mithalten zu könne" (Rekus 2004, S. 287).

Die ‚Weltbetriebswirtschaft' verlangt nicht nur nach einer Revision von Schule und Unterricht, sondern auch nach einer Neudefinition der Lehrerrolle. Es gilt als ausgemacht, dass ‚gute Lehrer' heutzutage Management-Qualitäten entwickeln müssen. Schule halten bedeutet: Methoden des ‚classroom-management' beherrschen. Schule leiten bedeutet: Organisations- und Teamentwicklungsprozesse handhaben. Wenn man die aktuellen Erwartungen an die Lehrerrolle bis ins Extrem zuspitzt, dann taucht am Horizont die Figur eines ‚Produktmanagers' auf, wie sie beispielsweise Lange (mit ironischer Distanz) für den Primarschulbereich im Jahre 2017 entworfen hat (vgl. Lange 1998, S. 172). Es handelt sich bei seinem fiktiven Text um eine Anzeige der Firma ‚PrimEduc', einer – wie es im Text heißt – ‚führenden Primarschulholding der Rhein-Main-Neckar-Region', die im April 2017 in der Fachzeitschrift ‚EduMarket*Europe*' geschaltet wurde. Der Ausschreibungstext lautet so:

Prim*Educ*

Innovative Konzepte in der Primarbranche – Herausforderung für Spitzenkraft

Als führende Primarschulholding der Rhein-Main-Neckar-Region zeichnen wir uns durch Stabilität und Wachstum in einer stark umkämpften und durch Verdrängungswettbewerb geprägten Bildungslandschaft aus. Durch innovative Strategien und ausgeprägte Kundenorientierung ist es uns gelungen, unsere Marktposition qualitativ und quantitativ auszubauen. Die strategische Weiterentwicklung unserer Position wird die zentrale Herausforderung der nächsten Jahre sein. Mit pädagogischem Elan und zeitgemäßen Managementmethoden soll die Organisation mit etwa 1000 freien Lehrkräften das notwendige Wachstum erreichen und als modernes Dienstleistungsunternehmen den Nutzen für Kinder und Eltern noch deutlicher fokussieren. Für die projektgebundene Besetzung einer unserer Schlüsselfunktionen suchen wir eine überzeugende Führungskraft als

Leiterin Produktmanagement *First Reading & Writing*

Für diesen Produktbereich suchen wir eine Branchenkennerin mit instruktionstechnischem und betriebswirtschaftlichem Hintergrund, die bereits in vergleichbaren Projekten Erfahrungen sammeln konnte. Sie verbinden pädagogisches Engagement mit marktwirtschaftlicher Orientierung. Innovationskraft, Durchsetzungsvermögen und eine ausgeprägte Persönlichkeit als Führungskraft runden das Bild unserer Wunschkandidatin ab. Der Produktbereich FRnW umfaßt alle M2 einschließlich Printmaterialien. Sie sind verantwortlich für Erwerb bzw. Entwicklung, Evaluation, Adaption von Schriftsprach-Multimedien für den Einsatz sowohl im Offline-Unterricht (Realzeitunterricht) als auch in unserem TeleLernSystem. Sie coachen und supervidieren unsere engagierten Lehrkräfte und Entwickler und Sie sind überzeugungsstarke Gesprächspartnerin der Landesclearingstelle Schule.

Wir bieten eine hochinteressante, unternehmerische und pädagogische Aufgabe in einem außergewöhnlich dynamischen und zukunftsträchtigen Bereich. Weitere Infos für Sie im iNet. Posten Sie Ihre Bewerbungsmail unter W4.Prim*Educ*eur
Halten Sie auf Ihrem Homeaccount Ihren CVLog einschließlich der Links zu Ihren bisherigen Projektträgern für uns bereit.

Texte francais sur / English text on W4.Prim*Educ*eur.
Prim*Educ* zertifiziert nach ISO paed *XXI*

Quelle:
EduMarket*Europe*, 1. April 2017

Das Irritierende dieser Stellenausschreibung besteht vermutlich darin, dass viele Indikatoren des aktuellen Reformprozesses im Bildungssystem dafür sprechen, dass es (der Tendenz nach) so kommen könnte – zugleich jedoch die Zweifel daran wachsen, ob es so kommen sollte. Denn das vorgestellte Berufsbild einer ‚Produktmanagerin im Primarbereich' schmückt sich zwar mit innovativem Pathos, unterschlägt jedoch alle Schattenseiten der im Text umrissenen Berufsrolle. Der angepriesene ‚außergewöhnlich dynamische und zukunftsträchtige' Arbeitsbereich präsentiert nur die Schokoladenseite sich verschärfender Konkurrenzverhältnisse. Lehrerarbeit wird unter Wettbewerbsbedingungen nicht per se ‚kundenfreundlicher' (oder gar kinderfreundlicher), sondern korrumpierbarer. Lehrer werden unter erhöhte, sich widerstreitende Ansprüche gesetzt. Dass dies von Vorteil sei, werden allenfalls diejenigen unterschreiben, die der Vorstellung anhängen, Lehrer hätten einen privilegierten Arbeitsplatz mit ‚Feriengarantie'. Faktisch sind die Belastungen der Lehrerarbeit in den letzten Jahrzehnten gewachsen, die Anforderungen haben sich ausgeweitet und die Ausfallerscheinungen haben dramatisch zugenommen. Unter diesen Voraussetzungen ist kaum zu erwarten, dass eine verschärfte Konkurrenz in und zwischen Schulen per se positiv zu Buche schlägt. Wo die erhoffte Dynamik und Innovationskraft der Lehrerschaft ausbleibt, greifen tief sitzende Vorurteile, die Adorno als ‚Tabus über den Lehrerberuf' (vgl. Adorno 1971) diagnostizierte: etwa Unterwürfigkeit oder Rückständigkeit. Der Verweis auf die angebliche Rückständigkeit aber entpuppt sich zumeist als vorgeschobener Grund, um individuell zuzuschreiben, was strukturell verursacht ist. Es ist der Druck sich international verschärfender Kämpfe um Wettbewerbsvorteile und Machtzonen, der schließlich bis auf die lokale Ebene durchgereicht wird. Das bekommen nun alle zu spüren, Lehrer wie Schüler, Schulleiter wie Eltern.

Dass Schulen von widerstreitenden sozialen und ökonomischen Interessen in Anspruch genommen werden, ist nichts Neues. Genau genommen findet sich das Schulsystem seit seinen Anfängen in gesellschaftliche Auseinandersetzungen verstrickt. In seinen Reformschüben spiegeln sich die Umbrüche ökonomischer, gesellschaftlicher und politischer Rahmenbedingungen. Dabei lassen sich im Vergleich der aktuellen Strukturreformen mit der Bildungsreform der 60er/70er Jahre des letzten Jahrhunderts Parallelen und Differenzen deutlich ausmachen.

3.1 Wechselbad: Von der ‚Bildungskatastrophe' zum ‚PISA-Schock'

Dass beide Reformschübe auf grundlegende Transformationen internationalen Ausmaßes reagieren, liegt auf der Hand. Mit Blick auf die Gesamtschulreform der 60er Jahre etwa stellte Heydorn mit lapidarem Unterton fest: „Es handelt sich um einen Schultyp des fortgeschrittenen kapitalistischen Marktes; die Terminologie ist international einheitlich und amerikanischen Ursprungs" (Heydorn 2004, Bd. 4, S. 157). Für die aktuellen Reformprozesse dürfte Gleiches zutreffen. Ihre wichtigste Intention besteht darin, das Bildungssystem an neue, globalisierte Marktbedingungen anzupassen und international etablierte Standards durchzusetzen. Die historischen Parallelen zwischen beiden Reformphasen springen ins Auge:

- Da ist einmal das ökonomische Krisenszenario, das den Reformen unterliegt: Auf der einen Seite die so genannte ‚Erhard-Rezession' 1966/67 (vgl. Hardach 1976, S. 239), auf der anderen Seite die Strukturkrise nationaler Wohlfahrtsstaaten seit den 90er Jahren.
- Da ist zum Zweiten der Technologisierungsschub, der Reformmaßnahmen unausweichlich zu machen scheint: Damals fand er seinen symbolischen Ausdruck im so genannten ‚Sputnikschock', während er in unseren Tagen vor allem im Übergang zur informatisierten Erwerbsarbeit zum Tragen kommt.
- Da ist des Weiteren der angemahnte Reformstau: Er veranlasste Picht in der Adenauer-Ära dazu, eine nationale ‚Bildungskatastrophe' zu prophezeihen (vgl. Picht 1964), während seit den 90er Jahren die drohende Bedeutungslosigkeit des ‚Bildungs- und Wirtschaftsstandortes Deutschland' als Menetekel an die Wand gemalt wird.
- Und da ist schließlich der Verweis auf internationale Konfliktlagen: Sie fanden ehedem vor allem im ‚Ost-West-Wettlauf' ihren Ausdruck und präsentieren sich heute als Globalisierungszwänge.

Dennoch wäre es verfehlt, beide Reformphasen vorschnell über einen Leisten zu schlagen. Denn bei näherem Hinschauen zeigen sich auch gravierende Unterschiede. Am deutlichsten lassen sie sich im fiskalischen Bereich festmachen: Während die 60er/70er Jahre durch eine Expansion von Personal-, Sach- und Finanzmitteln im Bildungssektor gekennzeichnet waren, rücken gegenwärtig Verknappung, Umsteuerung und Kommerzialisierung ins Zentrum der Diskussion. Während die Reform sich ehedem auf die Erprobung und Einführung neuer Makro-Strukturen im Schulsystem konzentrierte (wie sie die Gesamtschul-Kontroverse vor Augen führte), konzentriert sich die aktuelle Reformpolitik vor allem auf Enthierarchisierungs- und Flexibilisierungsprozesse (und demzufolge auf lokale Strukturen). Am Zauberwort ‚Organisationsentwicklung' lässt sich ablesen, dass die neueste Reform sich anderer ‚Transmissionsriemen' bedient als die alte. Diese nämlich suchte die Reform über die Restrukturierung von (Bewusstseins-)Inhalten, von Curricula und Qualifikationen, ins Werk zu setzen. Die aktuelle Reform hingegen bedient sich eines Instrumentariums, das die ganze Person ergreift und in neue Formen der ‚Selbstbewirtschaftung' einbezieht. Die derzeitige Hausse des Kompetenzbegriffs, der den Qualifikationsbegriff ablöst, macht diese Verschiebung offenkundig. In diesem Zusammenhang springt eine weitere Differenz der Reformphasen ins Auge: Die alte Reform fand ihre theoretische Überhöhung in einer Emanzipationspädagogik, die die Ideen der Aufklärung für sich reklamierte. Die neueste Reform hingegen schwimmt im Fahrwasser eines konstruktivistisch-systemtheoretischen Mainstreams, dessen Protagonisten sich von ‚alteuropäischen' Denkfiguren längst verabschiedet haben, um bei funktionalistischen Theoriemodellen vor Anker zu gehen (vgl. Pongratz 2009, S. 12 ff.).

3.1.1 Vom Expansionsprozess zur Austeritätspolitik

Will man die bislang nur angerissenen Parallelen und Differenzen weiter aufschlüsseln, scheint zunächst ein Blick auf die gewandelten ökonomischen, sozialen und politischen Rahmenbedingungen angeraten: Während die Bildungsreform der 60er Jahre eine intensive Expansionspolitik im Bildungssektor auslöste, führten Arbeitsmarkteinbrüche seit den 80er Jahren in eine lang andauernde Phase der Restriktion. Seitdem wurden Schulen und Hochschulen „planvoll unterfinanziert" (Lohmann 1999, S. 189). Die ergriffenen Maßnahmen – Einstellungsstopps, Limitierung der Lehrmittelausstattung, Erhöhung von Pflichtstunden, Etatkürzungen auf allen Ebenen – hinterlassen den Eindruck, als gehe es seit den 80er Jahren nicht darum, die Schule ‚neu zu denken' (vgl. Hentig 1993), sondern „sie lediglich ‚neu zu rechnen'" (Hoffmann 2001, S. 36). Das zugrunde gelegte Kalkül besiegelt den Gleichklang von Bildungs- und Warenproduktion in atemberaubender Weise. So findet sich in einem hochschulinternen Diskussionspapier der TU Darmstadt, das unterschiedliche Berechnungsmodi zur Bildungsfinanzierung vorstellt, folgende Passage: „Eltern oder BAföG geben ihren Abiturträger zum Aufbereiten gegen eine (kostendeckende) Studiengebühr ab. [...] Studienabbrecher werden (als Halbprodukt) an den Auftraggeber zurückgegeben."

Selbst wenn man konzediert, dass es sich dabei lediglich um Denkmodelle handelt, verstärkt sich der Eindruck, dass die planvolle Unterfinanzierung von Bildungseinrichtungen ganz anderen Zwecken folgt als der bloßen Absicht, die öffentlichen Haushalte zu entlasten. Vor allem dient sie dazu, eine breite Akzeptanz für die Transformation von Bildungsprozessen in Eigentumsoperationen (mit Wissen als Ware) herzustellen. Denn der Sparzwang befördert die Kommerzialisierung des Bildungssektors – auch wenn allenthalben der umgekehrte Schluss nahe gelegt wird: der Verkauf von ‚Bildungsgütern' erfolge zum Zweck des Sparens. Die Kommerzialisierung der Bildung verstärkt auf diese Weise die Delegitimierung einer ehemals wohlfahrtsstaatlich ausgerichteten Politik (vgl. Hanesch u. a. 2004).

Das Stichwort ‚Marktorientierung' bezeichnet also keine rein ökonomische Kategorie. Es ist vielmehr die Chiffre für eine tief greifende, globale Transformation der Beziehungen zwischen Ökonomie, Politik und Bildung (vgl. Jameson 1997). Die Konsequenzen dieses Transformationsprozesses lassen sich bereits jetzt in anderen Ländern anschaulich studieren. „Auch wenn die Resultate im Einzelnen unterschiedlich ausfallen – *diese* drei Effekte hat die weltweite liberalistische Umstrukturierung der Bildung in jedem Fall: Überall da, wo sie stattfindet, sinken 1. die Staatsausgaben für den Bildungssektor, verschärft sich 2. die soziale Ungleichheit im Zugang zum Wissen noch einmal drastisch, stellen 3. Mittelschicht-Eltern fest, dass es ihnen gefällt, wenn ihre Söhne und Töchter nicht mehr zusammen mit Krethi und Plethi die Schulbank drücken müssen" (Lohmann 2002 a, S. 103).

Mit der Übertragung betriebswirtschaftlicher Organisations- und Steuerungsformen auf den Bildungssektor wird der ‚Eigensinn' von Bildungsprozessen (vgl. Sesink 1990) tendenziell außer Kraft gesetzt. Denn die Marketing-Orientierung (vgl. Funk 1985, S.61 ff.), die in Bildungseinrichtungen Platz greift, interessiert sich in erster Linie für den Tauschwert von ‚Produkten', unabhängig davon, ob es sich dabei um Waren, Dienstleistungen oder Personen handelt. An die Stelle, die vormals Bildungsprozessen zukam, tritt der Aufbau eines warenförmigen Habitus, gefasst als ‚entrepreneurship education'. Die ‚Bildung des Selbst-Unternehmers' aber hat mit einem qualifizierten Bildungsbegriff nur noch soviel gemeinsam wie Malzkaffee mit Kaffee. Was immer sich Einzelne ‚reinziehen', oder ‚draufhaben' – es endet über kurz oder lang im „Mülleimer der Verwertungsprozesse" (Heydorn 2004, Bd. 3, S. 8). Von Dauer erscheint einzig das formale Prinzip, das die Kommerzialisierung des Bildungssektors vorantreibt: die Selbstorganisation des ‚lernenden Systems'.

3.1.2 Vom Staatsmonopol zur Selbstorganisation

Die aktuelle Bildungsreform widerstreitet der ‚klassischen' Vorstellung, Bildung habe in öffentlichem Auftrag, öffentlich finanziert und in öffentlicher Verantwortung zu erfolgen. Die Idee allgemeiner (und d. h. eben auch: der Allgemeinheit zukommender) Bildung lebte vom Emanzipationsversprechen der bürgerlichen Welt, das größtmögliche Glück der größtmöglichen Zahl ins Werk zu setzen. In dem Moment aber, wo Allgemeinbildung einem betriebswirtschaftlichen Kalkül unterstellt wird, erscheint die Vorstellung einer frei zugänglichen Bildung nur noch als verstiegene Idee oder unbezahlbarer Luxus. Denn öffentliche Bildung für alle rechnet sich nicht. Sie ist kein profitables Geschäft – doch soll sie es werden: „Was dem Autokonzern oder Software-Hersteller recht ist, das soll auch die Jugendhilfe, Altenpflege oder Universitätsausbildung billiger machen" (Bröckling 2000, S. 132). Zu diesem Zweck wird eine Gewichtsverlagerung der Steuerungsmedien von staatlichen und normativ-rechtlichen Modellen hin zu pekuniären, entparlamentarisierten und kontraktualen Steuerungsformen propagiert. Im Klartext: Bildungseinrichtungen sollen wie Wirtschaftsunternehmen agieren, gegeneinander in Konkurrenz treten, möglichst billig produzieren, Profit erwirtschaften und eine marktdominante Stellung erringen. Dabei spielt unter den Vordenkern und Akteuren des Umbaus von Bildungseinrichtungen zu Profitzentren die OECD einen eigenen, gewichtigen Part. Ihre Forderungen lauten u. a.: Fokussierung der ‚schulischen Produktion' auf die Steigerung der (zieldefinierten) Schülerleistungen, systematische empirische Evaluation von Maßnahmen, Schaffung von Anreizen für Reforminitiativen und ‚Erfolgshonorare' für erfolgreiche Reformen (vgl. Böttcher 2001, S. 131 f.). Dieser Maßnahmenkatalog zeigt, dass traditionell bürokratische Steuerungsmittel (Gesetze, Erlasse oder Vorschriften) an Bedeutung verlieren. Genauer: sie sind zwar eine wirksame Hilfe, um Missbrauch zu verhindern, doch bieten sie scheinbar keine hinreichende Handhabe, um positive Anreize zu setzen. Dies besorgen Geld, Erfolg oder ‚weiche' Führungsformen weitaus besser. So entsteht ein manifester Bedarf an Organisations- und Personalentwicklung. Die bürokratisch-administrative Unterrichtsanstalt soll einem entwicklungsorientierten Schulmanagement den Platz abtreten.

Entsprechend verändert sich die Rolle des Staates. Er „steuert zunehmend aus der Ferne qua Indikatoren und schiebt Konflikte auf die Ebene, wo Lehrer und Schulen um immer knapper werdende Ressourcen konkurrieren" (Klausenitzer 1999, S. 505). Der Rückzug des Staates erweist sich als Teil-Rückzug: Er endet am Vorbehalt zentraler Interventions- und Steuerungsmöglichkeiten. Die Zügel werden nicht aus der Hand gegeben. Stets findet sich die Ausweitung individueller Handlungsspielräume bzw. Entscheidungskompetenzen ‚vor Ort' zusammengekoppelt mit der Zunahme zentral definierter Vorgaben. Der Deinstitutionalisierung von Bildung folgt ihre neuerliche Institutionalisierung (in Form von Bildungsnetzwerken, Qualitätskontrollen, Bildungsgutscheinen, Supervisions- und Beratungsinstanzen etc.) auf dem Fuße. Bildungsreform gewinnt Gestalt als entfesselter Zwang.

Indem die aktuelle Reform den Mythos von der selbstorganisierenden Kraft des Marktes neu aufpoliert, kann sie den Kosten- und Qualitätsdruck spürbar erhöhen und auf die einzelnen Einrichtungen abwälzen. Diese wiederum müssen Unterstützungs- und Serviceleistungen, die ihnen helfen sollen, mit der neuen Situation zurechtzukommen, auf eigenen Märkten einkaufen. Während die OECD den staatlichen Instanzen einerseits „the strengthening of strategic capacities at the centre" (OECD 1995, S. 8) empfiehlt, dienen sich andererseits den Bildungseinrichtungen externe Unternehmen als tatkräftige Service-Agenturen an. Längst haben sich die Bertelsmann-Stiftung oder Management-Firmen wie Accenture als Evaluierer bzw. Organisations- und Qualitätsentwickler in Stellung gebracht. Amerikanische Education Management Organisationen scheinen inzwischen selbst für Börsenmärkte so interessant geworden zu sein (vgl. Lohmann 2001, S. 191), dass ihre Kritiker eine „corporate colonization of education" (Barlow 2000) befürchten.

Die Entlassung von Bildungseinrichtungen in die fragwürdige Freiheit des Marktes findet ihre konsequente Fortsetzung in der propagierten Selbstorganisation der Individuen. Sie sollen ihre Schullaufbahn als private Bildungsinvestition und sich selbst als organisierende Einheit begreifen lernen. Die Anforderungen des Organisationslernens umfassen alle Prozessebenen, also auch die Individuen selbst: Sie sind ein ‚Unternehmen' – und nur so für moderne Unternehmen dienstbar (vgl. Senge 2003). Deshalb müssen marktorientierte Organisationen ‚Persönlichkeitsentfaltung', ‚Organisationsbewusstsein', ‚Teamentwicklung', ‚systemisches Denken' usw. auf ihre Fahnen schreiben. Doch fügen sich die Entwicklungsperspektiven von Individuen und Organisationen, von Schülern und Schulen, keineswegs harmonisch ineinander. Vielmehr zeigen Erfahrungen aus den angelsächsischen Ländern, dass die individuelle Schulwahl von Faktoren abhängt, über die die Schulen selbst kaum verfügen. Zwar können Schulen versuchen, ihr Profil (etwa über den Lehrplan oder zusätzliche Angebote) zu schärfen. Doch wird „die Wahlmöglichkeit von Schulen […] selten genutzt und Schulen werden unter regionalen, ethnischen und sozialen Gesichtspunkten und nicht unter dem Gesichtspunkt des besonderen Profils gewählt" (Kiper 2001, S. 179 f.). Die von Organisationsberatern häufig bemühten ‚gemeinsamen Visionen' täuschen allzu leicht darüber hinweg, dass unter Marktbedingungen die Einzelinteressen dominieren und das abhanden gekommene Gemeininteresse nachträglich eigens veranstaltet werden muss.

Selbstorganisation – die häufig genug mit institutioneller oder individueller Selbstbestimmung verwechselt wird – bedeutet in erster Linie: planvolle Bewirtschaftung von Lebenszeit, die unter effiziente Kontrolle genommen werden soll. ‚Selbstorganisation' wird zur Chiffre für: Selbstbeauftragung, Selbstmotivation, Selbstoptimierung, Selbstkontrolle. Sie führt die gigantische Selbstverpflichtung der Bevölkerung moderner Industriegesellschaften im Schlepptau, für die Kosten ihrer (Aus-)Bildung in Zukunft selbst Sorge zu tragen. Dass sich nun jeder selbst unter Kuratel stellen muss, wird als neue Freiheit und Glanzpunkt subjektiver Selbstverwirklichung gefeiert. Doch bleibt diese neue Freiheit ohne Substanz und inhaltliche Bestimmung (vgl. Forneck 2002, S. 242 ff.). Die Austauschbarkeit der Inhalte, die den jeweiligen Tauschverhältnissen Rechnung trägt, macht deutlich, wie sehr die aktuelle Bildungsreform die Reformlogik der 60er und 70er Jahre des letzten Jahrhunderts hinter sich gelassen hat. Konzentrierte sich die Bildungsreform ehedem auf die Auswahl und Legitimation von Lerninhalten (mitsamt der dazugehörigen Flut von curriculumtheoretischen Erörterungen), so wanderte der Focus der Aufmerksamkeit in der Folgezeit (über die Akzentuierung sach- und situationsangemessenen Verhaltens und Handelns) zur Entwicklung spezifischer subjektiver Dispositionen, wie sie im Kompetenzbegriff zum Ausdruck kommen. In gewissem Sinne ließe sich auch sagen: der Zielbereich pädagogischer Interventionen verschiebt sich von außen nach innen, um die Prozeduren der Kontrollgesellschaft im Innersten der Subjekte zur Wirkung zu bringen. Im Kompetenzbegriff schürzt sich der unaufgelöste Knoten von Autonomie und Unterwerfung.

3.1.3 Von der Curriculumreform zur Kompetenzentwicklung

Verständlicherweise lassen sich die Übergänge zwischen den Phasen, in denen unterschiedliche Zentralbegriffe (Curriculum – Qualifikation – Kompetenz) das pädagogische Diskursfeld besetzen, nicht scharf trennen. Doch lässt sich eine deutliche Tendenz herausfiltern: Der Abschied von staatsinterventionistischen Reformvorstellungen rückt das Subjekt als ‚selbstorganisierendes System' – jenseits und unabhängig von allen inhaltlichen Konkretionen – ins Zentrum. So verwundert es nicht, wenn der aktuelle Reformdiskurs den 70er Jahren rückblickend eine etatistische Verengung des professionellen Blicks attestiert. Im Selbstverständnis der damaligen Reformer hingegen ging es nicht um eine ‚etatistische Verengung', sondern um eine radikale Ausweitung des öffentlichen Bildungssektors. Es ging um ‚Bildung als Bürgerrecht' (vgl. Dahrendorf 1965). Bildungseinrichtungen sollten für größere Bevölkerungskreise geöffnet werden, um vorhandene Begabungspotentiale und Bildungsaspirationen zu entwickeln bzw. um ein optimales Bildungsangebot sicherzustellen. ‚Optimal' hieß in diesem Fall: Lehrpläne zu entrümpeln, um sie auf die Höhe der Zeit zu bringen. Die Gegenstrategie zur befürchtete ‚Bildungskatastrophe' lautete: Curriculumreform. Ihre Grundidee bestand darin, den Lernprozess zu operationalisieren, d. h. ihn in Teilschritte zu zerlegen und in bestimmten Verlaufsfiguren (Curricula) wieder zusammenzusetzen. Ihr Grundproblem bestand in der Selektion und Legitimation der jeweiligen Inhalte, mit denen den gewandelten gesellschaftlichen Bedürfnissen Rechnung getragen werden sollte. Der heftig geführte Streit um pädagogisch-politische Positionen ließ fast in Vergessenheit geraten, was aus den empirischen Ansätzen zur Curriculumreform wurde. Sie versandeten, noch ehe sie recht begonnen hatten: „Das von der Volkswagen-Stiftung hoch dotierte Projekt einer Gesamtrevision des Curriculums endete schon nach wenigen Jahren, ohne dass ein einziger Lernplan entwickelt, geschweige denn diskutiert und erprobt worden wäre" (Benner 2002, S. 72).

Doch noch in anderer Hinsicht blieb diese Reform hinter ihren hochgesteckten Erwartungen zurück: Die Taylorisierung von Lernprozessen, mit denen ein optimiertes Planungskalkül in den Schulen Einzug halten sollte, folgte ausgesprochen oder unausgesprochen der Vorstellung, Bildungssystem und Produktionssektor ließen sich flexibel aufeinander abstimmen. Dabei orientierte sich die Mehrzahl der Reformer am ‚social-demand-approach' (und weniger an dessen Kontrastprogramm: dem ‚manpower-requirement-approach'). Der ‚social-demand-approach' ging davon aus, die zentrale Aufgabe von Bildungsplanung bestehe darin, „ausreichende Bildungskapazitäten zur Befriedigung der Nachfrage der Gesellschaft nach Bildung bereitzustellen" (Mattern/ Weißhuhn 1980, S. 154). Das damit verbundene ‚Bürgerrecht auf Bildung' ließ Pädagogenherzen höher schlagen. Allerdings führte es einen ungedeckten Scheck im Gepäck: die so genannte Absorptionstheorie. Dieser Theorie zufolge gelingt es den im Bildungswesen vermittelten Qualifikationen, sich ihre eigene Nachfrage zu schaffen. Spätestens angesichts der ‚Überfüllungskrise' der 80er Jahre aber ließ sich diese Vorstellung nicht mehr halten.

Dem ‚manpower-approach' (oder auch: Bedarfs-Ansatz) erging es jedoch keineswegs besser. Auch er musste sich mit dem ungelösten Problem herumschlagen, den Beitrag der Bildung zum Wirtschaftswachstum empirisch auszuweisen. Bis heute jedoch erweist sich die Quantifizierung des Bildungsbedarfs als Schwachstelle des ‚manpower-approach'. Denn die Zahl der zu berücksichtigenden Variablen liegt gewöhnlich so hoch, dass die Effekte von Bildungsanstrengungen sich letztlich nicht beziffern lassen. In dieser Hinsicht, so argumentiert Hoffmann, geht es der Bildung wie der Werbung, „die sich ihrer Wirkungen ebenso wenig sicher sein kann (und daher) in der Erwartung ‚klotzt', dass irgendetwas davon ins Unterbewusstsein [...] ‚kleckert'" (Hoffmann 2001, S. 36). Wenn allerdings Bedarfsprognosen die Treffsicherheit „mittelfristiger Wettervorhersagen" (Zabeck 2001, S. 86) nicht überbieten können, dann gerät die Idee der Curriculumforschung, inhaltlich ausgewiesene Teilstrategien zur Lösung des Anpassungsproblems vorzulegen zu können, in arge Begründungsnöte.

Der Ausweg, der sich im Qualifizierungsdiskurs – vor allem mit Hilfe des schillernden Begriffs der ‚Schlüsselqualifikation' – anbot, bestand darin, sich von inhaltlichen Zuschreibungen mehr und mehr zu lösen. Im Gegenzug gewannen methodische Aspekte gegenüber den Lerninhalten an Gewicht. Der gepriesene Vorteil von Schlüsselqualifikationen (nämlich von der Fülle curricularer Inhalte zu entlasten) erweist sich jedoch zugleich als Pferdefuß: Schlüsselqualifikationen laborieren am Transferproblem. Mit anderen Worten: die Vermittlung allgemeiner Qualifikationen mit situationsspezifischen Inhalten und Anforderungen bleibt brüchig und unsicher. Zabeck umreißt das ‚Schlüsselqualifikationen-Dilemma' in Kürze so: „Je allgemeiner bzw. situationsunspezifischer die Qualifikationen definiert werden, desto wahrscheinlicher ist es, dass beim Einsatz des ihnen Subsumierten der Transfer misslingt, sie also die ihnen zugesprochenen Leistungen nicht zu erfüllen vermögen. Je enger bzw. situationsspezifischer die Schlüsselqualifikationen gefasst werden, desto weiter entfernen sie sich von der ihnen zugesprochenen Funktion, unabhängig von der konkreten Ausprägung zu bewältigender Anforderungen Effizienz zu entfalten" (Zabeck 2001, S. 88).

In dieser dilemmatischen Situation wächst dem Kompetenzbegriff eine besondere Rolle zu. Er betritt die Bühne mit einer eindeutigen Botschaft: Es gibt kein Zurück zu den alten Tagen der Taylorisierung des Unterrichts. Angesichts der Forderung nach uneingeschränkter Flexibilität, „um den Marktbewegungen folgen oder sie gar vorauseilend antizipieren zu können, muss eine expertengesteuerte Reglementierung [...] kontraproduktiv erscheinen" (Bröckling 2000, S. 143). Stattdessen wird nun vorgeschlagen, den Weg der Abstraktion von Form und Inhalt, der Trennung von Lerngegenstand und Methode radikal zu Ende zu gehen. Das Manko des Qualifikationsbegriffs, so gibt Erpenbeck als Vordenker eines konstruktivistischen Kompetenzverständnisses zu bedenken, liege in seiner Affinität zum fremdgesteuerten Lernen. In einer ‚komplexen, chaotischen und dynamischen Welt' aber müsse man sich auf etwas ganz anderes als Qualifikationen verlassen, denn „im Dschungel nützen keine Zertifikate" (Erpenbeck 2001, S. 204). Was im Dschungel globalisierter Märkte nützt, sind nach dieser Lesart Selbstorganisations-Dispositionen, durch die es möglich werden soll „schier unlösbare Probleme schöpferisch zu bewältigen" (ebd., S. 206). Um die Risiken von Komplexität und Chaos zu überstehen, soll jeder Einzelne gleichsam zu seiner eigenen Betriebseinheit werden; jeder wird zum Agenten eines kontinuierlichen Verbesserungsprozesses der eigenen Person; jeder wird zum Just-in-time-Produzenten von jeweils neu zu erbringenden Leistungen. Entsprechend den Regeln der Just-in-time-Produktion, der zufolge sich die Bringschuld (eines Anbieters) in die Holpflicht (eines Kunden) verwandelt, soll auch der um Kompetenz bemühte Selbstlerner sich in eine permanente Suchbewegung nach Bildungsangeboten begeben.

Offensichtlich schimmert hinter der erhofften Konkordanz von Suchbewegungen und Bildungsangeboten (vgl. Erpenbeck/Weinberg 1999, S. 146 f.) noch immer die alte Idee der flexiblen Passung von Bildungs- und Beschäftigungssystem durch. Doch braucht es keine prognostischen Spitzfindigkeiten, um abzusehen, dass angesichts des ‚neoliberalen Dschungels' die Just-in-time-Produktion von Bildungsangeboten ein Mythos bleibt. Der Kompetenzbegriff, den die aktuelle Reform aufs Schild hebt, ist sicher nicht die Lösung; er ist das Problem. Vor allem in seiner konstruktivistischen Lesart suggeriert er eine unvermittelte Selbstschöpfung: Jeder wird zum Ursprung seiner eigenen Deutungsmuster und Werthorizonte; jeder wird zum Produzenten seines eigenen Sinns, an dem er sich aufrichten soll. „Werte oder Deutungen", heißt es entsprechend bei Erpenbeck, „[...] sind die wichtigsten Bestandteile von Kompetenzen, weil sie das Handeln in eine offene Zukunft hinein unter prinzipieller Handlungsunsicherheit ermöglichen" (ebd., S. 158). Gesinnung also (und nicht Besinnung) erweist sich als das Mark dieses Kompetenzverständnisses. Die Beschwörung der ‚offenen Zukunft' gehörte schon immer zu den zentralen Glaubensartikeln des Liberalismus. Die konstruktivistisch-systemtheoretische Wende, die in der Pädagogik bereits in den 80er Jahren eingeleitet wurde, arbeitet implizit oder explizit diesem Glaubensbekenntnis zu. Sie wiederholt auf ihre Weise, was sie der Emanzipationspädagogik der 60er und 70er Jahre hinlänglich ins Stammbuch geschrieben wurde: nämlich nichts anderes zu sein als eine ‚große Erzählung'.

3.1.4 Von der Emanzipationspädagogik zum konstruktivistisch-systemtheoretischen Mainstream

Die breite Akzeptanz emanzipatorischer Theorieentwürfe im Feld der Pädagogik gegen Ende der 60er Jahre fiel nicht vom Himmel. Sie war Teil eines gesellschaftlichen Umbruchs, der im Gestus der Kritik seinen längst überfälligen Abschied von der Nachkriegszeit vollzog. Nach der restaurativen Adenauer-Ära machte das Wort vom ‚Reformstau' zum ersten Mal die Runde. Gründe zur Kritik des gesellschaftlichen Status quo gab es genug: Das Wirtschaftssystem erlebte zum ersten Mal nach dem Wiederaufbau eine Wachstumskrise, das

Bildungssystem erschien angesichts neuer technologischer Herausforderungen hoffnungslos überaltert, die politischen Eliten hatten auch nach mehr als 25 Jahren den ‚Muff von 1000 Jahren' nicht hinter sich gelassen. In dieser Situation suchte die junge Generation nach einer produktiven Verbindung von Protest, Reform und Kritik. Und sie entdeckte für sich eine Theorietradition, die bis in die Jahre der Weimarer Republik zurückreichte: die ‚Kritische Theorie' bzw. die ‚Frankfurter Schule' (deren Name daran erinnert, dass einige der jungen, kritischen Intellektuellen, die diese Forschungsrichtung in der Vorkriegszeit begründeten, an der Frankfurter Universität lehrten). Die Rezeption der Kritischen Theorie im Feld der Erziehungswissenschaft hinterließ markante Spuren, mehr noch: es formierte sich ein neues Paradigma pädagogischer Reflexion, das bis in die 80er Jahre das Selbstverständnis der deutschen Erziehungswissenschaft prägte. Wollte man die Konturen dieser Emanzipationspädagogik grob umreißen, so ließe sich folgender ‚Steckbrief' formulieren:

> ‚Kritische Erziehungswissenschaft' oder ‚emanzipatorische Pädagogik' bezeichnet einen von der ‚Kritischen Theorie' inspirierten Zugang zum theoretischen Problemfeld der Pädagogik. Inspiriert wurde diese ‚emanzipatorische Pädagogik' von den gesellschaftstheoretischen Analysen des Kreises junger Gelehrter, den Max Horkheimer seit den 20er Jahren des letzten Jahrhunderts in Frankfurt um das ‚Institut für Sozialforschung' versammelte. Vor allem die Schülergeneration der Institutsgründer, die das Erbe der ‚Frankfurter Schule' nach den Zweiten Weltkrieg in recht unterschiedlicher Weise fortentwickelten, gewannen für die ‚Kritische Erziehungswissenschaft' an Bedeutung. Unter den Theoretikern der ‚zweiten Generation' des Frankfurter Instituts (wie etwa Negt, Offe, Schmidt oder Wellmer) nimmt Jürgen Habermas zweifellos eine herausragende Stellung ein. Alle diese Philosophen und Gesellschaftstheoretiker verbindet ein zentrales gemeinsames Interesse: nämlich eine kritische Rekonstruktion bzw. Transformation von Gesellschaftstheorie unter dem Leitgedanken individueller und sozialer Emanzipation. D. h. insbesondere, dass der Blick des Theoretikers auf soziale Strukturen und Prozesse sich nicht damit begnügen kann, die bloße Faktizität des gesellschaftlichen Status quo zu registrieren und abzubilden. Ihm fällt ebenso die Aufgabe zu, die nicht zu legitimierende Herrschaft und Gewalt dieses Zustands zu Bewusstsein zu bringen und real vorhandenen, aber noch unartikulierten Potentialen von Befreiung zum Ausdruck zu verhelfen.

In der Weise, wie die Kritische Theorie für Aufklärung, Herrschaftskritik und Emanzipation optierte, kam sie den kulturellen und gesellschaftlichen Reformbestrebungen gegen Ende der 60er Jahre gut zupass. Die Kritische Erziehungswissenschaft (vgl. Hoffmann 2007) verstand sich politisch und scheute sich nicht, in den politischen Kämpfen der 60er und 70er Jahre um die Reform des Bildungswesens Position zu beziehen. Ihre Vertreter (erinnert sei hier an Namen wie: Heydorn, Blankertz, Mollenhauer oder Klafki) votierten für grundlegende Strukturreformen im Bildungssystem, für seine Öffnung und Durchlässigkeit, für soziale Chancengleichheit und die Förderung Benachteiligter, für Partizipation und Mündigkeit aller Beteiligten. Heydorn nimmt in der Riege der Reformer in gewisser Weise eine Sonderstellung ein. Aufgrund seines

Skeptizismus und seiner unnachgiebigen Kritik wird er zum ‚linken Gewissen‘ der Reform. Heydorns kritischen Einlassungen machen bereits zu Beginn der 70er Jahre die Fallstricke erkennbar, in denen sich die Reform schließlich verfängt.

Doch nicht erst Heydorn, bereits die Gründergeneration der Frankfurter Schule war sich der problematischen Selbstüberschätzung einer pädagogisch angeleiteten Emanzipation der Gesellschaft bewusst. Horkheimer und Adorno rückten die abgründigen Widersprüche des neuzeitlichen Emanzipationsprozesses mit aller Klarheit in den Blick. Ihre ‚Dialektik der Aufklärung‘ (vgl. Horkheimer/Adorno 1968) – einer der Schlüsseltexte der Frankfurter Schule – macht dem naiven Aufklärungspathos (wie es manchen Reformer später beseelte) die Rechnung auf. Die ‚Dialektik der Aufklärung‘ inspiriert eine kritische Reflexion der subtilen Formen von Herrschaft, die auch hinter dem Rücken noch so gut gemeinter Reformen ihre Wirksamkeit entfalten. So gesehen boten die Krise und schließlich das Scheitern der Bildungsreform der 60er und 70er Jahre hinreichend Anlass, das Emanzipationsverständnis der Kritischen Erziehungswissenschaft selbst noch unter aufgeklärte Kritik zu nehmen. Doch führte der Katzenjammer verlorener Reformillusionen nicht zur ‚Kritik der Kritik‘, sondern zum postmodernen Abgesang auf die ‚großen Erzählungen‘ der Aufklärungsepoche.

Die unkritische Lesart postmoderner Philosophie verleitete manchen Erziehungswissenschaftler dazu, das Kind mit dem Bade auszuschütten und den ehedem hochgehaltenen Emanzipationsidealen den Laufpass zu geben. Statt das kritische Moment, mit dem der Diskurs der Postmoderne ‚Meisterdenkern‘ und ‚Großtheorien‘ in die Quere kommt, ernst zu nehmen, gingen sie bei neuen ‚großen Erzählungen‘ vor Anker: sei es bei einem konstruktivistischen Wirklichkeitsverständnis, dem zufolge die Welt sich angeblich vollständig aus den neuronalen Operationen des Erkenntnisapparates ‚herausspinnt‘, sei es bei Luhmanns Entwurf eines sich selbst hervorbringenden, autopoietischen Systems. Rückblickend resümiert Diederichsen diesen Umschwung (in der Frankfurter Rundschau vom 17.1.2001) wie folgt: „Die empirischen 68er sind in Deutschland im Verlaufe der 80er Jahre Luhmannianer geworden. Das hält zwar nicht jung, aber cool... Nur Luhmann stellte ein theoretisches Angebot dar, mit 68 zu brechen, ohne sich zu fühlen, als sei man hinter 68 zurückgegangen oder gar vollständig reaktionär geworden." Viele, die 68 miterlebt – wenn nicht gar mitgestaltet – hatten, „nutzten Luhmann zum perfekten und einigermaßen biographieneutralen Ausstieg aus dem linken Kontinuum ihrer Generation – als eine Art intellektueller Kronzeugenregelung" (Diederichsen 2001).

Die Trendwende aber kam nicht über Nacht (schon gar nicht durch die politische Wende von 1989), sondern wurde bereits seit den 80er Jahren lanciert. Ihre theoretischen Versatzstücke lagen längst bereit. Sie entstammen recht unterschiedlichen Wissenschaftsgebieten (etwa der Neurobiologie, der Thermodynamik, der Chaosforschung, der Evolutionstheorie, der Organisationssoziologie usw.; vgl. Erpenbeck/Weinberg 1999, S. 155 ff.). Trotz der divergenten Entstehungsbedingungen lassen sich gemeinsame Forschungsperspektiven ausmachen, die die Rede von einem konstruktivistisch-systemtheoretischen Paradigmenwechsel nahe legen. Vor allem seit Luhmann seinen Forschungsansatz im Kontext eines konstruktivistischen Wissenschaftsverständnisses reformulierte, begann in der Erziehungswissenschaft eine breitere Rezeption konstruktivistischer Denkmodelle. Einige zentrale Aspekte dieses derzeit dominanten erziehungswissenschaftlichen Selbstverständnisses lassen sich (wenn man einmal spezifische Differenzen zwischen ‚radikalen‘ und ‚gemäßigten‘ Konstruktivisten hintanstellt) steckbriefartig wie folgt zusammenfassen:

> Konstruktivistisch-systemtheoretische Ansätze in der Pädagogik nehmen Forschungsergebnisse und Hypothesen (etwa der Neuro- und Erkenntnisbiologie, der soziologischen Systemtheorie oder verwandter Theorien der Selbstorganisation) zum Anlass, erziehungswissenschaftliche Fragestellungen grundlegend zu revidieren. Ausgehend von der Vorstellung, das menschliche Gehirn sei operational und semantisch geschlossen und könne daher Wirklichkeit nicht repräsentieren, sondern nur konstruieren, kommen sie zu dem Schluss, die Realität als wissensunabhängiger Bezugsgegenstand sei eine Fiktion. Insofern jede Erkenntnis nur noch ‚Wahrheitsfiktionen‘ hervorbringt, kann das Kriterium einer Erkenntnisleistung nicht mehr ihr Wahrheitsgehalt sein, sondern nur noch ihre ‚Viabilität‘, also ihre Passung oder Funktion hinsichtlich der zentralen Aufgabe, sich in einer undurchschaubaren Umwelt zu erhalten. Aufgrund der operationalen Geschlossenheit von Systemen ist Lehren als unmittelbare pädagogische Einflussnahme auf ein ‚lernendes System‘ unmöglich. Der Zusammenhang zwischen (lehrenden bzw. lernenden) Systemen) kann nur als ‚strukturelle Kopplung‘, d. h. als nichtdeterministische Beziehung aufgefasst werden. Die Unmöglichkeit eines ‚Durchgriffs‘ auf autopoetische Systeme führt zur Ablehnung ‚instruktionsdidaktischer‘ Modelle. Theoretiker des konstruktivistisch-systemtheoretischen Ansatzes sind sich darin einig, dass angesichts der Strukturdeterminiertheit von Systemen nicht Kenntnis und Gewissheit, sondern der Umgang mit Ungewissheit das zentrale pädagogische Problem darstellt. Dies erfordert eigene Strategien eines ganzheitlichen Umgangs mit vernetzter Komplexität. Denn nicht lineare Kausalität kennzeichnet lernende autopoetische Systeme, sondern Wechselwirkung und Zirkularität. Anstelle eindeutiger Relationen dominieren Nichtplanbarkeit und Kontingenz das Lerngeschehen. Die pädagogische Kunst besteht demnach darin, Lernsituationen so zu arrangieren, dass strukturelle Kopplungen möglich werden.

Die Sympathien, die dieses Denkmodell derzeit verbuchen kann, sind durchaus verständlich: Im Rahmen von Modellen der Selbstorganisation bzw. Autopoiesis wird ein Befreiungs-Vokabular reaktiviert, das den aktuellen Bemühungen zur Bildungsreform gut ansteht. Konstruktivistische Didaktiker verkünden die längst überfällige Freisetzung aus dem Gefängnis rigider ‚Instruktionsdidaktik‘. Selbstorganisiert zu lernen bedeute, die Verantwortung für die Lernergebnisse des Lernprozesses selbst zu übernehmen, als ‚autopoetisches System‘ selbst im Mittelpunkt des Lernprozesses zu stehen, spontan und produktiv zu sein, keinem externen Befehlssystem mehr zu unterliegen. Offensichtlich gehört zur derzeitigen Attraktivität des Konstruktivismus sein entschiedener Gestus, mit der er alle Vorstellungen von Kontrolle über andere Menschen ins Reich der Fiktionen verweist. Die These von der selbstreferenziellen Geschlossenheit ‚lernender Systeme' bzw. von der Nichtplanbarkeit des Geschehens führt allerdings in eine basale Paradoxie: Weil es keine direkte Interventionsmöglichkeit gibt, gibt es auch keine Erfolgsgarantie. Dies wiederum hat durchaus praktische Konsequenzen: In immer neuen Anläufen nämlich sieht sich die konstruktivistisch-systemtheoretische Pädagogik genötigt, ihr didaktisch-methodisches Instrumentarium zu verfeinern, um nicht wirkungslos zu bleiben. Daraus resultiert vermutlich die eklektizistische Attitüde, mit der reformpädagogische Arrangements mit neuesten Psychotechniken zusammengeschlossen werden.

Im Windschatten der sensiblen Zuwendung zum Einzelnen aber macht sich unbemerkt eine sozio-technische Instrumentierung von Lernprozessen breit. Sie bleibt deshalb häufig unbemerkt, weil die feine, aber folgenreiche Verschiebung vom aufklärerisch fundierten Begriff der ‚Selbstbestimmung' hin zum funktionalistisch inspirierten Begriff der ‚Selbststeuerung' hinter einer neoliberalen Befreiungsrhetorik verschwindet. Die Durchsetzung von Marktmechanismen im Bildungsbereich findet auf diese Weise ihre willkommene ideologische Überhöhung, die die reale Zunahme von Friktionen und Repressionen in einem anderen Licht erscheinen lässt. Zwar wird nun niemandem mehr der ‚Marschallstab im Tornister' versprochen, aber dass jeder als ‚autopoetisches System' zum unverwechselbaren Urheber seines eigenen Lernerfolgs werden kann und muss – das ist die neoliberale Botschaft des Konstruktivismus. In pädagogischer Wendung lässt sich die Konjunktur systemtheoretisch-konstruktivistischer Ansätze einerseits dafür nutzen, an den Begriff der Selbstbestimmung anzuknüpfen, um andererseits eine Akzentverschiebung vorzunehmen: In erster Linie geht es um selbstgesteuertes, funktionsgerechtes Verhalten (vgl. Boenicke 1998, S. 2 f.).

Dieses funktionsgerechte Verhalten aber ist nach klassischem Muster – also: über Direktiven, minutiöse Kontrolle oder externe Anreize – nicht mehr ohne weiteres herstellbar. Hinter Stichworten wie ‚nicht-interventionistische Didaktik', ‚Ermöglichungsdidaktik' oder ‚pragmatische Gelassenheit' wird ein neuer, postfordistischer Zuschnitt im Umgang mit pädagogischen Prozessen erkennbar. Nachdem in bestimmten Produktionssektoren die Effekte der Taylorisierung endgültig ausgereizt sind, sollen Produktivitätssteigerungen nicht mehr durch Zerlegung, sondern durch synergetische Kopplungen und produktive Resynthetisierungen erfolgen. Die konstruktivistisch orientierte Pädagogik nimmt genau diesen Gedanken auf. Zwar setzt sie an keiner Stelle die Zwangsprozeduren der neoliberalen Umsteuerung außer Kraft, doch findet die Transformation in Modellen der Selbstorganisation ihre theoretische Umdeutung. Statt der Frage nachzugehen, warum sich hinter dem Rücken der Teilnehmer von Bildungsprozessen die Systemimperative langfristig trotz allem durchsetzen, wird vorderhand ein ganzes Feuerwerk philanthropischer Freundlichkeiten inszeniert.

So gesehen führt der konstruktivistisch-systemtheoretische Ansatz eine Reihe problematischer Konsequenzen im Gepäck: etwa die verführerische „Illusion, Lernen und Bildung ließen sich jenseits von Macht überhaupt denken" (Forneck 2002, S. 250); oder den suggestiven Kurzschluss, unser Leben sei das, wozu unser Denken es mache. Zahlreiche Managementtheorien bedienen sich eines Sets von Psychotechniken, um stets von neuem die Überzeugung anzustacheln, durch ‚positives Denken' oder ‚management by visions' lasse sich der widerspenstigen Wirklichkeit beikommen. Überhaupt ist die Tendenz des kommerzialisierten Bildungssektors unübersehbar, Pädagogik „durch Lernpsychologie, Moderations- und Motivationstechniken, Fachdidaktik und Unterrichtsmethodik" (Lohmann 2001, S. 197 f.) zu ersetzen. Vielleicht wird sich die PISA-Studie rückblickend einmal als Weichenstellung erweisen, mit der sich einerseits der Rückzug allgemein-pädagogischer Reflexionen aus dem Feld der Erziehungswissenschaft ankündigt und gleichzeitig ein neues Qualitäts-Regime Einzug hält, das ein ganzes Netz neuer Zugriffsweisen auf die Individuen etabliert.

3.2 Koordinaten des Wandels: Schlaglichter und Schlagworte

Die Kritik der konstruktivistisch-systemtheoretischen Pädagogik, die sich hier lediglich in Ansätzen entfalten lässt (vgl. ausführlich: Pongratz 2009), macht deutlich, dass der theoretische Background der aktuellen Reform durchaus kontrovers beurteilt werden kann. Entsprechend divergent fällt die Einschätzung der eingeleiteten Maßnahmen aus. Während auf der einen Seite ‚Autonomie' zur bevorzugten Vokabel neoliberaler Umsteuerung avanciert, rücken kritische Stimmen die neuen Formen der ‚Selbstunterwerfung' in den Blick, die durch die Reformprozesse hervor getrieben werden. Autonomie und selbstverfügte Sklaverei markieren gewissermaßen die Extrempositionen eines widersprüchlichen Feldes, in dem Reformbefürworter um Zustimmung werben und die Aufmerksamkeit auf sich ziehen. Vielleicht gehört es zum durchgehenden Charakteristikum sämtlicher Reformschübe des letzten Jahrhunderts, sich selbst – allein schon aus Gründen der öffentlichen Reputation – die besten Absichten zuzuschreiben und die intendierten Innovationen mit einer neuen Terminologie zu unterlegen. So brachte sich etwa die Reformpädagogik zu Beginn des 20. Jahrhunderts als Teil einer ‚Lebens-Reform' ins Spiel, während sich die Emanzipationspädagogik der 60er und 70er Jahre als Teil einer umfassenden gesellschaftlichen ‚Befreiungsbewegung' verstand. Die Emanzipationspädagogik favorisierte ein neues Produktions- und Steuerungsparadigma von Bildung, dessen Schattenseiten spätestens in dem Moment erkennbar wurden, als die gewünschte Steuerbarkeit des (Bildungs-) Systems nicht gelang bzw. unerwartete Nebenfolgen hervorrief. Das Programm der Curriculumreform (gewissermaßen das pädagogische Pendant der fordistischen Produktion) fand schließlich mit dem Übergang zur postfordistischen Produktionsweise sein Ende. Die neue Ära informatisierter Erwerbsarbeit und neoliberaler Deregulierung bedient sich einer anderen Terminologie und theoretischen Legitimation.

Will man diesen Wandel in einem ersten Zugriff erfassen, dann springen vor allem drei Aspekte der aktuellen Bildungsreform ins Auge: Zunächst einmal ist die marktförmige Zurichtung des Bildungssystems auf allen Prozessebenen offensichtlich; wir werden dies unter dem Stichwort ‚Kommerzialisierung‘ thematisieren. Die Kommerzialisierung der Bildung wiederum erscheint eng verbunden mit Informatisierungsprozessen; wir fassen diesen Sachverhalt im Folgenden unter dem Stichwort ‚Technologisierung‘. Die neuen Produktions- und Technologisierungsformen schließlich treiben einen veränderten Subjektbedarf hervor; für diesen Vorgang wählen wir die Chiffre ‚Subjektivierung‘.

3.2.1 Kommerzialisierung

Wie die bisherigen Überlegungen bereits deutlich gemacht haben, stellt die Kommerzialisierung von Bildung das klassische Bildungsverständnis auf den Kopf: Ihr geht es nicht mehr um Bildung als unveräußerliches Selbstverhältnis, sondern um käufliche Eigentumsoperationen mit Wissen als Ware. Solche Kauf- und Tauschprozesse finden gewöhnlich in Bilanzen oder Input-Output-Modellen ihren Niederschlag. Allerdings erweist sich der prognostische Wert bildungsökonomischer Berechnungen zumeist als zweifelhaft. In Frage steht, ob das Stichwort ‚Bildungsökonomie‘ mehr als Programmformel und Versprechen, denn als tatsächliche Steigerung der Kontrolle und Prognostizierbarkeit von Bildungsoperationen gelesen werden muss. Die ‚Ökonomisierung‘ der Bildung erweist sich auf weite Strecken als Ökonomisierungs-Rhetorik. Dass diese Rhetorik zur dominanten Figur der aktuellen Reform avanciert, verdankt sie der strategischen Unterstützung nationaler und internationaler Akteure. Dank intensiver Bemühungen der OECD hat der Humankapitalansatz seit den 90er Jahren wieder Konjunktur: „As we move into ‚knowledge-based‘ economies the importance of human capital becomes even more significant than ever" (OECD 1998, S. 3). Doch kommt die forsche Formel ‚Bildung ist Zukunftsinvestition‘ in Erklärungsnöte, wenn empirisch nachgewiesen werden soll, wie und wo sich diese Investition denn niederschlägt. „Humankapital ist eben nur ein Faktor im Ensemble der Wachstumsdeterminanten" (Weiß 2002, S. 188). Entsprechend gewinnen die Rahmenbedingungen bzw. komplementäre Faktoren eine besondere Bedeutung, wenn die Wirksamkeit von Bildung bestimmt werden soll. Die Einsicht der Humankapitalforschung, spezifizierte Ausbildungsgänge seien stärker zeitlich begrenzt verwertbar (und unterliegen aufgrund des technologischen Wandels einer rascheren Abschreibung), während allgemeines Humankapital einem langsameren Abschreibungsprozess ausgesetzt sei (vgl. ebd., S. 189), laufen auf eine Binsenweisheit hinaus. Wenn jedoch auch in Zukunft davon ausgegangen werden muss, dass sich an der langjährigen ‚Produktionsdauer von Manpower' nichts ändert, dann bleiben alle Träume von einer flexiblen Just-in-time-Produktion von Bildung Wunschdenken.

Nicht anders ergeht es der populären Idee der ‚Modularisierung' von Ausbildungsgängen. Wer auf die passgerechte Zerlegung von Bildungsgängen in Module setzt, der „müsste in der Lage sein, die Schnitt- bzw. Ankopplungsstellen operational zu definieren" (Zabeck 2001, S. 84). Diese Definition aber kann nicht gelingen, weil die Determinanten subjektiver Bildungsproduktion weder gänzlich bekannt, noch gänzlich funktionalisierbar sind. Letztlich bleibt es der Urteilskraft reflektierender Subjekte überlassen, den Zusammenhang zu stiften, den modularisierte Ausbildungskonzepte vorzugeben glauben. Hinter der Idee unterschiedlich koppelbarer Module steht eine Produktionslogik, die Rationalisierungsgewinne über die flexible Vernetzung teilautonomer Prozesse erzielen möchte. Jedes Prozesselement kann für sich als Produktionseinheit aufgefasst werden mit eigenem Arbeitsaufwand (workload) und eigenem Ertrag (ausgedrückt in Geld oder symbolischen Gratifikationen). Auf diese Weise soll der Geist ökonomischer Kalkulation den gesamten Produktionsprozess durchdringen. Rationalisierungsgewinne schlagen sich gemäß dieser Logik in verkürzten Studienzeiten und geringeren Ausbildungskosten nieder.

Um diesen Rationalisierungsprozess in Gang zu halten, gibt es nach Auffassung zahlreicher Reformstrategen nur eine berufene Instanz: den Markt. Doch lässt sich die Überlegenheit, die dem Steuerungssystem ‚Markt' gegenüber dem ‚Staat' zugesprochen wird, wissenschaftlich nicht unter Beweis bringen (vgl. Hegelheimer 1981; Timmermann 1985). Auch wenn empirische Befunde klarstellen, dass „[…] the evidence for a positive impact of competition is very weak" (Levacic/Woods 2000, S. 87), verliert die Wettbewerbs- und Marktrhetorik kaum an Wirksamkeit. Noch immer begleitet den ‚Markt' das Versprechen von ‚Aufschwung' und ‚Freiheit'. Nachweisbar sind hingegen Segregationswirkungen, die der verschärfte Wettbewerb im Schulbereich hervorruft. Er lässt staatlich getragene Schulen am Ende tatsächlich schlechter dastehen. Der Marktvorsprung privater Schulen wird so gesehen durch Ausgrenzungsprozesse erkauft, die im Nachhinein als Beweis dafür genommen werden, dass privat finanzierte Schulen grundsätzlich besser als staatliche Schulen seien. Besitz und Bildung gehen schließlich wieder die Verbindung ein, die sie am Beginn der bürgerlichen Ära einmal hatten.

3.2.2 Technologisierung

Technologisierungsprozesse lassen sich nur angemessen thematisieren, wenn man neben ihrer (im engeren Sinn) technischen vor allem ihre gesellschaftliche Seite in den Blick rückt. Häufig genug aber blendet der Technologisierungsdiskurs, der die Umbrüche des Bildungssektors begleitet, die sozialen Kontexte und Vermittlungen aus. Am Wissensbegriff wird die Verkürzung flagrant: Wissen ist eine gesellschaftliche Größe. Es entsteht immer dann, „wenn subjektive Gewissheit und rationale Rechtfertigung in einem Bewusstsein zusammentreffen" (Fischbach 2002, S. 12). Der ökonomisch präformierte Technologisierungsdiskurs hingegen suggeriert ein objektivistisches, warenförmiges Begriffsverständnis: Wissen wird vorgestellt als verdinglichte, objektivierbare Größe, die auf Rechnern gespeichert oder zwischen ihnen transportieren werden kann. Die Unterstellung, Wissen bestehe aus einem verwertbaren Rohmaterial ‚Information', das man aktiv bearbeiten, horten, verbrauchen oder verkaufen könne, schlägt sich in gängigen Bildungsreformdiskussionen unmittelbar nieder. Lernen, heißt es dann, sei eine Form der ‚Informationsverarbeitung' und dieser Verarbeitungsprozess lasse sich ökonomisch optimieren. Damit ist der Rahmen abgesteckt für ein neues ‚Megathema': der Aufstieg der ‚Wissensgesellschaft'. Mit ihr verbinden sich Hoffnungen auf einen neuen, lang andauernden Wirtschaftsaufschwung. „Bildung", so die Prophezeiung des ‚Forum Bildung 2000', „spielt in der Wissensgesellschaft von morgen eine zentrale Rolle. Die Zukunft des Einzelnen sowie die gesellschaftliche und wirtschaftliche Entwicklung hängen entscheidend davon ab, ob es uns gelingt, heute das Wissen zu erschließen und zu vermitteln, das morgen gebraucht wird. Hierfür benötigen wir eine Neugestaltung des Lehrens und Lernens" (Forum Bildung 2000, zitiert in: Hoffmann 2001, S. 27).

Bei dieser Neugestaltung wird Selbstlernarchitekturen ein besonderes Gewicht zugeschrieben. Selbstlernarchitekturen versprechen eine fortschreitende Technologisierung der Bildung. Sie führten zu einer Gewichtsverlagerung von der personalen Lehre hin zur Produktorientierung des Lernprozesses (CD-ROMs, Websites, Online-Kurse etc.). „Die daran geknüpften Vermarktungsinteressen bringen weit reichende Formveränderungen, Kritikern zufolge eine nicht wieder gutzumachende Korruption der universitären Lehre mit sich" (Lohmann 2001, S. 196). Doch werden solche Einwände von progressiven Bildungsreformern gern überhört. Stattdessen entwerfen sie Szenarien eines technologischen Lernens, in denen Selbststeuerung, multimediale Lernumgebungen, Individualisierung und Flexibilisierung des Wissenserwerbs eine ganz neue Lernkultur entstehen lassen: mit polyzentrischen Institutionen, intermediären Agenturen, Bildungsnetzwerken und vielfältigen Bildungsdienstleistern.

Allerdings erweisen sich die meisten Prognosen zukünftiger bildungstechnologischer Entwicklungen schon heute als bare Spekulation. Vor allem Kapitalinteressen dürften nur begrenzt auf ihre Kosten kommen, denn Selbstlernarchitekturen erfordern erhebliche Investitionen, die in eine Flexibilitäts- und Kostenfalle führen: „Die hohen Investitionskosten für eine anspruchsvolle multimediale netzbasierte Selbstlernumgebung amortisieren sich in einer radikal pluralen und sich andauernd wandelnden Wissensgesellschaft nur in wenigen Feldern der Erwachsenen- und Weiterbildung" (Forneck 2001, S. 160). Zudem erfordert der Umgang mit Lernumgebungen metakognitive Kompetenzen, d. h. Selbstlernfähigkeiten, die nicht per se vorausgesetzt werden können. Und selbst wo sie vorhanden sind, stellen Flexibilitätserwartungen die Menschen vor den paradoxen Anspruch, einerseits bereit zu sein, „alles bisherige Wissen als veraltet anzuerkennen", was ihnen andererseits aber nur möglich ist, „wenn sie an lebenslang erworbenen kognitiven Orientierungsschemata" (Forneck 2002, S. 255) festhalten. In der Praxis führt dies dazu, dass Teilnehmer von Selbstlernarchitekturen den technologisch offerierten Kommunikationswegen immer wieder den Rücken kehren, um auf personale Lernformen und face-to-face-Kontakte zurückzugreifen.

Doch nicht nur für Lerner, auch für e-learning-Tutoren und Trainer erweist sich die Technologisierung von Bildungsprozessen als prekär. Denn die Deinstitutionalisierung zieht eine Deprofessionalisierung nach sich. „Im Musterland der Wissensökonomie, den USA, gehören inzwischen auch viele Formen der Wissensarbeit zur Kategorie der schlecht bezahlten, flexibilisierten Arbeit" (Fischbach 2002, S. 19). Erfolg und Prosperität bleiben nur einer Minderheit vorbehalten. „Indeed, most people are worse off today than 30 years ago, and the advance of knowledge has played a role in their impoverishment" (Beck 2000, S. 42).

Dennoch scheint die Technologisierungsrhetorik im Feld der Bildung nichts von ihrem Glanz einzubüßen. Dies hängt offensichtlich mit der besonderen Bedeutung zusammen, die IuK-Technologien im gesellschaftlichen Transformationsprozess zugeschrieben wird. Der ‚neue' Kapitalismus erzeugt den Zwang zur dauernden informationstechnischen Innovation, zur unaufhörlichen digitalen Datensammlung, um die von ihm selbst hervorgebrachte Marktdynamik beherrschbar zu machen. Die daraus resultierenden Formen systemischer Rationalisierung machen eine informationstechnische Vernetzung unterschiedlicher Ressourcen bzw. Formen lebendiger Arbeit unumgänglich. Voraussetzung dafür war der Übergang von Großrechnersystemen zum Personalcomputer, also der Aufbau unternehmensinterner Netzwerkstrukturen zur systemischen Steuerung dezentralisierter Produktionsprozesse. Um die gewünschte (technologisch vermittelte) Flexibilität sicherzustellen, reicht es seitdem nicht mehr aus, dass Arbeitskräfte einfach eine Funktionsstelle im ökonomischen System passiv besetzen. Vielmehr setzt die Informatisierung gesellschaftlicher Arbeit „eine subjektive Beteiligung des Menschen voraus" und schließt „deren Formierung mit ein" (Schmiede 1996, S. 45). Die Menschen sollen sich einerseits an die Umschlaggeschwindigkeiten der Produktion anpassen, gleichzeitig aber sollen sie die regulativen Freiheiten flexibilisierter Strukturen selbstständig nutzen. Dieses widersprüchliche Anforderungsspektrum lässt sich rein informationstechnologisch nicht bewältigen. Denn Maschinen(-systeme) sind grundsätzlich nicht in der Lage, die Bedingungen ihrer Funktion herzustellen. Die dazu notwendigen Verweisungsbezüge können nur über die Subjekte selbst eingebracht werden (vgl. Schroeder 2002, S. 44). Dieser „prinzipielle Subjektivitätsbedarf" (Braukrowitz/ Boes 1996, S. 141) systemischer Produktion verleiht Subjektivierungsprozessen ein eigenes Gewicht.

3.2.3 Subjektivierung

Innerhalb der Arbeitssoziologie findet die wachsende Bedeutung des ‚subjektiven Faktors' im Produktionsprozess in einer neuen Terminologie ihren Niederschlag: im Begriff des „Arbeitskraftunternehmers" (vgl. Voß/Pongratz 1998). In ihm spiegeln sich die gestiegenen Ansprüche, die den Individuen im Produktionsprozess zugemutet werden. Beschäftigte sollen zukünftig die Funktionen eines Unternehmers ihrer eigenen Arbeitskraft übernehmen, etwa die Kontrolle über die eigene Arbeit, ihre Organisation und Vermarktung, aber auch die Verantwortung für die ökonomische Verwertung ihrer Kompetenzen einschließlich ihrer Weiterbildung. Als Leitbild des ‚Arbeitskraftunternehmers' wird ein flexibles, risikobereites, sich selbst organisierendes Subjekt vorgestellt, das nicht einfach als Verkäufer der Ware Arbeitskraft auftritt, sondern „als Regisseur, Dramaturg, Bühnenbildner und Schauspieler seiner selbst" (Kirchhöfer 2002, S. 73). Dieses ebenso anpassungswillige wie auf seine Unabhängigkeit bedachte Subjekt erweist sich als notwendiges und strategisches Element neuester Produktionskonzepte, in denen (zumindest ein Teil der) Arbeit zu personalisierten, nicht formalisierbaren und unbestimmbaren Leistungen zurückkehrt (vgl. Arbeitsgruppe SubArO 2005). Dies gilt vor allem für integrierte, informationstechnologisch organisierte Arbeitsformen, die ohne persönliches Engagement und kooperative Verständigung, kurz: ohne subjektive Sinngebung, höchst störanfällig bleiben. Solche Produktionskonzepte provozieren in ihrer technologischen Verfassung eine Reflexivität, die das Wiederaufleben alter Bildungsideale begünstigt. Da ist von der ‚Bildungsinstitution Betrieb' die Rede, die dazu beitragen könne, die ‚Ganzheit der Person' (vgl. Erpenbeck/Weinberg 1999, S. 150) zu verwirklichen; da rückt gar die Wiederauferstehung der klassischen Bildungsidee scheinbar in greifbare Nähe, denn die neuen Produktionstechnologien setzten Allseitigkeit, Autonomie und Subjektivität wieder in ihr Recht.

Selbst wenn man der Glanzfassade systemischer Rationalisierung nicht traut, ist unübersehbar, dass gleichzeitig mit der Ausweitung subjektivierter Arbeitsformen neue Widerspruchslagen entstehen. Die neuen Formen der Subjektivierung durchbrechen den vormals engen Qualifikationscharakter von Bildung. Doch folgt der eingeforderten Reflexivität „nicht automatisch ein unabhängiges, [...] emanzipiertes Leben auf dem Fuß." (Schroeder 2002, S. 23) Unter negativem Vorzeichen lässt sich vermuten, dass der Zwang zur Subjektivierung, zu einer Lebensführung als ‚Entrepreneur' am Markt, die neu gewonnenen Spielräume unterläuft. In gewissem Sinn wird die Entfremdung, die ehedem ‚nur' das Lohnarbeitsverhältnis kennzeichnete, mit dem Zugriff auf die ganze Person entgrenzt: Der Arbeitnehmer verkaufte noch seine Arbeitskraft, der Arbeitskraftunternehmer aber verkauft „sich als Unternehmer seiner Arbeitskraft selbst, als Person" (Kirchhöfer 2002, S. 73). Am Horizont der Subjektivierungsprozesse zeichnen sich neue Formen der Knechtschaft ab, die Erinnerungen an die Leibeigenschaft feudaler Gesellschaftsformen wachrufen.

Zumindest verliert der Fortschritt der bürgerlichen Ära, der die Personen juristisch davor schützte, „ihr Eigentum an sich selbst als Sicherheit gegen Kredit vollstrecken zu lassen" (Lohmann 2002 b, S. 104), seine Selbstverständlichkeit. Denn nun werden Personen gezwungen, sich in Gänze selbst zu bewirtschaften. Unternehmer seiner selbst bleibt der Einzelne selbst dann noch, wenn er seine Anstellung verliert. Denn das „Ich kann sich nicht entlassen; die Geschäftsführung des eigenen Lebens erlischt erst mit diesem selbst. Aus dem gleichen Grund greift die Selbstverwaltung des individuellen Humankapitals auch weit über das Berufsleben hinaus und kennt weder Feierabend noch Privatsphäre" (Bröckling 2000, S. 155). Subjektivierung bedeutet in dieser Perspektive: sich rund um die Uhr auszupowern, sich mit Haut und Haaren zu Markte zu tragen, kurz: sein eigener Sklave zu werden.

3.3 Kippbild: Verfügte Freiheit

Es kann daher nicht verwundern, wenn Subjektivierungsprozesse unter aktuellen Produktionsbedingungen einem ‚Kippbild' ähneln: Einerseits dominiert der Zwang zur lebenslangen Selbstbewirtschaftung. Gleichzeitig aber präsentiert sich der globalisierte Markt als Kontingenzraum par excellence. In ihm soll sich jeder Einzelne bewähren, indem er sich der Freiheiten bedient, die ihm zugestanden – genauer: auferlegt – werden. Diese Freiheiten sind kein Geschenk, das zurückgewiesen werden könnte; sie definieren den unhintergehbaren Rahmen der Selbstverfügung. „Wer es an Initiative, Anpassungsfähigkeit, Dynamik, Mobilität und Flexibilität fehlen lässt, zeigt objektiv seine und ihre Unfähigkeit, ein freies und rationales Subjekt zu sein" (Lemke u. a. 2000, S. 30). Freiheit wird ein unverzichtbares – aber auch risikoreiches – Moment der Produktionsbedingungen.

Entsprechend haben Unternehmensleitungen ein verständliches Interesse daran, die geforderte Reflexivität sowohl einzufordern, wie auch auf betriebliche Rationalisierungsziele einzuschränken. Doch lässt sich diese Selbstbegrenzung nicht mehr einfach dekretieren. Daher arbeiten moderne Unternehmen mit ‚weichen' Führungsformen, mit Animation oder Suggestion, kurz: mit einer „eingeflüsterten Emanzipation" (Fach 2000, S. 121). Sie rücken den Individuen so weit auf den Leib, bis sich das Netzwerk von Ein- und Ansprüchen verdunkelt. Ihr Ziel aber lässt sich klar dechiffrieren: nämlich Fremd- in Selbststeuerung zu überführen, die Menschen dazu anzuhalten, ihre ‚inneren Betriebsabläufe' zu optimieren, ihr eigener Qualitätsmanager zu werden – also nicht nur ‚Entrepreneur' sondern ‚Intrapreneur'. Ein anschauliches Beispiel hierfür liefert etwa Müllers Anleitung zur ‚kompetenten Selbstführung' (vgl. Müller 2006).

Das reflexive Moment des Arbeitsprozesses aber lässt sich nicht wie ein Geist in der Flasche unter Verschluss halten. „Lernen ist nicht steuerbar, indem es ausschließlich auf die Output-Erwartungen festgelegt wird. Beim Lernen geschieht immer auch etwas, das sich der Planung entzieht. Und dies ist nicht zu kontrollieren und es ist auch nicht rückgängig zu machen. Es bedeutet im Kern: Reflexionsfähigkeit. Und diese Fähigkeit [...] entgrenzt sich selbst vom beabsichtigten Anwendungsfall. Und daran wird auch der ‚Kapitalismus ohne Beißhemmungen' (Oskar Negt) gemessen werden, auch wenn er einst die Reflexion zu Rationalisierungszwecken gerufen hatte" (Geißler/ Orthey 2002, S. 77). Die neue Unternehmensführung bringt so ihre eigenen Diskontinuitäten immer wieder selbst hervor: die Möglichkeit zur kritischen Bezugnahme auf die eigenen Voraussetzungen und Haltungen, die Möglichkeit zur Selbstdistanzierung, zur Selbstsetzung. In der Weise, wie die technologische Gesellschaft selbstreflexiv werden muss, bringt sie auch das Mittel hervor, um zum Gesamtzusammenhang auf Distanz zu gehen (vgl. Pongratz 2003, S. 23). Die ‚Gefahr' wächst nun objektiv, dass – wie es bei Heydorn heißt – das Subjekt „aus der Summe seiner Funktionen hervortritt und sie auf sich selber bezieht" (Heydorn 2004, Bd. 4, S. 262).

Selbstbestimmung und Selbstausbeutung, Selbstreflexion und Selbstbewirtschaftung treten wie nie zuvor in ein unaufgelöstes Spannungsverhältnis. Nichts schützt davor, dem wachsenden Zwang zur Selbstvermarktung zu entkommen. Doch schützt auch nichts davor, dass im Zentrum der Verwertungsprozesse das kritische Potential von Bildung erneut aufbricht. Die moderne, funktional differenzierte Gesellschaft kann letztlich weder auf Bildung, noch auf Kritik verzichten. Dies vor allem deshalb nicht, „weil die Kritik nicht das Gegenteil der Funktion ist. Vielmehr ist in einer dynamischen Gesellschaft wie der bürgerlichen Kritik geradezu konstitutiv für diese Dynamik: Stillstand ist ihr Ruin. D. h. die Kritik ist Mittel der Anpassung und kann dennoch nie in Anpassung beruhigt aufgehen. Pädagogisch ist das objektiviert im Begriff der Mündigkeit" (Euler 1999 a, S.12).

3.4 Kritische Bildung: Urteilskraft – Einbildungskraft – Widerstandskraft

Mündigkeit ist also kein wohlmeinendes Korrektiv zum ansonsten ungerührten Lauf der Welt. Vielmehr ist sie in den widersprüchlichen Lauf der Welt verflochten, wird sie von ihm zugleich durchkreuzt und herausgefordert. Ob und wie sie wirksam werden kann, bleibt abhängig von wechselnden historischen Umständen. Vor allem aber bleibt sie angewiesen auf den Mut von Menschen, die sich ihres Verstandes auch bedienen. Zwar fällt der Mut zum „rückhaltlosen und selbstlosen Durchdenken der menschlichen Lage" (Ruhloff 1998, S. 29) weiß Gott nicht vom Himmel. Denn Widersprüche führen nicht zwangsläufig und gleichsam von selbst zur Widerständigkeit. Doch stoßen sie Reflexions- und Erfahrungsprozesse an, aus denen sich der Mut zu widerständigen Denk- und Praxisformen schöpfen lässt (vgl. Pongratz 2003, S. 138 ff.).

Es sind vor allem drei Dimensionen, die kritischer Bildung Kontur verleihen. Zum einen: Kritische Bildung lebt aus der Kraft zur Unterscheidung, aus der Fähigkeit, Differenzen und Risse sichtbar zu machen, aus dem Vermögen, an Phänomenen mehr wahrzunehmen als die pure Identität von Begriff und Sache. Zum zweiten: Kritische Bildung folgt einer öffnenden Suchbewegung. Sie intendiert „ein Empfindlichwerden der Reflexion und eine reflexive Empfindlichkeit" (Euler 1998, S. 222), die ohne soziale Imagination, ohne ästhetische Sensibilität und Einbildungskraft nicht zu haben ist. Kritische Bildung macht ‚sehend'; sie ist „Schlüssel zu einem Tor, das sonst in der Einförmigkeit der Mauer nicht einmal sichtbar wäre" (Koneffke 1981, S. 180). Zum dritten: Kritische Bildung lebt aus einer differenzierten, reichhaltigen Erfahrung. Sie erschöpft sich nicht in der emsigen Registratur von Fakten, sondern gibt den Blick frei. Sie erfasst die geschichtliche Wirklichkeit, der wir alle verhaftet sind, im Moment ihrer Überschreitung. Sie vermittelt Erfahrung und Reflexion in einer transzendierenden Bewegung. In dieser Bewegung treibt sie das Denken über sich hinaus.

Das transzendierende Moment von Bildung gewinnt seine inspirierende Kraft nicht aus irgendwelchen überzeitlichen Ideen, sondern aus den dynamischen Widerspruchslagen der jeweiligen gesellschaftlichen Situation. Bildung wird produktiv, indem sie sich in den Widersprüchen der Gesellschaft verortet, indem sie den gesellschaftlichen Widerspruch von eingeforderter Selbständigkeit und zugemuteter Selbstausbeutung aufnimmt und auszutragen versucht. Wie weit dies gelingt, ist nicht gewiss. Jedes widerständige Handeln trägt sein eigenes geschichtliches Risiko, das von keiner List der Vernunft und keinem Masterplan gedeckt ist. Doch findet es seinen Rückhalt in der Bereitschaft und Fähigkeit zum eingreifenden Denken, kurz: in kritischer Bildung.

Erster Exkurs:
Heydorn reloaded: Reformkritik gestern und heute

I. Vexierbilder: Heydorn im Spiegel seiner Kritiker

An Heinz-Joachim Heydorn scheiden sich die Geister. Kein Bildungstheoretiker des 20. Jahrhunderts hat so viel engagierte Zustimmung wie emphatische Ablehnung erfahren. Keiner wurde im erziehungswissenschaftlichen Diskurs so offensichtlich marginalisiert; keiner wurde für Gegendiskurse so demonstrativ in Anspruch genommen; keiner wurde von Freunden wie Gegnern so unterschiedlich ins Bild gesetzt. Mal firmiert Heydorn als ,linker Renegat', mal als ,konservativer Revolutionär'; mal wird er als ,utopischer Schwärmer' abgekanzelt, mal in der ,theologischen Tradition des Exodus' verortet; mal wird er als ,unnachgiebiger Hegelianer' vorgeführt, mal als ,intellektueller Asket' zurückgewiesen. Welche Lesart dominiert, hängt vom ,Zeitgeist' ab: von den vorherrschenden Theoriemoden oder Denkstilen, vom Profilierungsinteresse der Kritiker oder Sympathisanten. Heydorns Werk – so viel dürfte klar sein – entzieht sich jeder vorschnellen Kategorisierung. So verwundert es nicht, wenn Heydorn im Kontext der Theoriekonjunkturen vergangener Dezennien ganz unterschiedlich wahrgenommen wurde.

Heydorn-Kritik der 70er Jahre: Die 60er und 70er Jahre, die Zeiten der sozialliberalen Bildungsreform also, apostrophierten Heydorn vor allem als ,linken Renegaten', als ,Unperson', genauer: sie nahmen ihn erst gar nicht zur Kenntnis. Blättert man in den Lebenserinnerungen des damaligen Berliner Schulsenators Karl-Heinz Evers, einem engagierten Verfechter der Gesamtschulreform, so finden sich dort nicht nur späte Einsichten in die Selbstüberschätzung der Reformer, sondern auch freimütige Bekenntnisse über die Verärgerung, die mit dem Namen Heydorn verbunden war: „Verärgert reagierten wir Modernisierer in den 60ern auf die Kritik von Heinz-Joachim Heydorn und Gernot Koneffke, die sich um Freilegung der aufklärerischen Herkunft des Bildungsbegriffs mühten und große Sorge hatten, Gesamtschule könne unter den aktuellen Herrschaftsverhältnissen eine völlige Funktionalisierung des Lernens für wirtschaftliche Interessen bedeuten. Nicht auf Humanisierung und Mündigkeit, sondern auf bloße Rationalisierung sei die Gesamtschule angelegt, so hieß es [...]. Andere und ich fühlten uns verkannt, diffamiert und behindert, und wir reagierten eher beleidigt, als Heydorn – zum Wohlgefallen des Philologenverbandes – das Gymnasium lobte, wobei Bewahrer und Reformer überhörten, dass er dessen aufklärerische Idee, nicht die deformierte Wirklichkeit meinte" (Evers 1998, S. 451 f.).

Der Bildungsbegriff, auf den Heydorn insistierte, erschien den Reformern als deformierter, abgestandener Absud einer vergangenen Epoche. „Ich hielt den Bildungsbegriff durch Generationen deutscher Bildungsideologen, Professoren, Studienräte und Schulinspektoren für so kompromittiert", schreibt Evers, „dass es nicht möglich erschien, seine aufklärerische Herkunft herauszuschälen und blank zu putzen. Der begriffliche Aufwand erschien zu mühsam, zu aufwendig" (ebd., S. 310). Deshalb gab es von Seiten der Reformer nur ein geringes Interesse, Heydorns Reflexionsfiguren aufzugreifen und durchzuarbeiten. Eine Ausnahme bildete Blankertz, der es sich nicht nehmen ließ, auf Einladung der Redaktion der Zeitschrift ‚betrifft: erziehung‘ eine Rezension der Hauptwerke Heydorns („Über den Widerspruch von Bildung und Herrschaft", Frankfurt/ M. 1970; „Zu einer Neufassung des Bildungsbegriffs", Frankfurt/M. 1972) zu schreiben. Vielleicht ahnte Blankertz, dass die Reformen auf politisch schwankendem Boden errichtet wurden. Jedenfalls gehörte er zu den wenigen Protagonisten der Gesamtschulreform, die den Kontakt zu Heydorn nicht abbrachen, sondern suchten (vgl. Gruschka 2005). Und es ist Blankertz, der in seiner Rezension die Sprachfigur des ‚konservativen Revolutionärs‘ prägte, während der überwiegende Rest der Reformer Heydorn – zumal nach seinem Ausschluss aus der SPD – als ‚linken Renegaten‘ oder schlicht als ‚Querkopf‘ denunzierten.

Genau genommen hätte es mit dem Auslaufen der Reformphase gute Gründe gegeben, diese Wahrnehmung zu revidieren. Denn Heydorns Befürchtungen bestätigten sich. Die konservative Wende gegen Ende der 70er Jahre aber hatte für Heydorns scharfzüngige Gesellschaftskritik keine Verwendung. Der intendierte Umschwung der Bildungspolitik erreichte 1978 unter dem Stichwort „Mut zur Erziehung" einen ersten Höhepunkt. Die unter diesem Motto versammelte Gruppe von Politikern und Wissenschaftlern proklamierte eine konservative Wende, die dann endgültig durch die Bildungspolitik der Kohl-Genscher-Regierung ab 1982 eingeleitet wurde. Im Mai 1983 forderte Kohl die westdeutsche Rektorenkonferenz auf, ein Konzept für ein Eliteförderprogramm vorzulegen. Damit wurde ein deutlicher Kontrapunkt zur Reform der 60er und 70er Jahre gesetzt. Nicht wenige waren bereit, die ausgerufene ‚geistig-moralische Wende‘ auch pädagogisch zu ratifizieren. Eine wachsende Zahl theoriefrustierter Reform-Praktiker wünschte sich nach jahrelanger rasender Theorieentwicklung im praktischen Stillstand eigentlich nichts mehr als eine ‘theorielose Theorie‘ oder schlicht pragmatischen Zuspruch, um mit den Verhältnissen, wie sie nun einmal waren, zurecht zu kommen (vgl. Pongratz 2009, S. 19 f.). In dieser Situation konnten systemtheoretisch und konstruktivistisch orientierte Theoriekonzepte ihren vermeintlichen Vorteil effektvoll herauskehren. Sie präsentierten sich als normativ entschlacktes, theoretisches Entlastungsangebot. Sie warben für eine vertrauensvolle Akzeptanz der (von kritischen Erziehungswissenschaftlern angeblich verkannten) Möglichkeiten funktional ausdifferenzierter Gesellschaften. Und sie propagierten einen funktionalistisch vereinnahmten – in Tenorths Diktion: nüchternen – Pragmatismus.

Heydorn-Kritik der 80er Jahre: Tenorth, der sich seit den 80er Jahren unermüdlich als Protagonist einer systemtheoretischen Abklärung (statt kritischen Aufklärung) ins Szene setzt, macht aus seiner unverhohlenen Geringschätzung für Heinz-Joachim Heydorn keinen Hehl. Mit ihrer „Rede von den unlösbaren Widersprüchen" (Tenorth 1992 a, S. 130), so versichert er, betreibe die kritische Bildungstheorie eine „monistische Zuspitzung der pädagogischen Aufgaben" (ebd. S. 130). Der „erhabene Gedanke von den Widersprüchen der Moderne" (ebd., S. 118), so schreibt er weiter, setze „auf Vertagung" (ebd., S. 130) und tauge allenfalls dazu, das Denken zu blockieren (vgl. ebd., S. 130). Natürlich hätte ein kritischer Leser gern gewusst, aus welchen Texten Heydorns, die Tenorth mit ironischer Nonchalance abfertigt, er dies alles herausliest. Unbekümmert um die Triftigkeit seiner eigenen Rede stutzt sich Tenorth sein Bild vom ‚utopischen Schwärmer' zurecht. Da ist dann von Unmittelbarkeit und Spontaneität, von revolutionärer Umwandlung, von einem personengebundenen Zeugnis oder von Bekehrung (Tenorth 1997, S. 978) in einer Weise die Rede, als handele es sich bei kritischen Bildungstheoretikern um eine Art Sekte, die wider besseres Wissen „im Totum des Falschen" (ebd., S. 978) das Ereignis der „Erlösung" (ebd., S. 978) herbei reden möchte.

Man darf vermuten, dass sich Tenorth bei diesen Formulierungen im Fahrwasser einer Dissertation über Heydorns Bildungstheorie bewegt, die insgesamt ernster zu nehmen ist, als Tenorths Invektive. Es handelt sich um Titz' Versuch, Heydorns Bildungstheorie aus der jüdischen Exodustradition bzw. dem jüdischen Bilderverbot zu verstehen (vgl. Titz 1999). Titz setzt bei seiner Frage nach der ‚Funktion' des Bilderverbots (vgl. ebd., Kap. 4.1.3) das Wort ‚Funktion' in Anführungszeichen. Dies mag als Reminiszenz an Tenorth gelesen werden, unter dessen Anleitung Titz seine Arbeit verfasste. Gleichwohl geht es Titz nicht um eine funktionalistische Analyse. Vielmehr geht er der These nach, dass Heydorns Bildungstheorie ihre Authentizität und Kraft aus der eschatologischen Verheißung des Buches Exodus (ebd., S. 11 ff.) beziehe. Titz konturiert Heydorn als den ‚Theologen des Exodus' dessen bildungstheoretisches Denken sich vor dem Hintergrund der jüdisch-christlichen Glaubenstradition entfaltet.

Nicht wenige Formulierungen Heydorns geben tatsächlich dazu Anlass, diesem theologischen Missverständnis aufzusitzen. Titz' groß angelegter Versuch forderte dazu heraus, der theologischen Lesart Heydorns auf den Grund zu gehen. Koneffke hat sich in einer subtilen Studie (vgl. Koneffke 2005) mit Titz' These, Heydorns Bildungstheorie gründe in der vielfältigen, kontingenten Erfahrung eines ‚unbedingten Sinns', auseinandergesetzt. Seine Überlegungen führen zu dem Ergebnis, „dass die Achse der Bildungstheorie für Heydorn nicht der Begriff der Verheißung, sondern der der Mündigkeit ist" (ebd., S. 17). Wenn schon bei Heydorn vom ‚Unbedingten' die Rede ist, dann nicht von einem ‚unbedingten Sinn', sondern von der Unbedingtheit der Bildung selbst: „Ist der Mensch qua Vernunft mündig, so ist er es durch sich selbst. Ein Grund der Vernunft, der nicht selbst wieder Vernunft wäre, kann nicht gedacht, dieser

Zirkel immerhin als letzte Auskunft erkannt werden. Ist diese Setzung daher
[…] selbstbegründet, so erfolgt sie zugleich nicht transzendent, sondern hat ihren Ort in der Geschichte" (ebd., S. 19 f.). Der Mensch ist für Heydorn durch
und durch Geschichte, zugleich aber auch mehr als sie, weil er sich dem jeweiligen Status quo nicht fügt, ihn vielmehr überschreitet.

Heydorn-Kritik der 90er Jahre: So viel Widerspruchsgeist jedoch scheint für
Tenorth unverdaulich. Sein freundlicher Zuspruch jedenfalls, „die bürgerliche
Gesellschaft (verdiene) mehr an Unterstützung […] als Bildungstheoretiker ihr
gelegentlich einzuräumen bereit sind" (Tenorth 1992 a, S. 128) fügt sich ins
restaurative Programm der Kohl-Ära. Die Behauptung allerdings, vor allem
„die historische Zäsur von 1989" (Tenorth 1995, S. 5) habe die Schwächen
dialektischer Theoriebildung ans Licht gebracht, erweist sich als Geschichts-
klitterung. Dass Tenorth „einer ‚widersprüchlichen' Struktur der Welt […] als
Form der Beschreibung der Moderne" (ebd., S. 5) – und um mehr als eine
Schreib- oder Redeweise handelt es sich nach konstruktivistischer Lesart so-
wieso nicht – nichts abgewinnen kann, hat weniger mit dem Zusammenbruch
des so genannten ‚real existierenden Sozialismus' zu tun, als mit postmodernen Theorieströmungen, die den Bildungsdiskurs der 90er Jahre prägten. Sie
fanden nachhaltig Rückhall in Boenickes Kritik der Bildungskonzeption Heydorns (vgl. Boenicke 2000). Für Boenicke scheint mit dem prognostizierten
Ende der Moderne das „Vertrauen in die Kraft der Dialektik" (ebd., S. 29) abhanden gekommen zu sein. Stattdessen glaubt sie „an vielen jener Widersprüche, denen Heydorn eine produktive Dialektik zuerkennt, eher die Disjunktionen, das Auseinanderfallen in bloß Verschiedenes" (ebd., S. 29) wahrzunehmen. Das klingt nicht nur nach Abgesang – es ist einer. Brumlik, der diesem
Abgesang als Rezensent seinen nachträglichen Segen erteilt (vgl. Brumlik
2003), sieht sich genötigt, allen Suchern „nach der verlorenen Zeit" (ebd., S.
62), allen also, denen an einer „unbenommen emanzipatorischen Theorie"
(ebd., S. 62) gelegen sei, falschen Trost zu spenden: Den „allzu früh verstorbenen (Autoren)" (ebd., S. 62) – und damit spielt er auf Heydorn an – sei es ver-
gönnt gewesen „das Scheitern ihrer Ideen und Projekte (nicht) miterleben zu
müssen" (ebd., S. 62). Heydorn, so resümiert er im Schulterschluss mit Boenicke, sei es „niemals gelungen, aus Hegels langem Schatten heraus zu treten"
(ebd., S. 65).
    Damit kommt Heydorn auf neue Weise ins Bild, ein Bild, das dem Zeitgeist
der 90er Jahre entspricht: Heydorn erscheint als Restposten einer überholten
Moderne, als ‚unnachgiebiger Hegelianer' und ‚intellektueller Asket', dem gegenüber das Eigenrecht des Individuellen reklamiert werden müsse. Denn die
Erfahrungen von Zuspruch, Geborgenheit und Glück fänden bei Heydorn keine hinlängliche Resonanz. Heydorn, so lautet der Einwand, schließe ge-
schichtsphilosophische und bildungstheoretische Leitvorstellungen in einer
Weise kurz, dass der Anspruch auf Mündigkeit nolens volens die Form einer
Blutspur durch die menschliche Geschichte annehme. Bildung bedeute für

Heydorn in erster Linie schmerzhafte Abstraktion. In praktischer Wendung führe sie „notwendig zur Favorisierung einer eher repressionsfreundlichen und damit [...] Entfremdungserfahrungen geradezu planmäßig heraufbeschwörenden pädagogischen Kultur" (Boenicke 2000, S. 11). Der Vorwurf, Heydorn habe selbst dort, wo er das Vorrecht des Individuellen und Besonderen postuliert, zur autoritären Abfertigung des Differenten, Einzelnen und Zufälligen beigetragen, markiert gewissermaßen die Spitze in Boenickes Heydorn-Kritik. Heydorns Bildungstheorie erhebe keinen Einspruch dagegen, dass „Individuelles der Selektion unterworfen" (ebd., S. 71) werde.

Ob gewollt oder ungewollt: In solchen Formulierungen tauchen Anklänge an die Selektionsrampe auf, mit denen Boenickes Kritik sich selbst diskreditiert. Es wäre ein Leichtes, die vielen Textstellen aufzurufen, in denen Heydorn das Eigenrecht des Einzelnen reklamiert. Boenicke kennt sie und zitiert sie zum Teil selbst: „Bildung geht vom Menschen aus und kommt beim Menschen an. Damit gewinnt das wirkliche Individuum einen einzigartigen Wert, weil es die Menschheit in sich aufbewahrt. Mit der Zerstörung des einzelnen Menschen wird die gesamte Menschheit unaufhörlich zerstört. Außerhalb dieses Menschen gibt es keine Wahrheit, kein Ziel, das seine Opferung rechtfertigt" (Heydorn 2004, Bd. 3, S.25). Offensichtlich ist sich Heydorn (klarer als Boenicke) dessen bewusst, dass die bloße Anrufung des Individuellen nicht davor schützt, sich auf die widerständigen historischen Bedingungen einlassen zu müssen. „Das, was Heydorn mit Glück meint, leuchtet auf im Zusammenwirken zweier Bedingungskomplexe: Askese und personaler Anerkennung" (Koneffke 2005, S. 16). Wer dies auseinander reißt, für den wird ‚Askese' zur „Eskalation des psychischen Elends" (Boenicke 2000, S. 69), während ‚personale Anerkennung' nur mehr als Rückfall in „die Personalisierung pädagogischer Beziehungen" (ebd., S. 177) begriffen werden kann.

Boenickes Verzicht auf dialektische Vermittlungen rächt sich auf eigene Weise. Er verleitet ihre Kritik dazu, die bildungstheoretische Reflexion vorzeitig still zu stellen. Boenickes Intention, die Unsubsumierbarkeit des ‚Anderen' vor vereinnahmenden Übergriffen in Schutz zu nehmen, ist nachvollziehbar. Denn der „Begriff des Individuums steht quer zu einer Subsumption unter allgemeine Bestimmungen" (ebd., S. 74). Dennoch greift Boenickes Schluss, das Individuum sei „begrifflicher Erkenntnis unzugänglich" (ebd., S.73), zu kurz. Ihre bildungstheoretische Reflexion unterschlägt, dass jegliche Differenzbestimmung des ‚Anderen' (bei Boenicke: der Vernunft, des Subjekts, der Natur) stets zu dem vermittelt bleibt, was den Unterschied setzt. Das ‚Andere' – oder in Adornos Diktion: das ‚Nichtidentische' – ist uns in seiner Unbegreifbarkeit einzig durch begriffliche Bestimmungen zugänglich. Wo der Vermittlungsanspruch preisgegeben wird, erscheint das oder der ‚Andere' nur mehr als abstrakter Restposten einer durch und durch herrschaftlichen Subjektverfassung. Mit ihren Überlegungen begibt sich Boenicke auf die Fluchtbahn ursprungsphilosophischer Reflexion, deren Dilemma allemal darin besteht, in einer un vermittelten Abstraktheit zu enden, deren innerster Charakter Reflexionslosigkeit ist: ein Denken, das ich selbst nicht mehr in Frage stellen will oder kann.

Boenickes postmodern anmutende Bildungskonzeption bleibt nicht ohne Konsequenzen für ihre gesellschaftstheoretische Positionierung. Denn die Bereitschaft, vorschnell dem Schein des Unvermittelten zu trauen, verleitet Boenicke zur Annahme, an die Stelle gesellschaftlicher Widersprüche trete das Auseinanderfallen in bloß Verschiedenes. So entsteht der Eindruck, die widersprüchlichen Momente der gesellschaftlichen Bewegung verharrten in einem gleichsam vibrierenden Stillstand. Doch gibt es plausible Gründe, diesen Stillstand zu bezweifeln. Einen zentralen Einwand hat Heydorn selbst namhaft gemacht: „Ein irrationales System kann sich […] nicht rational vermitteln, nicht einmal in der verkürzten Form der Rationalisierung, der auf den reinen Anwendungscharakter herunter gebrachten Ratio. Der gesellschaftliche Widerspruch wird vom Menschen real erfahren" (Heydorn 2004, Bd. 4, S. 114). Dass dieser Widerspruch sich offensichtlich immer tiefer in die Subjekte eingräbt, kennzeichnet die eine Seite der aktuellen gesellschaftlichen Situation. Die andere aber ist, dass die Garantien des gesellschaftlichen Status quo von eben diesen Subjekten stets noch aufgekündigt werden können. Nichts ist so prekär wie die Herrschaftsverfassung der bürgerlichen Welt. Eine Analyse, die sich damit begnügte, nur noch Disjunktionen wahrzunehmen, steht in Gefahr, die Verhältnisse in ihrem Selbstmissverständnis zu reproduzieren. Umso mehr findet sich kritische Bildungstheorie dazu aufgefordert, den untergründigen Vermittlungen nachzugehen. Denn die „Dialektik dauert an, die Instrumentalisierung dauert an und der Versuch, das Instrument gegen den Hersteller zu richten" (Heydorn 2004, Bd. 3, S. 12).

Statt Heydorn in den ‚langen Schatten Hegels' zu tauchen, wäre seine intellektuelle Sensibilität in den Blick zu rücken, die die inwendigen Spannungen der Gegenwartsgesellschaft, ihre Brüchigkeit und ihren Selbstbetrug, in unvergleichlicher Weise thematisiert. In seiner eigenen, bildhaften, pointierten Redeweise nimmt er die theoretischen Versatzstücke der Reform der 60er Jahre unter Kritik: „So viele Worte, so viele Gitter: von Algorithmentheorie bis zur Systemtheorie ist das Arsenal komplett. Hinter dem sprachlichen Instrumentenkoffer, der kein Subjekt–Objekt-Verhältnis als historische Dimension mehr zulässt, verbergen sich die Verwertungsprozesse rationalisierter Ausweidung wie bei Libbys und Armour auf den Chicagoer Schlachthöfen" (Heydorn 2004, Bd. 4, S. 124). Solche Sätze lassen an Deutlichkeit nichts zu wünschen übrig; Heydorn nimmt kein Blatt vor den Mund. Verständlicherweise macht die Schärfe seines Urteils seinen Zeitgenossen zu schaffen. Heydorn versteht sich als intellektueller Waffenschmied. „Bildung", schreibt er, „ist mehr denn je eine Waffe. Sie wird nicht genutzt, wenn man auf dem Boden des Vorgegebenen bleibt, man findet sich als Handlanger wieder" (Heydorn 2004, Bd. 4, S. 115). Dass sich auch die Reformer der 60er Jahre schließlich als Handlanger wiederfinden könnten, erschien ihnen unvorstellbar. Doch gründete ihr Anspruch, emanzipatorische Strategien in Umlauf zu setzten, nur zu oft auf voluntaristischen Missverständnissen. Am Ende schlug der Versuch, historische Prozesse für die eigenen – seien sie noch so gut gemeinten – Ziele zu instrumentalisieren, in die Herrschaftsformen zurück, die er zu bekämpfen versprach. Da half auch keine Sprachakrobatik mit emanzipatorischem Vokabular. Heydorn sah schon sehr früh mit aller Klarheit, wie sich in den Rationalisierungsprozessen der Bildungsreform der 60er und 70er Jahre die Vokabel der Emanzipation entleert. „Wie in vielem", schrieb er, „besorgt auch hier eine bildungslose Linke die Geschäfte des Kapitalismus mit" (ebd., S. 6). Solche Sätze blieben für einen Zeitgeist, wie er die damalige Reformeuphorie beseelte, gänzlich unverdaulich. Wer sie aussprach, riskierte, zwischen allen Stühlen zu sitzen. Genau dort fand sich Heydorn schließlich wieder.

II. Ungleichheit für alle: Heydorns Kritik der Bildungsreform

Für Heydorn war abzusehen, dass sich die Hoffnungen der Reformer nicht erfüllen würden. Seine Skepsis verdankte sich der nüchternen Untersuchung ausgewählter bildungspolitischer Dokumente der 60er Jahre. Seine Analyse konzentrierte sich auf das Grundschul-Gutachten (1962), das Hauptschul-Gutachten (1964) und die ‚Empfehlungen für die Neuordnung der Höheren Schule' (1964) des ‚Deutschen Ausschusses für das Erziehungs- und Bildungswesen' sowie auf die ‚Empfehlungen zur Neugestaltung der Schulabschlüsse' (1969) des ‚Deutschen Bildungsrates'. Heydorn entwickelte seine Kritik im Wesentlichen an vier thematischen Feldern: an der Analyse der historischen und sozioökonomischen Herausforderungen, denen sich die Bildungsreform der 60er und 70er Jahre gegenüber sah; an der Untersuchung der institutionellen und unterrichtsorganisatorischen Reaktionsmuster, mit denen die Reform auf diese Herausforderungen zu antworten versuchte; an der Problematisierung der curricularen Anpassungsprozesse, die daraus resultierten; und schließlich an der Kritik der wissenschaftstheoretischen Legitimationen, auf die sich die Reformer beriefen.

Historische und sozioökonomische Herausforderungen: In der bundesrepublikanischen Restaurationsphase nach dem 2. Weltkrieg gab es angesichts mächtig zunehmender industrieller Wachstumsraten und innenpolitischer Konsolidierung keinen Zwang zur bildungspolitischen Anpassung: „der gesellschaftliche Prozess war ausreichend kalkulierbar" (Heydorn 2004, Bd. 3, S. 245). Erst ab Mitte der 60er Jahre wurden „anhebende Widersprüche im System, ein wachsender Mobilitätszwang, die verlangsamte Wachstumsrate und ihre politökonomischen Konsequenzen" (ebd., S. 245 f.) registriert. Um die so genannten Wirtschaftswunderjahre fortsetzen zu können, rückten bildungsökonomische Investitionen ins Zentrum des Interesses. Genau genommen handelte es sich um zwei Argumentationsstränge, die in den 60er Jahre die Bühne der Schulreformdiskussion betraten: die Forderung nach einer bedarfsorientierten

Bildungsplanung (die vor allem darauf abzweckte, ‚Bildungsreserven' zu mobilisieren und die Durchlässigkeit des Bildungssystems zu erhöhen) und die Forderung nach einer Demokratisierung des Bildungswesens (um die soziale Ungleichheit der Bildungsbeteiligung abzubauen). Letztlich drückte das gesamtgesellschaftliche Planungsinteresse der Bildungsreform den Stempel auf. Dass die deutsche Bildungsexpansion überwiegend in alten Strukturen verharrte (vgl. Kremer 2003, S. 171), hat Heydorn bereits früh vorausgesehen. Nach mehr als 30 Jahren stellt Kremer rückblickend fest: „Von wenigen regionalen und partialen Ausnahmen [...] abgesehen hatte es keine Strukturveränderungen gegeben, die in tradierte schulische Selektionsprozesse eingegriffen hätten [...]. Die umfangreicheren strukturellen Veränderungen vollzogen sich im Rahmen des tradierten dreigliedrigen Schulwesens" (ebd., S. 171).

Die Gesamtschulreform der 60er Jahre reagierte nicht auf ein dominantes Demokratisierungsinteresse, sondern folgte einem sozioökonomischen Strukturwandel. „Der Gesellschaft", schreibt Heydorn, „lag nichts ferner als eine Demokratisierung des Bildungswesens; sie hatte keinerlei Bedenken, die Notstandsgesetze zu verabschieden. Nur ein göttliches Wunder kann es möglich machen, dass sich eine Gesellschaft, die sich faktisch fortdauernd entdemokratisiert, deren systemimmanente Tendenz Demokratie fiktiv macht, in einem einzigen Bereich demokratisieren will" (Heydorn 2004, Bd. 3, S. 261 f.). Das ‚göttliche Wunder', das Heydorn den Bildungsreformern vorrechnet, hatte ganz handfeste ökonomische Gründe, die Kremer folgendermaßen resümiert: „So plausibel die massiv betriebene Bildungswerbung in den 60er Jahren auch war, so blieb offensichtlich für die Bildungspolitik und Bildungsplanung eine Entwicklung unbemerkt, (nämlich) [...] eine deutliche Tendenz zu vermehrten Übergängen von der Grundschule auf weiterführende Schulen [...]. (Zu) Beginn der 60er Jahre war sogar ein drastischer Rückgang des relativen Hauptschulbesuchs zu Gunsten verstärkter Übergangsquoten zur Realschule [...] und zu den Gymnasien [...] zu verzeichnen [...]. Dieser Strukturwandel setzte [...] ein, bevor die öffentliche bildungspolitische Diskussion begonnen hatte. Bemerkenswert daran war, dass die quantitative Veränderung 1968 – zur Hochzeit der Bildungswerbung – gebremst wurde, was u. a. auf Kapazitätsprobleme der weiterführenden Schulen und auf die Wirtschaftskrise 1966/67 zurückzuführen war" (Kremer 2003, S. 167 f.). Diese Überlegungen legen den Schluss nahe, dass die Reformdiskussion „einerseits zu einer nachträglichen Rechtfertigung der schon vollzogenen (damals aber politisch nicht wahrgenommen) internen Strukturveränderungen" führte und „andererseits zur Schaffung der politischen Bereitschaft, die Expansion der weiterführenden Schularten zu sichern und dadurch die Voraussetzungen zu schaffen, um angesichts eines immer stärker werdenden demographischen Drucks [...] die erreichte Strukturveränderung zumindest nicht zurückschrauben zu müssen" (Hüfner u. a., 1977, S. 220).

Hätten die damaligen Reformer Heydorns Analysen sorgfältig gelesen, statt sie in Grund und Boden zu verdammen, dann wäre ihnen dieser Transformationsprozess nicht entgangen. Denn Heydorn registriert aufmerksam, wie Arbeiter- und Bauernkinder, vor allem aber eine breite kleinbürgerliche Schicht in den 60er Jahren auf die Gymnasien drängte. „Die Zeit war abzusehen, in der Arbeiterkinder, zumindest ein nennenswerter Prozentsatz, unter die gleichen Ausbildungsbedingungen fallen würden, die einst nur den Kindern der bürgerlichen Klasse zugestanden waren. Die Folgerungen lagen auf der Hand. Eine Neuverteilung des Sozialprodukts wäre unumgänglich, gesellschaftsstrukturelle Eingriffe unvermeidlich geworden, die an die Fundamente der Herrschaft rühren mussten" (Heydorn 2004, Bd. 3, S. 263). Aus dieser Einschätzung der gesellschaftlichen Lage zieht Heydorn ganz andere Konsequenzen, als der damals überwiegend links orientierten, reformfreudigen Pädagogenschaft zuträglich waren: „Es gab nur eine Alternative: Sich selbst an die Spitze des Progresses zu stellen, um ihn unschädlich zu machen, ihn zu integrieren, die beschleunigte Entwicklung der Produktivkräfte durch Bildung mit einer neuen Organisation, veränderten Formen der Verfügung über das Bewusstsein zu verbinden. Die Gesellschaft stand [...] unter dem Zwang, partiell progressiv zu sein, um den humanen Progress zu verhindern, ein Bildungssystem zu entwickeln, das ihrer rationalen Struktur und der irrationalen Prämisse auf gleicher Weise gerecht werden konnte" (ebd., S. 264). Damit ist die unterschwellig bestimmende, widersprüchliche Aufgabe der Gesamtschule in den Blick gerückt. Heydorn wird nicht müde, den Selbstbetrug einer Reform zu entlarven, die sich als Demokratisierungs- und Emanzipationsunternehmen stilisiert, während sie zugleich der internationalen Konkurrenzlage zuarbeitet, die „eine bessere Selektion, veränderte Bildungsmerkmale, die Erschließung unausgeschöpfter Reserven" (ebd., S. 254) verlangt. In den Mittelpunkt rücken „Anpassung, disponibler Intellekt" (ebd., S. 256), „Mobilität des Denkens" (Heydorn 2004, Bd.1, S. 279), die Beherrschung „sprachlicher und technischer Medien" (ebd., S. 267), schließlich Produktionsorientierung, die Hinführung zur „produktiven Basis" (ebd., S. 267).

Institutionelle und unterrichtsorganisatorische Reaktionsmuster: Damit ist der Übergang vom Bildungsbürger zur Funktionselite angezeigt. Das Talmi klassischer Bildung wird ersetzt durch spezifische Mobilitätserfordernisse, durch eine auf Wechsel und rasche Orientierung bezogene ‚Bildung'. Das Hauptproblem dieses Bildungsfunktionalismus liegt darin, das Verhältnis von „Spezialisierung und Mobilität" (Heydorn 2004, Bd. 3, S. 267) zu organisieren – ein Problem, das auch die neuesten Bildungsreformmaßnahmen zu lösen versuchen, wenngleich mit anderen Mitteln als ehedem. Die Reform der 60er Jahre greift dazu in Anlehnung an angloamerikanische Modelle auf ein Kern-Kurs-System zurück, durch das die gesellschaftlichen Bedürfnisse von Integration und individuellem Leistungswettbewerb, von Konformität und Spezialisierung gleichermaßen befriedigt werden sollen.

Es ist so gesehen nur konsequent, dass die überkommene Schulklasse aufgelöst wird; die Wettbewerbs-Gesamtschule betont Differenzierungsgesichtspunkte. Dennoch kann sie auf integrierende Elemente nicht verzichten. Während die Kurse auf Spezialisierung setzen, auf Selektion, auf Fächer, die sich über Leistung gesellschaftlich ausweisen müssen, rücken Leistungsgesichtspunkte „im Kern, in dem die gemeinsame liturgische Speisung erfolgt" (ebd., S. 270) eher in den Hintergrund. Im Kern soll es zur Konvergenz des Weltverständnisses der Schüler kommen, zu gemeinsamen Bewusstseinsstrukturen, die in der ‚verwissenschaftlichten Welt' verankert werden sollen (vgl. ebd., S. 270). „Bei gleich bleibender Herrschaft wird eine neue volkstümliche Bildung für alle angeboten, an die Stelle von Brauchtum und Sitte tritt die ‚Einheit in der Verwissenschaftlichung', an der alle nun teilhaben dürfen" (ebd., S. 270). Wenngleich sich Heydorn über die Grenzen dieses sozial- und verhaltens-wissenschaftlich orientierten Weltverständnisses keine Illusionen macht, so gesteht er der Gesamtschulreform durchaus Elemente an Rationalität zu: „Das System besitzt partielle Vernunft, indem es Barrieren abbaut, Mentalitätssperren mindert, subjektive und objektive Möglichkeiten entwickelt, in den Fluktuationsprozess der Gesellschaft einzutreten" (ebd., S. 280). Insofern wäre von der Durchsetzung der Gesamtschule ein progressiver Impuls zu erwarten gewesen, eine Chance, „formale Bildung [...] für alle zu entwickeln" (ebd., S. 281). Zumindest setzte Heydorn auf den strukturellen Zwang, die einmal begonnenen Reformen auch fortzusetzen. „Die Gesamtschule", so prognostizierte er, „wird bald aller Orten sein" (ebd., S. 280). Dass sie gegen Ende der 70er Jahre ihr vorläufiges Ende fand, resultierte aus einer gewandelten politischen Interessenlage vor allem derer, denen die Reform zu sozialem Aufstieg verholfen hatte. Als Reformgewinner kann die ‚Neue Mittelklasse' angesehen werden, d. h. die Gruppe aller angestellten oder verbeamteten Ingenieure, Marketing-Experten, Programmierer oder Wissenschaftler, die – im Unterschied zur traditionellen Mittelklasse – über keine eigenen Produktionsmittel verfügte (vgl. Rolff 1980, S. 40 f.). Sie musste daher besonders zu schulischen Mitteln greifen, um ihren Status an die nächste Generation weitergeben zu können. Gleichzeitig blieb sie von Aufstiegs- und Abstiegstendenzen in besonderer Weise betroffen. „Die Tatsache, dass der schulischen Ausbildung für den Statuserwerb der Söhne und Töchter der ‚Neuen Mittelklasse' eine zentrale Bedeutung zukam, erklärt die zwei unterschiedlichen Phasen der Schulentwicklung der Reformjahre: Zum einen erklärt sie die Vehemenz, mit der gerade Angehörige dieser ‚Neuen Mittelklasse' den Ausbau des Bildungssystems bis Anfang der 70-er Jahre betrieben [...]. Zum anderen erklärt sie, dass eben diese ‚Neue Mittelklasse' seit etwa Mitte der 70-er Jahre den Aus- und Umbau stoppte, wenn nicht sogar zurückdrängte: Denn nunmehr hätte jede weitere Chancenausweitung die Konkurrenz für sie und ihre Kinder bedrohlich vergrößern können" (Kremer 2003, S. 175 f.).

Curriculare Anpassungsprozesse: Was von der Reform überdauerte, war nicht die integrierte Gesamtschule, sondern waren durchgängige Veränderungen „im Bereich der Curricula, der Lernarrangements, des pädagogischen Umgangs"

(Klemm u. a. 1985, S. 75). Dazu zählen etwa: die ‚Modernisierung' der Curricula, der Abbau der traditionell-autoritären Lehrerrolle, die Aufgabe eines Bildungskanons zugunsten einer spezialisierten Fächerwahl in der gymnasialen Oberstufe und die Überwindung des Konzepts der volkstümlichen Bildung durch das so genannte ‚wissenschaftsorientierte Lernen'. Allerdings regredierte das Programm der Wissenschaftsorientierung recht schnell zu einem disziplinär verengten Konzept fachimmanenter Wissenschaftsunterweisung. Übrig blieb eine kaum erträgliche Verödung der Bildungslandschaft, eine zunehmende Standardisierung von Lehr- und Lernprozessen, die Reduktion der Lernanlässe und -gegenstände auf formales Buchwissen, die Taylorisierung des Lernprozesses nach Maßgabe industrieller Fertigungsverfahren. Lernzielhierarchien mit zugeordneten Aufgaben und operationalisierten Verhaltensqualitäten sollten für den reibungslosen Transfer sorgen. „‚Transfer'", schreibt Heydorn, „wird zum entscheidenden inhaltlichen Kriterium, nur was transferierbar, in den Verwertungsprozess umsetzbar ist, erscheint akzeptabel. Die neue Sprache landet sofort in den Ascheimern der Verwertungsprozesse" (Heydorn 2004, Bd. 3, S. 271). Ihr Kennzeichen ist Distanzlosigkeit, Nützlichkeit, Fungibilität.

Kein Wunder, dass die Reform mit literarischer Bildung wenig anzufangen wusste, denn Sprache ist Inbegriff eines Gedächtnisses, das die Vergangenheit mit der Zukunft verbindet. Die neue Terminologie aber, derer die Reform sich bedient, „ist ohne Geschichte, ohne Wegweiser. Es ist die zukunftslose Sprache des Neopositivismus, die von der Bildungstheorie Besitz ergreift" (ebd., S. 260). Diente Sprachbildung dem aufsteigenden Bürgertum als Mittel der Emanzipation, als Ort einer rationalen Selbstverständigung über zukünftige Möglichkeiten, so bleibt aufgrund einer falsch verstandenen Demokratisierung von literarischer Bildung schließlich nichts mehr übrig. „War diese Bildung früher den herrschenden Klassen allein überlassen, so wird sie nunmehr zurückgewiesen, weil es sich bei ihr um die Bildung der früheren Oberklasse handelt [...]. Ein demokratischer Vorgang; was früher nur die oberen Zehntausend lesen durften, darf jetzt niemand mehr lesen" (ebd., S. 270 f.). Die Literatur wird damit ins Exil geschickt; ihr imaginärer Charakter, an dem sich der Wunsch nach einem veränderten Leben entzünden konnte, erscheint nutzlos.

Wissenschaftstheoretische Legitimationen: Die Sprache der Reform hingegen ist nutzerorientiert. Dinge werden nur noch im ‚Hinblick auf den Gebrauch' verstanden, in dem die jeweils herrschenden gesellschaftlichen Interessen ihren Ausdruck finden. Losgelöst von ihren humanistischen Komponenten degenerieren Pragmatismus und Behaviorismus zur „obskurantistischen Ideologie" (ebd., S. 252) der Reform. Sie sucht ihre Legitimation über die Inanspruchnahme eines neopositivistischen, verhaltenswissenschaftlichen Begriffsbestecks. Auf diese Weise schneidet sie sich den Weg zu einem geschichtlich reflektierten Selbstverständnis der Gegenwart weitgehend ab. Denn die Sprache des Neopositivismus „wird zur Sprache der Fremdbestimmung, der messbaren Phänomene [...], von denen niemand weiß, woher sie gekommen sind, wer sie veranlasst hat; hinter ihr gibt es nur das Nichts" (ebd., S. 261). Die Erkenntnis läuft leer und bleibt ohne Aussicht. Die reine Tatsache, heißt es entsprechend bei Ernst Bloch, sei das Dümmste, was es gibt. Mit ihr wird der Begriff zum Gespenst. Heydorns harsche Kritik lässt an Deutlichkeit nichts zu wünschen übrig: „Das progressive Vokabular ist das Vokabular des kommenden Industriefaschismus, der Blut und Boden endgültig hinter sich gelassen hat, das Vokabular einer empirischen Sozialwissenschaft, die sich zu recht als Naturwissenschaft versteht, da sie Ausdruck des Rückfalls aus einer menschlichen Geschichte in die Naturgeschichte des Menschen ist" (ebd., S. 261). Es ist zugleich das Vokabular, das die Gesamtschulreform bis zum Überdruss bemüht.

Die kompromisslose, oft beißende Kritik, mit der Heydorn der Gesamtschulreform begegnet, mag verständlich machen, warum die reformbegeisterte Pädagogenschaft der 60er und 70er Jahre ihn am Rand liegen ließ. Die späten Ein- und Zugeständnisse, dass die Reform ihre technizistische Borniertheit niemals wirklich abzuschütteln vermochte, haben Heydorns marginalisierter Position trotz allem nicht aufgeholfen. Noch immer gilt er als toter Hund (oder als Geheimtipp – was seine begrenzte Wirkung jedoch keineswegs aufhebt). Gleichwohl gibt es gute Gründe, gerade heute Heydorn zu lesen (vgl. Bünger u. a. 2008). Denn auf dem Hintergrund seiner Widerspruchskonzeption lassen sich die ‚Krankheiten' der neuesten Reform zutreffend diagnostizieren.

III. Heydorn reloaded:
Notizen zur Bildungsreform nach der Jahrtausendwende

Zugegeben: Die aktuelle Reform bedient sich eines anderen Instrumentariums, einer anderen Terminologie und reagiert auf veränderte Problemlagen. Gleichwohl steht sie in der Kontinuität der Anpassungsreformen der 70er Jahre. Das Grundproblem, das Heydorn damals auf den kurzen Nenner brachte: „Entwicklung der Produktivkräfte bei gleichzeitiger Paralysierung des Bewusstseins" (Heydorn 2004, Bd. 3, S. 246), dauert an. Die Zielperspektiven der alten Reform, die Heydorn in der Faustformel „minimaler Input, maximaler Output, maximale Herrschaft" (ebd., S. 277) komprimierte, drücken auch der neuesten Reform ihren Stempel auf.

Die erste Einsicht, die uns Heydorn heute mit auf den Weg gibt, lautet: sich vom Euphemismus der Reform-Protagonisten nicht täuschen zu lassen. Zwar ist in ihren Texten gern von "alteuropäischen Grundwerten" (vbw, Bd. 1, S. 20), von einem „pro-aktiven, positiven Persönlichkeitsbild" (ebd., S. 27), vom „Menschenbild des weltoffenen Bürgers" (ebd., S. 136) oder einer „zukunftsoffenen Führungspersönlichkeit" (ebd., S. 219) die Rede, denen „personale Ganzheit" (vbw, Bd. 2, S. 96), „emotionale Sicherheit" (ebd., S. 96) oder „Bindungen an die Region" (ebd., S. 96) attestiert werden. Doch kommt hinter diesen wertkonservativen Anklängen ein beinhartes Qualifikationsprofil zum

Zug, das letztendlich auf eine erhöhte Selbstausbeutungsfähigkeit hinausläuft. Der gesteigerte Druck, den jeder auf sich selbst ausüben soll, gründet in einem Krisenszenario, das sich durchaus mit der Drohkulisse messen kann, die die „Bildungskatastrophe" der 60er Jahre an die Wand malte. Natürlich ist von einer „Bildungskatastrophe" heute nicht mehr die Rede; stattdessen werden so genannte „Krisenszenarien" generiert, deren Appellcharakter früheren Drohkulissen jedoch in nichts nachsteht. Noch immer geht es um den Ausbildungs- und Wirtschaftsstandort Deutschland, um die Konkurrenzfähigkeit seiner Industrie und um die Bereitschaft jedes Einzelnen, den ökonomischen Erfolg zu seiner eigenen Sache zu machen.

Allerdings haben sich die nationalen und internationalen Rahmenbedingungen gewandelt, unter denen deutsche Unternehmen um Wettbewerbsvorteile konkurrieren. Die von der Vereinigung der Bayerischen Wirtschaft herausgegebene Expertise „Bildung neu denken!" (Bd. 1, Wiesbaden 2003; Bd. 2, Wiesbaden 2004) listet die entscheidenden Indikatoren des gesellschaftlichen und ökonomischen Wandels unter folgenden Stichpunkten auf: Globalisierung, Europäisierung, demographischer Wandel, Technologisierung, Wandel der Arbeitswelt sowie der Beschäftigungs- und Lebensformen. Mit Blick auf den demographischen Wandel etwa werden eindeutige Konsequenzen gezogen: „Wir werden bis 2020 rund 18 Prozent weniger 0- bis 19-Jährige in unserer Bevölkerung haben, 12,4 Prozent weniger 20- bis 34-Jährige und etwas mehr als 50 Prozent über 50-Jährige. Die Zahl der Erwerbstätigen wird im Zeitraum von jetzt bis 2030 von 40 Millionen auf etwa 25 Millionen sinken. Das hat zur Folge, dass wir länger arbeiten müssen – für 2020 gehen wir davon aus, dass wir nicht unter einem Alter von 70 Jahren aus dem Berufsleben ausscheiden können. Das bedeutet aber auch, dass ‚lebenslanges Lernen', wie es heute als Schlagwort in aller Munde ist, endlich konkretisiert werden muss" (vbw, Bd. 2, S. 54).

Solche Krisenszenarien stellen das Bildungssystem vor ähnliche Herausforderungen, vor denen bereits die 60er Jahre standen: demographischer Druck, absehbarer Arbeitskräftemangel, verschärfter internationaler Wettbewerb und erhöhte Qualifikationsanforderungen an die Beschäftigten zwingen das System zu einer Öffnung. Doch sollen die Fehler von damals nicht wiederholt werden: Weder soll es zu einer Überfüllungskrise weiterführender Bildungseinrichtungen kommen, noch zu einer Entwertung des kulturellen Kapitals, das die höheren Bildungsabschlüsse repräsentieren. Die ‚Quadratur des Kreises', die die neueste Bildungsreform zu lösen vorgibt, besteht gerade darin, das Bildungssystem für neue Formen der Aufstiegsqualifizierung zu öffnen, ohne seine Selektionsfunktion in Frage zu stellen. Öffnung und verschärfte Selektivität sollen ebenso ineinander greifen wie erhöhte Flexibilität und Hierarchisierung der Bildungsabschlüsse. Der Status quo der gesellschaftlichen Machtverteilung bleibt unangreifbar – notfalls mit Hilfe der Normalverteilungskurve: „Im Bereich der Sekundarstufe I wird unterstellt, dass die Begabung wie die anderen Merkmale der Bevölkerung normal verteilt ist. Jeweils 2

Prozent der Bevölkerung haben einen sehr hohen (über 130) oder einen sehr niedrigen (unter 70) Intelligenzquotienten" (ebd., S. 118). So wird es leicht, die Bildungsbeteiligung in unteres, mittleres und höheres Leistungsdrittel zu unterteilen und ihr „drei Bildungszüge" (ebd., S. 127) zuzuweisen.

Die gesellschaftlichen Kategorien von ‚oben und unten' bleiben erhalten, nur sollen Aufstieg und Absturz rascher aufeinander folgen können. Im Klartext: „Die Voraussetzungen für eine vertikale Durchlässigkeit müssen im jedem Fall überdurchschnittliche Leistungen sein, wobei der Durchschnitt an der Normalverteilung, nicht an der faktischen Verteilung von Leistungspunkten in einer bestimmten Lerngruppe zu orientieren ist" (vbw, Bd. 1, S. 193). Alles soll also anders werden – und alles soll bleiben, wie es ist. Wenn man dieser doppelten Prämisse nachkommen will, reichen einzelne Systemkorrekturen nicht mehr aus. Daher findet die aktuelle Bildungsreform ihren profiliertesten Ausdruck nicht mehr im Kampf um bestimmte Schultypen (etwa die integrierte Gesamtschule) oder in der Fokussierung einzelner Systemsegmente (etwa Standards für die Lehrerbildung; vgl. Terhart, Münster 2002) oder in der Konzentration auf spezielle Kontroll- und Steuerungselemente (etwa nationale Bildungsstandards; vgl. Klieme u. a. 2003), sondern in einer umfassenden Systemrevision.

Entsprechend umgibt sich die Expertise „Bildung neu denken!" mit dem Pathos einer historischen Zäsur. In den Provokationen, die sie mit sich führt, spiegelt sich die angebliche Unausweichlichkeit der Entscheidungen, vor denen Deutschland heute steht. Dabei wird die sozioökonomische Entwicklung bis zum Jahr 2020 als „nicht beeinflussbar", d. h. als „unabhängige Variable" (vbw, Bd. 1, S. 59) unterstellt. Alle Reformbemühungen sollen dazu dienen, den „erwartbaren dramatischen Nachwuchskräftemangel" (ebd., S. 51) zu reduzieren. Dazu werden alle in die Pflicht genommen: Die Unternehmen werden zu einer nachhaltigeren Planung der Entwicklung ihres betrieblichen Humankapitals angehalten, die privaten Haushalte sollen einsehen lernen, dass Bildung eine Investition ist, die es nicht zum Nulltarif gibt und der Staat soll endlich auf Detailsteuerung verzichten und lediglich die Rahmenbedingungen sicherstellen, die dazu beitragen, ausreichendes Humankapital zu akkumulieren. Besondere Aufgaben werden dem Staat vor allem im Bereich der ‚frühen Kindheit' zugewiesen, in dem er einen bedarfsgerechten Versorgungsgrad an Krippen, Kindergärten, Horten und Schulen aufrechterhalten soll. Wohlgemerkt: das Gesamtkonzept weist dem Staat die Funktion zu – nicht umgekehrt: Oblag es ehedem dem Staat, die Rahmenbedingungen gesellschaftlicher Reproduktion zu reflektieren und umzusetzen (wozu er Kommissionen und Ausschüsse berief), so wandert diese Aufgabe nun in privatwirtschaftliche Hände.

Gutachten zur neoliberalen Transformation des Bildungswesens liefert die Wirtschaft daher inzwischen konsequenterweise selbst. Konzentrierte Heydorn seine Reformkritik noch auf Empfehlungen des ‚Deutschen Ausschusses für das Erziehungs- und Bildungswesen' und des ‚Deutschen Bildungsrates', so hat nach der Jahrtausendwende die (vom Verband der Bayerischen Wirtschaft beauftragte) Baseler Prognos AG diesen staatlichen Kommissionen den Rang abgelaufen. Wenn das Ganze schließlich von einem Berliner Universitätspräsidenten wie Dieter Lenzen ‚redaktionell verdichtet' wird, dann hat man guten Grund, auf öffentliche Reputation zu hoffen. Die Expertise „Bildung neu denken!" stellt in Umfang, Radikalität und Konsequenz alle denkbaren Vorläufer – etwa den Entwurf der Bildungskommission NRW „Zukunft der Bildung – Schule der Zukunft" (1995) oder das Ergebnis der Kommission für Zukunftsfragen der Freistaaten Bayern und Sachsen „Erwerbstätigkeit und Arbeitslosigkeit in Deutschland. Entwicklung, Ursachen und Maßnahmen" (1997) – in den Schatten. Während die Bildungskommission NRW mit ihrer Idee einer Schule als ‚Haus des Lernens' zumindest zum Teil einem reformpädagogischen Gutmenschentum verhaftet blieb (Schule soll Zeit zum Wachsen geben und zum Verweilen einladen) und der neoliberale Reformdruck eher unterschwellig zum Zuge kam (Schulen sollen sich selbst organisieren, der Staat soll nur noch Rahmenbedingungen setzen; schulische Abschlüsse sollen flexibilisiert werden und Schulen sollen ihre Klientel selbst rekrutieren dürfen), kommt die ‚Kommission für Zukunftsfragen' unverblümt zur Sache: Ihre zentrale Botschaft lautet, die ‚arbeitnehmerzentrierte Industriegesellschaft' von ehedem sei inzwischen durch eine ‚unternehmerische Wissensgesellschaft' abgelöst worden. Auf diese Weise leitet die Kommission eine Umdeutung des Begriffes ‚Unternehmer' ein, die für den von der Vereinigung der bayrischen Wirtschaft (vbw) gesponserten Entwurf ‚Bildung neu denken!' bereits zur Selbstverständlichkeit geworden ist. „Unternehmerisch sein" bedeutet nun, „dass jeder –und gerade auch diejenigen ohne Kapital und ohne Arbeit – nicht mehr auf eine feste langjährige Anstellung, Erwerbstätigkeit und auf kollektive Sicherungssysteme rechnen kann, sondern selbstverantwortlich alle Dimensionen seiner […] wechselvollen Biographie organisieren und bewältigen soll. […] Der Begriff ‚unternehmerisch' erhält damit etwa die Bedeutung und pädagogische Stoßrichtung, welche die Aufklärer des 18. Jahrhunderts mit dem Adjektiv ‚industriös' verbanden und das schließlich der ‚Industriegesellschaft' ihren Namen gab. […] Damals ging es darum, den ‚Schlendrian' der heruntergekommenen Ständegesellschaft zu überwinden; heute sollen die Menschen aus der Hängematte des ‚überdehnten Sozialstaats' des 20. Jahrhunderts gerissen werden" (Zymek 2005, S. 5). Zweifellos rückt die Expertise ‚Bildung neu denken!' an jene Stelle, die Heydorn zu seiner Zeit den Empfehlungen staatlicher Bildungskommissionen zuerkannte, um an ihnen die Kritik der Bildungsreform zu entfalten. Die Kritik der neuesten Entwürfe kann dabei durchaus die thematischen Felder beibehalten, die bereits Heydorn seiner Reformkritik zu Grunde legte.

Historische und sozioökonomische Herausforderungen: Wesentliche Eckpunkte des Krisenszenarios, von dem die Reorganisation des Bildungssystems ihren Ausgang nehmen soll, wurden bereits benannt. Dazu gehören ebenso die Stilisierung von Bildung zum „wichtigsten Rohstoff" (vbw, Bd. 1, S. 97) in einem rohstoffarmen Land wie die laute Klage über seine Verschwendung durch eine ineffiziente, erstarrte Bildungsbürokratie. Angesichts der zu erwartenden Engpässe sei ein „sparsamer Umgang mit Lebenszeit bei gesteigerten Lerneffekten" (vbw, Bd. 2, S. 35) unumgänglich. Die zentrale Frage, um die die Studie „Bildung neu denken!" kreist, lautet: Wie lässt sich der 2020 benötigte Humankapitalbedarf bereits heute aufbauen? Und die vielfältig variierte Antwort darauf lautet: durch Intensivierung und Beschleunigung von Bildungsvorgängen, wobei den so genannten ‚Lernfenstern' (windows of opportunity) besondere Bedeutung zugemessen wird. Die größten Bildungsreserven werden nicht im mittleren Leistungsspektrum, sondern einerseits bei bildungsfernen Schichten, andererseits bei potentiellen Leistungseliten vermutet. Die Aufmerksamkeit richtet sich daher auf Teile der weiblichen Bevölkerung, auf Zuwanderer, auf die Gruppe der Lernschwachen, aber auch auf die Gruppe derjenigen, die bisher noch nicht eingeschult wurden oder die vor dem Eintritt ins Rentenalter stehen. Ihnen allen wird auferlegt, „auf einem höheren Leistungsniveau" (vbw, Bd. 1, S. 29) zu lernen, größere Lernanstrengungen zu erbringen, um die Verwertungsbedingungen von Humankapital zu erhöhen. Die Faustformel für diesen intensivierten Zugriff auf die Lernfähigkeit der Menschen lautet: „Verfrühung, Verdichtung und Verstetigung" (vbw, Bd. 1, S. 125).

Damit jedoch die Menschen in die Kommodifizierung ihres eigenen Lebens einwilligen, soll die Deregulierung des Bildungswesens von „einer grundlegenden Bewusstseinsänderung" (ebd., S. 326) begleitet werden. Die Einsicht, dass unter Marktgesichtspunkten nichts verschenkt werden kann, soll zur selbstverständlichen Maxime des Alltagshandelns werden. Wenn etwa die Expertise den Ausbau von Kindertagesstätten fordert, so geht es nicht darum, das Sozialstaatsmodell wieder aufleben zu lassen, sondern zu verhindern, dass Mütter „von einer Erwerbstätigkeit abgehalten werden, was [...] nicht tolerabel ist" (vbw, Bd. 2, S. 27). Auch die Sicherung eines „kostenfreien, bedarfsdeckenden, arbeitsplatznahen Angebots" (ebd., S. 98) kostet ihren Preis; und dieser Preis ist die „Erwerbstätigkeitspflicht für beide Geschlechter [...] zur Deckung des Arbeitskräftebedarfs" (ebd., S. 98). Die gleiche Logik bestimmt den Ausbau des Weiterbildungssektors (intensivierte berufliche Weiterbildungsangebote gegen obligatorische Weiterbildungsteilnahme) oder den Umgang mit Migranten: Einerseits geht die Expertise davon aus, dass das sinkende Erwerbspersonenpotential eine Zuwanderung von Arbeitsmigranten nach Deutschland notwendig macht, doch soll eine „ungesteuerte Zuwanderung" durch „Angehörige extrem bildungsferner Schichten" (vbw, Bd. 1, S. 239) unterbunden werden. Neben einer gezielten Bildungswerbung und Bildungsunterstützung sollen deshalb vor allem „Personengruppen zur Zuwanderung motiviert werden, die aufgrund einer entsprechenden Ausbildung in ihrem Herkunftsland oder aufgrund eines entsprechenden sozio-ökonomischen Hintergrunds in besonderer Weise geeignet erscheinen, auch in Deutschland Führungsfunktionen wahrzunehmen" (ebd., S. 239). Auch hier lautet also der Deal: Anerkennung und Integration gegen Weiterbildungspflicht.

Aus der Fülle der vorgehaltenen Maßnahmen lässt sich eine Doppelstrategie herausdestillieren: Auf der einen Seite werden die Menschen ökonomisch unter Zugzwang gesetzt, ihre Haut intensiver denn je zu Markte zu tragen. Zugleich werden sie moralisch zugerüstet, sich für die Ausschöpfung ihrer Potentiale mitverantwortlich zu fühlen, die Umverteilung der Finanzierungslast mitzutragen und einen „verschwenderischen Umgang mit Lern- und Arbeitszeit" (vbw, Bd. 2, S. 25) zu bekämpfen. Diese moralische Aufrüstung bedient sich pädagogischer Arrangements des 18. Jahrhunderts: Sie arbeitet mit Leitsätzen und Leitbildern (eines unternehmerischen, aktiven Lebens). Sie besetzt die Einbildungskraft, kanalisiert den Willen und vertreibt jede Form von Müßiggang. So sollen etwa der Zeitpunkt der Einschulung (mit vier Jahren), die Verkürzung der Bildungspflicht (auf zehn Jahre) und einer Ausbildungspflicht (auf drei Jahre), die Einführung eines sozialen Pflichtjahres für alle, die Umstellung von Schulen auf Ganztagsbetrieb, die Verkürzung der Schulferien (Schulurlaub) und die Einphasigkeit aller akademischen Ausbildungsgänge gesetzlich geregelt werden. Zusammen mit zusätzlichen Pflichtinstrumenten zur Beratung, Diagnose, Lenkung und Kontrolle von Lernbiographien ergibt sich ein bisher unbekanntes Netz von Zugriffsformen auf die Individuen. Statt von Verfrühung, Verdichtung und Verstetigung des Lernen ließe sich ebenso gut von Integration, Verwertung und Gleichschaltung sprechen. Was immer in den Lernprozess Eingang findet, muss sich bildungsökonomisch ausweisen; es erhält seine Bedeutsamkeit einzig durch „eine konsequente (‚konsequent' ist das Lieblingswort der Expertise, L.P.) Arbeits- und Berufsorientierung des Lernens" (vbw, Bd. 1, S. 27).

Institutionelle und unterrichtsorganisatorische Konsequenzen: Die Arbeits- und Berufsorientierung steckt auch den Horizont ab, innerhalb dessen die Organisation von Schule und Unterricht erfolgt. Es sind vor allem zwei Prinzipien, die dabei zum Tragen kommen: Modularisierung und Individualisierung. Die Lösung, die älteren Reformmodellen vorschwebte, um Konformität und Spezialisierung, gesellschaftliche Integration und individuellen Wettbewerb auszutarieren (nämlich: der Rückgriff auf ein Kern-Kurs-System) reicht nicht aus. Gefragt ist der „flexible Ein-, Auf- und Umstieg im System" (vbw, Bd. 2, S. 15). Nur den Jüngsten wird noch zugestanden, „in stabilen Stammgruppen zu lernen" (ebd., S. 104). Alle anderen sollen sich von früh auf daran gewöhnen, in projektorientierten Teams ihr unternehmerisches Denken und Handeln zu entwickeln. Lerngruppen sollen daher „konsequent altersheterogen, aber voraussetzungshomogen zusammengesetzt" (vbw, Bd. 1, S. 33) werden, wobei die gemeinsamen Voraussetzungen vom bisherigen Lernweg und den bereits absolvierten Modulen abhängen. War die Idee des Klassenunterrichts, wie er sich zu Beginn der Moderne etablierte, getragen von der Idee einer gemeinsamen Welterschließung in kollektiver Vernunft, so bleibt in den neuesten Reformentwürfen davon nichts mehr übrig. Getreu dem konstruktivistischen Grundsatz, dass jeder sich seine Welt nach eigenen Viabilitätsgesichtspunkten zurecht zimmert, kann es keinen gemeinsamen Ort kritischer Verständigung mehr geben. Stabile Stammgruppen soll es jenseits der Primarschule nur dann noch geben, „wenn dies über weitestgehend gemeinsame Curricula erforderlich ist" (ebd., S. 196). Gemeinsame Curricula aber bilden die Ausnahme, nicht die Regel, denn das Prinzip der Modularisierung soll völlig differente Lernwege eröffnen. Mit ihm soll es sogar möglich werden, „separate Teilqualifikationen zu erwerben, die in einer gegebenen Situation funktional für den Erhalt der Erwerbsfähigkeit bzw. für den Betrieb sind" (ebd., S. 223).

Angesichts sich ausdifferenzierender, auswechselbarer Curricula interessiert natürlich die Frage, was die separaten Teilqualifikationen ‚im Innersten‘ zusammenhält. Der Pragmatismus der Expertise weiß darauf keine bessere Antwort als die Philanthropen des 18. Jahrhunderts: Es ist die Brauchbarkeit für wechselnde Produktionsziele. Zusammen gehalten werden die Teilqualifikationen vom jeweils wechselnden Anspruch eines Betriebs oder einer Projektgruppe, nicht aber von einem Einheit stiftenden Bewusstsein. Die Expertise offenbart an dieser Stelle ihr antiaufklärerisches Motiv: Es geht um Funktionalität, nicht um Bildung; es geht um zersplitterte, auswechselbare Bewusstseinsinhalte, nicht um Selbstverständigung. Angewendet auf die zeitgemäße Idee der Netzwerk-Gesellschaft heißt es im Gutachten: „An die Stelle der Abhängigkeit von einzelnen Arbeitgebern tritt diejenige von Netzwerken mit anderen Kooperationspartnern und Auftrag gebenden Organisationen" (ebd., S.79). Diese Abhängigkeit will bedient werden, was jedoch nur möglich ist, wenn die Menschen den ‚neuen Geist‘ des Kapitalismus (vgl. Boltanski/ Chiapello 2003) internalisieren und verkörpern lernen. Dazu gehört vor allem, Fremdkontrolle „durch Prozesse der Selbstkontrolle" zu ersetzen „und Autonomie und Verantwortungsbewusstsein direkt an die Nachfrage der Kundschaft" (Boltanski/ Chiapello 2001, S. 469) zu binden. Wenn überhaupt noch an einem ‚Kern‘ subjektiver Selbstverständigung, der das gesellschaftliche Bedürfnis nach Integration sicherstellen könnte, festgehalten werden soll, dann sicherlich nicht in Form irgendeiner Allgemeinbildung. Unter Anrufung empirischer Beweiskraft heißt es: „Es gibt keinen empirisch evidenten Zusammenhang zwischen dem Erwerb allgemein bildender klassischer Inhalte und lebensweltlichen Kompetenzen" (vbw, Bd. 1, S. 174). Daher gehört das Konzept der Allgemeinbildung ersatzlos gestrichen und durch „wissensbasierte, kompetenzorientierte und wertverpflichtete Lebenslaufqualifikationen" (ebd., S. 174) ersetzt. Solche Lebenslaufqualifikationen aber erwirbt man durchs Leben, also gleichsam nebenher. Es gibt für sie keinen gesellschaftlichen ausgewiesenen Ort außer der „individuellen Umwelt" (ebd., S. 175), worunter letztlich alles (Arbeitsplatz, Schule, Familie, Peers etc.) gefasst werden kann. Bildung, so lautet die Konsequenz, wird ans ‚Leben‘ zurück verwiesen; das ‚Leben‘ aber – so lehrte bereits Dilthey – lässt sich nicht vor den Richterstuhl der Vernunft bringen.

Curriculare Anpassungsprozesse: Offensichtlich scheut die Expertise den Begriff der Allgemeinbildung wie der Teufel das Weihwasser. Er erscheint ihr gleichsam idealistisch kontaminiert, zu sehr vom Geiste Humboldts durchtränkt und vom Staub der Arbeitswelt gereinigt. Daher sei es an der Zeit, den falschen Gegensatz von beruflicher und allgemeiner Bildung aufzuheben. Die ‚Aufhebung' aber vollzieht sich als Liquidation allgemeiner Bildung. Ihr Restbestand firmiert unter dem Stichwort ‚personale Kompetenz', die bekanntermaßen ‚lebensbegleitend' erworben wird. Entsprechend folgert die Expertise, in der akademischen Ausbildung könne „konsequent auf eine überfachliche Persönlichkeitsausbildung" (vbw, Bd. 1, S. 216) verzichtet werden. Damit jedoch keiner zu sehr aus der Reihe tanzt, wird von Schulen lediglich die „Definition und Durchsetzung minimaler moralischer Standards" (ebd., S. 180) erwartet. Wer diese Standards nicht einhält, disqualifiziert sich selbst. Den Rest besorgt die „konsequente Arbeits- und Berufsorientierung" (vbw, Bd. 2, S. 46), die als Leitmotiv der gesamten Reform unterliegt.

Schulen werden auf diese Weise zu verlängerten Werkbänken der Industrie, wobei die Ausrichtung auf Arbeitsqualifikationen „im Bereich der gymnasialen Oberstufe eine andere Bedeutung" (vbw, Bd. 1, S. 172) annehmen soll als in den anderen Schulformen. Alle sind hinsichtlich des Anspruchs, ihre Bildungsreserven zu mobilisieren, gleich; doch sind einige gleicher als andere. An der Diskussion über die KMK- Bildungsstandards wird die Unterscheidung handgreiflich: Die KMK hat sich darauf verständigt, zwei Bildungsstandards zu bestimmen, solche für den mittleren Schulabschluss und solche für die Hauptschulklasse 9. „Die Mittleren verfügen über ‚einen umfangreichen und differenzierten Wortschatz', während die Hauptschüler über das Vokabular verfügen, das sie zur ‚Bewältigung der für sie geltenden schulischen, beruflichen und gesellschaftlichen Sprechsituationen' erwartet" (Gruschka 2006, S. 21).

Was immer jedoch Gymnasiasten an Selbstständigkeit zugestanden wird, findet sich rückgebunden an den Nutzen und Ertrag für das Unternehmen, das Netzwerk oder das Projekt. Die Wissenschaftsorientierung der gymnasialen Oberstufe soll daher „nicht die Struktur einer Wissenschaft im Gymnasium abbilden" (vbw, Bd. 1, S. 172), sondern auf „ihre Anwendung bei einer akademischen Tätigkeit" (ebd., S. 172) vorbereiten. Diese Wissenschaftsorientierung räumt mit der Idee einer Bildung durch Wissenschaft vollständig auf. Die wissenschaftsübergreifende Qualifizierung des Gymnasiums soll in erster Linie alle notwendigen Kompetenzen bereitstellen, um sich in den Verwertungsprozess der Wissenschaften leichter einklinken zu können; sie soll den Einstieg in das Studium bestimmter Fächergruppen erleichtern und Studienabbrüchen vorbeugen. Dabei orientiert sie sich jedoch nicht am Anspruch kritischer Wissenschaft, sondern „an den Erfordernissen dahinter liegender akademischer Berufe" (ebd., S. 173). Damit sind sämtliche curricularen Revisionen fest eingenordet; sie sind „praktisch und theoretisch [...] immer auf Arbeit ausgerichtet" (vbw, Bd. 2, S. 124).

Wissenschaftstheoretische Grundlagen: Es versteht sich von selbst, dass angesichts dieses Wissenschaftsverständnisses die neopositivistische Idee wertfreier Wissenschaften „kein erstrebenswertes Ziel von Universitäten und Hochschulen sein" (vbw, Bd. 1, S. 232) kann. Mit der Idee des wissenschaftsorientierten Unterrichts, wie ihn die Reform der sechziger und siebziger Jahre propagierte, wird zugleich ihr neopositivistisches, verhaltenswissenschaftlich orientiertes Programm verabschiedet. Den Ort, den ehedem Neopositivismus und Behaviorismus als Steuerungswissenschaften einnahmen, halten inzwischen neurowissenschaftlich und konstruktivistisch orientierte Theoriemodelle besetzt. Entsprechend favorisiert die Expertise „Bildung neu denken!" die „neurowissenschaftliche Erforschung des Lernens" (ebd., Bd. 1, S. 38). Allerdings belässt es das Gutachten bei Andeutungen und begnügt sich mit bloßem ‚name-dropping': Lernen, heißt es z. B., müsse „konstruktiv sein" (ebd., S. 19) und mentale Modelle aufbauen. Zwar darf man vermuten, dass das wissenschaftstheoretische Vorverständnis des redigierenden Hochschullehrers, dem die Aufgabe zufiel, den vorliegenden Text zu ‚verdichten', sich im Gutachten niedergeschlagen hat. Doch verzichtet der ostentative Pragmatismus des gesamten Vorhabens auf eine differenzierte wissenschaftstheoretische Legitimation. In gewisser Weise braucht er sie auch gar nicht, wenn man einmal – wie bei ‚Luhmannianern' üblich – unterstellt, dass Begründungsreflexionen in einem unendlichen Regress enden, der aus praktischen Gründen besser abgebrochen werden sollte.

Systemtheorie und Konstruktivismus nehmen für sich in Anspruch, sich in rekursiven, zirkulären oder ‚autologischen' Argumentationsstrukturen zu bewegen. Wer in solche zirkulären Begründungsmuster einmal eingestiegen ist, dem erscheinen schließlich die paradoxesten ‚Erkenntnissse' selbstevident, vor allem das bekannte konstruktivistische Paradox, wir seien in der Lage zu erkennen, dass wir nichts erkennen können. „Die Frage", so verlautet etwa Maturana, „'Was ist der Gegenstand der Erkenntnis?' wird [...] sinnlos. Es gibt keine Gegenstände der Erkenntnis. Wissen heißt Fähigsein, in einer individuellen oder sozialen Situation adäquat zu operieren" (Maturana 1985, S. 76). Auf diese Operationsfähigkeit komme es an; Wissen diene keinem Wahrheitsanspruch, sondern einzig der Pragmatik des (Über-)Lebens. Es solle den Erkennenden handlungsfähig und den Erkenntnisvorgang viabel (d.h. ‚gangbar') machen. Die entsprechenden didaktischen Konsequenzen werden in nahezu allen derzeit gängigen didaktischen Theorien durchdekliniert: Es gelte, reichhaltige ‚Lernumgebungen' zur Verfügung zu stellen, die das ‚lernende' System hinreichend ‚perturbieren' und zur fortgesetzten Ausdifferenzierung seiner ‚Wirklichkeitsfiktionen' veranlassen. Auf einen groben Schematismus reduziert, findet sich diese Auffassung auch in der Expertise wieder. Unterstützt von einem rudimentären Diagramm wird dem Leser folgendes gedeutet: „Der Lernende benötigt eine komplexe, differenzierte ‚Lernumgebung', die ihn zum Lernen herausfordert. Diese komplexe ‚Irritation' führt zu einer kognitiven Ausdifferenzierung des Gehirns" (vbw, Bd. 1, S. 88). Solche Formulierungen klingen zunächst eingängig und sind en vogue, doch provozieren sie naturalistische Fehlschlüsse (das Gehirn ist kein Erkenntnissubjekt!) und führen erkenntnistheoretisch auf Abwege. (Zur Kritik konstruktivistisch- systemtheoretischer Ansätze in der Pädagogik vgl. Pongratz 2009).

Nicht nur methodologisch, auch gesellschaftstheoretisch erweisen sich die konstruktivistischen und systemtheoretischen Versatzstücke als fragwürdig. Denn hinter dem ,unternehmerisch' tätigen, sich selbst organisierenden Lerner taucht ein Sozialtypus auf, dessen vorgebliche Autonomie auf vielfältigen Disziplinar- und Kontrollprozeduren aufruht (vgl. Pongratz 2003, S. 114 f.). Tatsächlich plädiert die Expertise für ein minutiöses Kontrollregime, das in einen eklatanten Widerspruch zur Autonomierhetorik tritt, die unablässig bemüht wird. Im Windschatten des neoliberalen Freiheitspathos kommt eine geradezu realsozialistisch anmutende Staatspädagogik zum Zug: Da ist von einer „(Selbst-)Bildungsverpflichtung für jedes Gesellschaftsmitglied" (vbw, Bd. 1, S. 100) die Rede, von „Maßnahmen zur Definition und Durchsetzung der Wahrnehmung von Elternpflichten" (ebd., S. 149), von der verbindlichen Verpflichtung der Eltern „sich zur Bildungsbiographie ihrer Kinder beraten zu lassen" (ebd., S. 329), von der „gesetzlichen Einführung einer obligatorischen Anamnese und Diagnostik vor Schuleintritt, am Ende der Grundschulzeit und am Ende der Sekundarstufe I" (ebd., S. 156), von der „Anlage eines Bildungscheckhefts" (ebd., S. 269), von der Einführung eines Bildungsgutscheinsystems, das vom Aufbau „personenbezogener Datenbanken" begleitet werden soll, „die in Analogie zur ,Patientengeschichte' eine ,Weiterbildungsgeschichte' speichern" (ebd., S. 268) sollen.

Doch damit noch nicht genug: Neben der Einführung eines Dokumentationssystems für individuelle Berufsbiographien wird die „Einrichtung eines obligatorischen Systems der Bildungsbiographieberatung in Zusammenarbeit zwischen Bildungseinrichtung, Arbeitsämtern und Betrieben" (ebd., S. 323) empfohlen. Darüber hinaus soll es eine „Mindestqualifikationspflicht für Zuwanderer sowie Langzeitarbeitslose und Lernschwache" (ebd., S. 267), eine „Mindestqualifizierungspflicht für jeden Bürger" (ebd., S. 328), eine „Weiterbildungspflicht in Arbeitsverträgen" (ebd., S. 267), eine „Weiterbildungspflicht für Arbeitslose und Sozialhilfeempfänger" (ebd., S. 332) und schließlich sogar „eine (begrenzte) Weiterarbeitsverpflichtung" (ebd., S. 306) für ältere Arbeitnehmer geben.

Lässt man die gesamte Bandbreite obligatorischer Maßnahmen Revue passieren, dann drängt sich der Eindruck auf, dass ein neuartiges Kontrollregime im Entstehen begriffen ist, das jeden Bürger jederzeit und überall in Beschlag nimmt. Tendenziell darf es keine freien Zeiten oder unbesetzten Räume mehr geben. Konnte Heydorn noch davon ausgehen, dass dem institutionalisierten Lernen Grenzen gesetzt waren, – sowohl räumlich (denn man konnte als Dropout aus Institutionen herausfallen oder ihnen entfliehen) wie zeitlich (denn am Ende winkte das Versprechen, ,freigesprochen' zu werden) – so lässt die Entgrenzung und Entzeitlichung von Lernprozessen keine ,Absetzbewegung' mehr zu. Die Distanz zum Leben wird eingezogen; Leben und Lernen sollen im Begriff der ‚Lernbiographie‘ differenzlos ineinander aufgehen.

An der Distanz aber hängt das Moment bildender Erfahrung. Der Widerspruch von Bildung und Herrschaft verdunkelt sich, sobald die Bildungsinstitution sich dem Anschein nach selbst ins Leben zurücknimmt. Heydorn hat diese Möglichkeit zumindest vorausgesehen. Am Ende seines Widerspruchs-Buches heißt es: „Der Prozess der Aufhebung von Institution als Herrschaft kann nur durch uns selbst eingeleitet werden, die Auflösung der Institution muss das Ergebnis eines bewussten Handelns von unten sein. Löst die bestehende Gesellschaft die Institution selber auf, so nimmt sie dieses Handeln vorweg, eliminiert sie die Möglichkeit eines geschichtlich produktiven Prozesses; sie löst die Institution nur dem Schein nach auf, vernichtet ihre Selbstständigkeit, um sie ihrem eigenen Diktat widerspruchsloser zu unterwerfen“ (Heydorn 2004, Bd. 3, S. 289). In dieser Situation wird Bildung zur ‚unmöglichen Möglichkeit‘. Denn wer immer sich jetzt gegen den Herrschaftscharakter der Bildung wendet, wendet sich zugleich gegen die Grundverfassung des eigenen Lebens als „Lernbiographie“ (vbw, Bd. 1, S. 81). Mit der Entgrenzung des lebenslangen Lernens wird der Widerspruch nicht nur ubiquitär, sondern zugleich immer tiefer in die Individuen eingesenkt. „Der Aufstand von unten“, schreibt Heydorn, „hatte stets die Forderung nach Leben erhoben im Widerspruch zum denaturierten Wissen der Herrschaft, aber die Herrschaft hat sich längst mit dem Aufstand identifiziert. Sie ist selber das Leben geworden, das sie als Bildung anbietet, in den funktionalisierten Prozessen endet der Widerspruch, wird er in das Unterbewusstsein verdrängt“ (Heydorn 2004, Bd. 3, S. 283).

Solche Überlegungen Heydorns verweisen bereits auf neue Widerspruchslagen. Es liegt auf der Hand, dass angesichts des epochalen Wandels, der im Regime des lebenslangen Lernens seinen Ausdruck findet, auch der Widerspruch von Bildung und Herrschaft neu vermessen werden muss. Es kommt zu Akzentverschiebungen, die abschließend kurz in den Blick gerückt werden sollen:

V. Verstrickung und Einspruch: Neue Widerspruchslagen

Schule und lebenslanges Lernen: Das betrifft etwa den Stellenwert von Schule und Hochschule, die – vor allem vor dem Hintergrund der Schüler- und Studentenproteste der späten 60er Jahre – Heydorn als privilegierte Orte erschienen, um Widerspruchserfahrungen zu thematisieren und praktisch werden zu lassen. Angesichts der von Horst Rumpf eindrücklich thematisierten Verwüstung schulischer Lernkultur (vgl. Rumpf 1986; 1987), die die verflossene Bildungsreform nolens volens forcierte, ist kaum zu erwarten, dass Schulen und Hochschulen zu neuralgischen Zonen werden, in denen der Widerspruch der Bildung politisch virulent werden könnte. Der unter dem Stichwort ‚Bologna-

Prozess' aktuell vorangetriebene Umbau der Hochschullandschaft wird sein
Übriges dazu beitragen, Konfliktpotentiale zu depotenzieren. Doch bedeutet
dies nicht, dass der Widerspruch still gestellt wäre. Im Gegenteil ist davon
auszugehen, dass er verschoben an anderen Stellen des Systems mit unvermin-
derter Schärfe aufbricht. In der Institutionalisierung des lebenslangen Lernens
wird er geradezu flagrant: „Bildung als ‚lebenslanges' oder ‚lebensbegleiten-
des Lernen' konzediert, dass der Mensch unter den Bedingungen ausgreifen-
der Kapitalisierung seine Fähigkeit zur Selbsterhaltung verliert und folglich
kontinuierlich sicherzustellen hat. Das System produziert stets aufs Neue Unmündigkeit, weshalb organisierte Bildungsprozesse lebensumspannend zwin-
gend werden. [...] Andererseits versagt das sozial hoch selektive Bildungssystem systematisch großen Teilen der Bevölkerung den Anspruch auf Bildung,
überlässt sie Armut, Dehumanisierung sowie einer Konsum- und Medienver-
wahrlosung." (Euler 2007, S. 142)

Subjektivierung und Selbstthematisierung: Gerade weil aber im System des lebenslangen Lernens neue Widerspruchslagen aufbrechen, die nicht unbearbei-
tet liegen gelassen werden können, entstehen neue Orte und Formen der
Selbstverständigung, in denen der Widerspruch thematisch wird. Systemtheoretiker sprechen in diesem Zusammenhang von der Ausdifferenzierung spezifischer Subsysteme, die der ‚Selbstbeobachtung' dienen (etwa Feedbackrun-
den, kollegiale Beratung, Supervision u. ä.). Solche Reflexionsformen werden
zur Ausbildung pädagogischer Professionalität immer unerlässlicher. „Diese
von der Organisation in Regie genommenen Selbstbeobachtungsformen",
schreiben Kade/Seitter, „erzeugen überhaupt erst die Voraussetzungen pädagogischer Professionalität, indem das zunächst nur individuell vorhandene pädagogische Wissen dem Prozess einer durch Fremdbeobachtung hervorgerufe-
nen Selbstbeobachtung ausgesetzt wird" (Kade/Seitter, ZfPäd 2004, S. 338).
Verfahren wie Coaching, Beratung oder Organisationsentwicklung sollen die
‚Anschlussfähigkeit' (wie der systemtheoretische Terminus lautet) des individuellen Wissens an die Standards des Systems sicherstellen. Indes: der coole
Terminus der ‚Selbstbeobachtung' überspielt zu leicht die Widerspruchsdyna-
mik, die den neuen Reflexionsformen des Bildungssystems unterliegt. Supervision oder Coaching sollen die unverzichtbare (Selbst-)Kritik mit den Funk-
tionalisierungsansprüchen des Systems so vermitteln, dass Blockaden der Sys-
temreproduktion vermieden werden. Die Vermittlungsfiguren aber treiben den
Widerspruch der Bildung immer wieder hervor. Widerspruch heißt in diesem
Fall gerade nicht, dass neben die Seite der Funktion eine der Kritik tritt, sondern die Funktionsanreicherung erzwingt eine Kritik, die zugleich durch die
Funktion domestiziert oder paralysiert werden soll (vgl. Euler 1999 a, S. 302).
    Daher gebührt selbstreflexiven Settings, die im Rahmen von Supervisions-
und Beratungsprozessen institutionalisiert werden, verstärkte Aufmerksamkeit.
Zwar zielt ihre Implementation im Rahmen neoliberaler Steuerungsmodelle
vor allem darauf, sich der Kritik zu bemächtigen und Subjektivierungsprozes-

se anzustacheln, die die Menschen vollständiger (und selbständiger) als je zuvor in Verwertungsprozesse integrieren sollen. Doch bilden diese Formen institutionalisierter ‚Selbstbeobachtung‘ zugleich die Achillesferse des Systems. Denn die Funktionssicherung des Systems lässt sich durch ein bloßes Mehr an funktionalistisch beschränkter Rationalität nicht sicherstellen; daher öffnet es sich immer wieder Formen reflektierter Selbstkritik.

Reflexivität und Mimesis: Gleichwohl springt solche Selbstkritik nicht einfach wie ein Funke aus dem Stein. Die blanke Forderung, sich des eigenen Verstandes zu bedienen, überspielt die Tiefe, mit der sich die neuen Widerspruchslagen der Menschen bemächtigen. Zweifellos sind die Verstrickungen von Widerspruch und Widerstand seit Heydorns Tagen ungleich komplizierter geworden. Die Widerspruchslagen erscheinen unbestimmter, in gewisser Weise auch undurchschaubarer. Vor diesem Hintergrund gewinnen die limitierenden Bedingungen reflektierter Selbstkritik ein eigenes Gewicht. So sehr Heydorns Maxime „Bewusstsein ist alles!" (Heydorn 2004, Bd. 4, S. 273) in Geltung bleibt, weil ohne Bewusstsein alles nichts wäre, so sehr verstellen heute Wahrnehmungs- und Erfahrungsbarrieren den Reflexionsprozess. Kraft und Klarheit gewinnen aktuelle Widerspruchserfahrungen vor allem dann, wenn das Bewusstsein im vollen Sinn des Wortes reflexiv wird, also: sich zurück wendet auf die leiblich-gefühlsmäßigen Momente seiner Konstitution. Adornos Einsicht, dass keine Idee von Freiheit „ohne Anamnesis an den ungebändigten, vor-ichlichen Impuls" (Adorno 1966, S. 221) zu schöpfen ist, gilt mehr denn je. Angesichts aktueller Widerspruchslagen hätten (Selbst-)Reflexionsprozesse ein mimetisches Moment zur Geltung zu bringen. Gefordert wäre – in Adornos Diktion – die Fähigkeit, ‚mit den Ohren zu denken‘. Gestalttherapeuten würden diese Fähigkeit vermutlich als ‚awareness‘ bezeichnen: als Wachheit und Wachsamkeit für die jeweils individuelle wie gesellschaftliche Befindlichkeit. Gerade weil die Menschen zunehmend als ganze Personen, gleichsam mit Haut und Haaren, in den Verwertungsprozess integriert werden, gewinnt der lebensgeschichtliche, der leiblich-emotionale Resonanzboden der Selbstverständigung an Bedeutung. Als bloß methodisches Zugeständnis an verstrickte Verhältnisse aber wäre die Ausbildung einer wachen, reflexiven Empfindlichkeit (bzw. einer empfindsamen Reflexivität) weit unterschätzt. Vielmehr zählt sie für Adorno zur innersten „Moral des Denkens" (Adorno 1951, S. 89 ff.).

Negativität und Glückserfahrung: Die Rückwendung des Denkens auf seine eigenen Bedingungen betrifft jedoch nicht allein individuell-biographische Kontexte, sondern muss mehr denn je die globalisierten Weltverhältnisse insgesamt in Rechnung stellen. Die Verstrickung emanzipatorischer Strategien in Gegenbewegungen, die die Kritik wiederum vereinnahmen, lässt die Brüchigkeit und Ambivalenz gegenwärtiger Einspruchsversuche hervortreten. Die Unmöglichkeit, einen unbehelligten Ort der Kritik auszuweisen, entzieht allzu optimistischen Widerspruchskonzeptionen den Boden. So muss sich Heydorn heute die Frage gefallen lassen, ob er „die Möglichkeit negativ dialektischer gesellschaftlicher Entwicklungen" (Messerschmidt 2009, S. 113) nicht unterschätzt. Gleichwohl bleibt die Gegenfrage berechtigt, ob die bloße „Erfahrung unlösbarer Dilemmata" (ebd., S. 120) zu nichts anderem taugt als dazu, jenen Bewusstseinszustand zu konservieren, den Hegel als ‚unglückliches Bewußtsein' bezeichnet (Hegel 1986, S. 163). „Wie viel Ungewißheit, wie viel Halbheit, wie viel unglückliches Bewußtsein", fragt Sennett, „kann die Menschheit um ihrer Freiheit willen ertragen?" (Sennett 1990, S. 161) Die einzig tragfähige Antwort darauf lautet: Nur so viel, wie das ‚unglückliche Bewusstsein' immer wieder durchbrochen wird von Momenten realen Glücks. „Der Erkenntnisprozess", heißt es entsprechend bei Heydorn, „will durch neue unmittelbare Glücksgegenwart gestützt sein." (Heydorn 2004, Bd. 3, S.148) Damit das Bewusstsein produktiv werden kann, braucht es den „Umriss einer Aussicht" (Heydorn 2004, Bd. 4, S. 254), ein Glücksversprechen, das die Negativität politischer Verstrickung – sei es auch nur vorübergehend – Lügen straft. In diesem Sinn notiert Adorno unter dem Stichwort ‚Selbstreflexion der Dialektik': „Nicht absolut geschlossen ist der Weltenlauf [...]. So hinfällig in ihm alle Spuren des Anderen sind; so sehr alles Glück durch seine Widerruflichkeit entstellt ist, das Seiende wird doch in den Brüchen [...] durchsetzt von den stets wieder gebrochenen Versprechungen jenes Anderen" (Adorno 1966, S. 396). Handlungsfähig bleibt in den verstrickten Verhältnissen allein derjenige, dem immer wieder Momente des Glücks zu Teil werden. Das Glück selbst aber bleibt – zum Glück – unverfügbar.

4.
Bildungsregime: Subjektivierungspraktiken – (Selbst-)Führungstechniken – Wahrheitsmaschinen

Es gehört zu den irritierenden Aspekten des gegenwärtigen bildungstheoretischen Diskurses, Heydorns kritische Bildungstheorie mehr oder weniger auszublenden, während zugleich der intensive Versuch unternommen wird, einen Zugang zur Bildungskritik über die Rezeption machtanalytischer Entwürfe zu gewinnen. Bereits Heydorn machte unmissverständlich klar, dass Bildung kein ‚ideelles Gut‘ ist, schon gar nicht der ‚Hort des Guten, Wahren und Schönen‘, sondern dass in ihr selbst gesellschaftliche Herrschaft zum Zuge kommt. Diese Herrschaft wirkt auf Bildungsprozesse nicht bloß von außen ein (etwa im Sinn einer ‚Deformation‘), sondern ist in ihnen selbst bereits am Werk, bestimmt ihre Formen und Inhalte. Gleichwohl geht Bildung nicht differenzlos in gesellschaftlichen Herrschaftsverhältnissen auf. Sie bringt einen Dissens ins Spiel, der mit den herrschenden Übereinkünften bricht. Dies macht Bildung gefährlich. Sie wird gebraucht und gefürchtet, forciert und zugleich kalt gestellt.

Im Herzen der Bildung, so ließe sich in Anlehnung an eine Formulierung Foucaults festhalten, tobt ‚ein unabgeschlossener Kampf‘. In diesem Sinn greift die zeitgenössische Bildungskritik Foucaults zurückgelassene Fäden auf. Im Rahmen von bildungstheoretischen Diskurs- und Machtanalysen sucht sie den Techniken und Effekten der neuesten Bildungsreform auf die Spur zu kommen. Mehr noch: die aktuelle Bildungskritik setzt sich als Gegendiskurs in Szene, als Moment des Widerstands gegen nationale und internationale Bildungsregimes. Der Begriff ‚Regime‘ bezieht sich dabei keineswegs allein auf undemokratische, unproduktive, die Entfaltung der Menschen beschneidende Regierungssysteme. Im Gegenteil setzen Kontrollregimes auf produktive Wirkungen (unabhängig davon, ob es sich um die Behandlungsanweisung für einen Patienten, das Diätregime der Weight Watchers oder ein Kontrollregime zur Nutzung nuklearer Energie handelt). „Ein Regime ist eine bestimmte Form der Lenkung, Steuerung, Regierung oder der Kontrolle. […] Prominent vertreten und theoretisiert wird der Begriff im Kontext der Analyse internationaler Beziehungen" (Radtke 2006, S. 46). So gesehen bietet die Bildungspolitik etwa der OECD oder der EU einen bevorzugten Ansatz, um die Strategien und Effekte von Bildungsregimes unter die Lupe zu nehmen. Die medienwirksam präsentierten PISA-Tests verlieren in dieser Perspektive ihren scheinbar harmlosen Test-Charakter und präsentieren sich als das, was sie tatsächlich sind: nämlich Teil eines neuartigen, umfassenden Kontrollregimes.

Zweifellos sind die Ergebnisse der internationalen Langzeitstudie PISA (Program for International Student Assessment; vgl. Deutsches PISA-Konsortium (Hrsg.) 2001) alarmierend. Sie lauten kurz und knapp: Die Leistungen deutscher Schülerinnen und Schüler liegen in den Lernbereichen Lesen, Mathematik und Naturwissenschaften unterhalb des internationalen Durchschnitts. Darüber hinaus ist die Leistungsstreuung besonders groß und der Zusammenhang zwischen sozialer Herkunft und Leistung ist überproportional stark ausgeprägt.

Nun ist also guter Rat teuer – oder besser: an Ratschlägen herrscht kein Mangel, wohl aber an öffentlich bereitgestellten Mitteln, um dem Missstand aufzuhelfen. Die Probleme, an denen das deutsche Bildungssystem laboriert, waren genau genommen längst bekannt und liegen – auch ohne PISA-Tests – auf der Hand, etwa:

- „die Selektivität des viergliedrigen Systems der staatlichen öffentlichen allgemeinbildenden Schulen;
- die mangelhafte Aus- und Weiterbildung der Lehrkräfte;
- die fehlenden Ressourcen für individuelle Förderung und den ‚Umgang mit Heterogenität' (wie das neuerdings unüberbietbar technokratisch formuliert wird…);
- die mangelhaften materiellen Ressourcen für einen reicheren Schul- und Unterrichtsbetrieb in kulturellen, handwerklichen und sportlichen Dingen;
- die fehlenden Ressourcen für eine an der Selbsttätigkeit und Selbstentwicklung orientierte ganztägige ‚Jugendschule';
- die fast vollständig fehlende Durchdringung des Schüler-Lernarbeits-Alltags, vor allem in den weiterführenden Schulen [...], mit [...] reformpädagogisch bewährten Prinzipien [...]" (Herrmann 2005, S. 28).

Was also, so ließe sich fragen, hindert die verantwortlichen Instanzen daran, entsprechend zu handeln? Es ist die Output-Orientierung der Reform, die dafür taub macht, eine ressourcenorientierte Kritik überhaupt zur Kenntnis zu nehmen. Stattdessen konzentrieren sich die Korrekturmaßnahmen auf Ergebniskontrollen. Tests wie PISA etablieren sich als ‚Machtverstärker'. Sie fungieren als strategisches Element innerhalb eines sich derzeit vollziehenden, globalen Transformationsprozesses, dessen Schaltstellen von unterschiedlichen privaten und staatlichen Organisationen und Agenturen besetzt sind. Der Verdacht erhärtet sich, dass es nicht (oder zumindest nicht nur) wissenschaftliche Interessen waren, die PISA aus der Taufe hoben. Vielmehr setzten (auf nationaler Ebene) politische Instanzen und (auf internationaler Ebene) Großorganisationen wie die OECD und weltweit agierende private Testagenturen (wie ACER, WESTAT, ETS und CITO-Group) die PISA-Studie im Rahmen ihrer globalen politischen Agenda ins Werk. Schon jetzt lässt sich absehen, dass sie auch weiterhin „nachhaltigen Einfluss auf Fragestellungen und Durchführung der Untersuchungen" (H. Lange, in: ZFE 3/2002, S. 461) nehmen werden. Schließlich ist die Implementation internationaler Tests mit langfristigen Profitinteressen verknüpft. (Eine informative Analyse der Strategien und Interessen des PISA-Konsortiums unternimmt Flitner 2006.)

Angesichts der problematischen Effekte der mit Macht durchgesetzten Restrukturierung des Bildungswesens helfen politische Schaukämpfe zwischen neoliberalen Modernisierern und wohlfahrtsstaatlichen Verteidigern öffentlicher Bildung nicht weiter. Im Gegenteil: Die Streitigkeiten erwecken den Eindruck, als erleide die PISA-Studie das bekannte Schicksal so vieler Reformprojekte: nämlich von unterschiedlichen Interessen in Dienst genommen zu werden, die – je nach Blickwinkel – aus den Untersuchungsergebnissen das herauslesen, was ihnen opportun erscheint. In Anbetracht der globalen Strategien aber, in denen bzw. durch die der PISA-Test seine Macht entfaltet, scheint es angeraten, diesen Blick umzukehren: Es ist die globale strategische Situation, die mit Hilfe der PISA-Brille unseren Blick kodiert. Denn der aktuelle Formierungsprozess des Bildungswesens läuft über implizite Standards, die jeder bereits akzeptiert haben muss, bevor er sich auf eine kontroverse Diskussion über PISA einlässt. Dies gilt mutatis mutandis für beide Varianten der Bildungsreform, die derzeit im Schwange sind: die konservative, „die versucht, mit verschärfter Selektion das dreigliedrige Schulwesen zu stärken, Eliten zu fördern und damit die Legitimität des Bildungswesens zu stärken", ebenso wie die progressive, „die mit Hilfe von Markt und Management versucht, kosteneffizientere Steuerungsformen durchzusetzen" (Klausenitzer 2002, S. 53).

So gesehen lässt sich PISA als das ‚trojanische Pferd‘ der ‚Kontrollgesellschaft‘ begreifen: Im Schutz einer Weltverbesserungs- und Freiheitsrhetorik (wie sie beispielsweise der ehemalige Bundespräsident Roman Herzog effektvoll zu bedienen verstand: „Entlassen wir Schulen und Hochschulen in die Freiheit", in: Frankfurter Rundschau, 6.11.1997, S. 14) etabliert sich ein ganzes Netz teils altbekannter, teils innovativer Zugriffsweisen auf die Individuen. Alle Klagen über das schlechte Abschneiden Deutschlands und alle Reformvorschläge, die Deutschland wieder ‚nach vorne‘ bringen sollen, akzeptieren unter der Hand die Disziplinarprozeduren, die das globale testing, ranking und controlling in Szene setzt. Weit davon entfernt, als ‚neutrales‘ Instrument wissenschaftlicher Objektivität zu fungieren, setzt PISA eigene Normalitätsstandards. Alle daraus abgeleiteten Reformmaßnahmen verbleiben im Koordinatensystem dieses mit Macht vorangetriebenen Normalisierungsprozesses, mit dem die ‚Kontrollgesellschaft‘ ihre Effekte zur Wirkung bringt.

4.1 Kontrollgesellschaft: Modulation – Chiffre – Marketing

Der Terminus ‚Kontrollgesellschaft‘ versteht sich nicht von selbst. Er wurde vor allem von Gilles Deleuze ins Zentrum der Aufmerksamkeit gerückt. Im Jahre 1990 – also nur fünf Jahre vor seinem abrupten Tod – verfasste er einen kurzen, inzwischen viel zitierten Text mit dem lapidaren Titel „Postskriptum über die Kontrollgesellschaften" (Deleuze 1993, S. 254 ff.). Auf nur wenigen Seiten skizziert hier Deleuze den vor sich gehenden gesellschaftlichen Wandel. Aus heutiger Perspektive (mit den Erfahrungen des Umbruchs der Bildungslandschaft im Rücken) gewinnt dieser Text etwas Visionäres. „Entscheidend ist", schreibt Deleuze, „dass wir am Beginn von etwas Neuem stehen"

(ebd., S. 261). Aber was ist dieses Neue, das Deleuze spürt und in eindrucks-
vollen Bildern und Begriffen zum Ausdruck zu bringen versucht? Es ist eine
insgesamt neue Figur der Vergesellschaftung, die Deleuze am Horizont der
Gegenwart heraufziehen sieht. Er gibt ihr den Namen ‚Kontrollgesellschaft‘:
„Die Kontrollgesellschaften sind dabei die Disziplinargesellschaften abzulösen" (ebd., S. 255), so lautet die Deleuze'sche Diagnose.

Nun hilft es bekanntlich wenig, den Inhalt eines (zunächst noch) unbe-
stimmten Begriffs (‚Kontrollgesellschaft‘) durch einen anderen (ebenfalls
noch) ungeklärten (‚Disziplinargesellschaft‘) zu erläutern. So liegt es nahe,
einen kurzen Umweg über den Terminus der ‚Disziplinargesellschaft‘ zu machen.

4.1.1 Exkurs: Notizen zur Disziplinargesellschaft

Dieser Begriff stammt von Michel Foucault, jenem viel zu früh verstorbenen
‚enfant terrible‘ der französischen Sozialphilosophie und langjährigen Freund
Gilles Deleuze'. Um zu verstehen, wie Foucault den Begriff verwendet, sollte
man alle gängigen, negativen Konnotationen, die sich mit dem Begriff der
Disziplin verbinden (wie: Zwang, Sanktion, Bedrohung, Bestrafung usw.),
verabschieden. Zwar lassen sich in der modernen Gesellschaft auch solche rigiden Disziplinarformen finden, doch gehören sie nicht zum Kern ihrer Disziplinartechnik. Die moderne Disziplinargesellschaft findet nicht dadurch zu ihrer größten Wirkungen, dass sie das Leben beschneidet oder vernichtet, sondern indem sie es organisiert und zu immer größerer Leistung anstachelt. Foucault zeigt, wie sich seit dem 18. Jahrhundert eine Form der Machtausübung
entwickelt, die nicht mehr *über* den Gesellschaftskörper wirkt, sondern ganz
in ihm, die in die Tiefe der Körper eindringt, die ‚in Fleisch und Blut‘ übergeht. Ihr Ziel ist es, die Kräfte, die sie unterwirft, zugleich größer werden zu
lassen. Wo die Disziplinarmacht repressiv auftritt, spielen ihre negativen Elemente nur eine lokale und taktische Rolle in größeren positiven Produktions-
trategien. Prinzipieller Ausschluss oder Vernichtung brächte sie nämlich um
ihren Erfolg.

Deshalb fasst Foucault die Disziplinarmacht auch nicht in Begriffen aus-
schließlicher Verfügung; sie ist weder Eigentum, noch fixierbares Privileg.
Wer ihr Netzwerk erfassen will, muss es noch unterhalb der institutionalisierten Machtzentren aufsuchen. Was dabei in den Blick tritt, ist nicht die Existenz
eines souveränen Mittelpunkts der Macht, sondern vielmehr ein bebender So-
ckel von Kräfteverhältnissen.

Mit Foucaults ‚Analytik der Macht‘ wird es möglich, Pädagogikgeschichte
gegen den Strich zu bürsten. Der besondere Rang, der pädagogischen Heroen
wie etwa Pestalozzi zukommt, resultiert in dieser Perspektive nicht aus seinem
unbestreitbaren Engagement für die Armen seiner Zeit, sondern aus dem methodischen Repertoire an Disziplinartechniken, die seine Elementarmethode

einfordert und gesellschaftlich etabliert (vgl. Pongratz 1989, S. 183 ff.). Die Elementarmethode setzt nicht nur einen neuartigen und lang anhaltenden pädagogischen Diskurs in Szene, sondern fungiert – machttheoretisch betrachtet – zugleich als frühe Einführung in die Disziplinargesellschaft. Ihre Faszination für Pestalozzis Zeitgenossen liegt vermutlich nicht allein im Versprechen einer effizienten und sicheren Fabrikation von Erkenntnis durch systematische Lehrgänge, sondern in ihrer inneren Verwandtschaft mit der Technik der Disziplinarmacht selbst, also mit: Zerlegung, Arrangement und produktiver Reorganisation. Denn die Elementarmethode macht es nicht nur möglich, sondern unumgänglich, den Unterrichtsgang inhaltlich und zeitlich zu untergliedern. Sie zieht die Ausarbeitung verbindlicher, gegliederter Lektionspläne und eine bessere, gleichmäßigere Sequenzierung des Lernprozesses notwendig nach sich. Die neue zeitliche Regelung des Unterrichts aber bringt ein neues Bild vom Schüler in Umlauf: das „Bild des Normschülers" (vgl. Kost 1985, S. 39). Denn die Elementarisierung des Unterrichts und die ihr entsprechenden Techniken der Übung und Prüfung eröffnen die Möglichkeit, die Schüler in Bezug auf das Ziel, die Mitschüler und eine bestimmte Methode zu charakterisieren. Mit diesem Normalisierungseffekt nach Maßgabe des fiktiven Normschülers wiederum geht die Aufteilung von Klassen nach Alter bzw. Lern- und Leistungsfähigkeit Hand in Hand. Das alles macht die Elementarmethode zum integrativen Bestandteil einer neuen Machttechnik, die auf eine differenzierte Behandlung gelehriger Körper zur Steigerung ihrer nutzbringenden Kraft wie ihrer Fügsamkeit abgestellt ist (vgl. Foucault 1976, S. 220 ff.). Und diese Technik greift mit architektonischen und schulorganisatorischen Arrangements lautlos ineinander: mit einer bestimmten Ordnung des Schulraums, der in der Schule das installiert, was Foucault den ‚zwingenden Blick' nennt, mit der Einführung eines geschlechtsspezifischen Codes, mit einer ‚Mikro-Justiz', die das anständige Betragen im Klassenzimmer reguliert; mit einer minutiösen Kontrolle des Körpers, die bei der Festlegung des Sitzplatzes beginnt und noch Schreibhaltung und Federführung überwacht.

Diese Techniken, mit denen körperliche Gewalt gleichsam in der Kulisse des Schulalltags gespeichert wird, um den Schüler sublim zu durchdringen, gehören zu den frühen Formen der Disziplinarmacht. In ihnen kündigt sich eine neue Form der Einschmelzung der Menschen in den gesellschaftlichen Machtapparat an: Die Integration läuft nun in erster Linie nicht mehr (nach dem Muster der Aufklärungspädagogik des 18. Jahrhunderts) über standardisierte Repräsentationen – also über (Vor-)Bilder des guten Lebens und inhaltlich umrissene Vorstellungen von Tugend und Sittlichkeit -, sondern über einen abstrakten, methodisch geleiteten Prozess der Synthetisierung von Verhaltenscodizes und entsprechenden Anschauungen. Das setzt natürlich u. a. voraus, dass die Leistungen und Kenntnisse jedes einzelnen Schülers permanenter Kontrolle und Prüfung unterzogen werden, dass eine strenge Stufung in Klassen und eine hinreichende Zergliederung der Lehrinhalte erfolgt, dass ein differenziertes Arsenal von Medien für die Selbstbeschäftigung entwickelt wird, dass eine strenge Disziplin im Klassenraum herrscht, die Störungen ausschließt, dass eine genaue Zeit-Ökonomie sich durchsetzt und eine Art ‚Kommandosystem' etabliert wird. Allerdings: Die typische Dorfschule des 19. Jahrhunderts bleibt von solchen Zielvorgaben himmelweit entfernt. Doch sind hier Wegmarken gesetzt für einen langen Entwicklungsprozess, der die Schule im 19. Jahrhundert als Dispositiv der Disziplinarmacht – zunächst für das privilegierte Bürgertum, später für alle Bevölkerungsschichten – etabliert.

Gegen Ende des 19. Jahrhunderts ist die Schule schließlich als zentraler Stützpunkt der Disziplinarmacht im Gesellschaftskörper fest verankert und – in einem ersten Schritt – schon mit Anschlussmöglichkeiten zu weiteren Knotenpunkten im Netz der Disziplinierung (Jugendschutz und Jugendgerichtsbarkeit, Familie und Sozialfürsorge) versehen. Und jetzt erst, nachdem die Schule allgemein geworden ist und ihre Exklusivität als ehedem wesentlich bürgerliche Formationsinstanz eingebüßt hat, werden neue, schichtspezifische Differenzierungen eingeführt, die eine Neuinterpretation des gesamten Dispositivs erlauben.

Dies ist die eigentliche, innovative Leistung der ‚reformpädagogischen Bewegung' am Ende des 19. und zu Beginn des 20. Jahrhunderts. Die Neuformierung von Schule, die sie in Szene setzt, lässt sich auf verschiedenen Ebenen analysieren: Auf der Ebene des unterschwelligen, lokalen Funktionierens der Disziplinarmacht zeichnet sich mit Beginn des 20. Jahrhunderts ein Übergang von der alten Lern- und Drillschule zu dynamischeren, innengeleiteten Arbeitsformen ab, die darauf hinzielen, möglichst früh Fremd- in Selbstregulierung zu überführen. Der Zielpunkt pädagogischer Diskurse wandert damit gewissermaßen nach innen: In den Blick fallen jetzt weniger äußere Arrangements zur Regulierung gelehriger Körper (Schulbank, Schulhygiene, raumzeitliche Fixierung im Schulhaus etc.), als vielmehr innere Arrangements (Motivationsstrukturen, psychische Dispositionen, ‚Schulleben', panoptische Kontrollverfahren) zur Sicherstellung der Aufmerksamkeit und Selbstständigkeit des Lernerfolgs. Dem entsprechen neue, flexible Organisationsstrukturen, die oftmals mit dem Etikett ‚frei' versehen werden, und zwar nicht nur auf der Ebene einzelner Klassen (freie Bestuhlung, freies Schülergespräch), sondern ebenso auf dem Niveau gesamtschulischer Institutionalisierung (freie Schulgemeinde, innovative ‚Schulpläne', freie Schulwahl).

Der Unterricht wird zum ‚Gemeinschaftsunterricht', die Klasse wird eine ‚Lebens- und Arbeitsgemeinschaft', die Fremderziehung geht in ‚Selbsterziehung' über. Der Schüler wird dabei in seiner Eigenständigkeit zwar mehr als früher ernst genommen, aber nicht zuletzt deshalb, um ihn in den institutionell vorgegebenen Rahmen der Schule mit geringeren Reibungsverlusten integrieren zu können. Kost hat diesen Wandel von der alten Drillpädagogik zur Reformpädagogik am Verhältnis des Pädagogen zur Hosentasche des Schülers beispielhaft illustriert: Kontrollierte die ‚alte' Pädagogik die Hosentaschen daraufhin, ob sie ein sauberes Taschentuch aufwiesen, so lässt die ‚neue' Pädagogik gerade umgekehrt das darin befindliche Sammelsurium auf den Tisch kehren, um Einblicke ins Schülerleben zu gewinnen und sich die jugendliche Sammelleidenschaft pädagogisch nutzbar zu machen (vgl. Kost 1985, S. 190 f.). Das subjektive Interesse am Schüler wird so unmerklich verkoppelt mit dem objektiven Interesse des Schulsystems an individueller Kraftentfaltung und ihrer Reintegration in einen Gesamtzusammenhang, dessen Funktionsprinzipien den Einzelnen verborgen bleiben – gerade weil alles scheinbar offen zu Tage liegt. Die Lernsituation wird auf diese Weise reorganisiert nach den Prinzipien des ‚Panoptismus‘, wobei das disziplinierende Netzwerk nun nicht mehr über administrative Verfügungen geknüpft wird, sondern vielmehr über flexibel gehandhabte Steuerungsmechanismen des ‚Schullebens‘. Die Individuen rücken auf diese Weise in eine doppelte Position ein: Sie können sich als Subjekte von Prozessen erleben, denen sie dennoch vollständig ausgeliefert bleiben (vgl. Pongratz 1995, S. 191). Diese Doppelstruktur stabilisiert die Fiktion von Autonomie. Die Disziplinarmacht hingegen wird anonym und unangreifbar.

Eine allgemeine Steuerung wird möglich, die in ihren lebensphilosophischen Prämissen eher irrational, ihrem Instrumentarium nach aber rational ist. Reformpädagogik, als Freiheitspädagogik konzipiert und ausgerufen, befördert selbst noch das Moment von Fremdbestimmung nach Maßgabe einer mobilisierten, flexiblen Gesellschaft. Der alte Widerspruch von Freiheit und Herrschaft, den Horkheimer/ Adorno als Kern des neuzeitlichen Aufklärungsprozesses dechiffrierten (vgl. Horkheimer/ Adorno 1968), wandert in eine neue Form der Vergesellschaftung ein. In ihr wird – wie der deutsche Reformpädagoge Peter Petersen freimütig formuliert – „intuitives Erleben und Gestalten mit planvollem Steuern, Irrationales mit Rational-Technischem" (Petersen 1937/ 1970, S. 25) derart verwoben, dass die sanfte Kontrolle die Gestalt einer allgemeinen „politischen Technologie" (Foucault 1976, S. 264) annehmen kann.

Die Disziplinarmacht, von der Foucault spricht, verläuft über die Individuen und durch sie hindurch. Die Individuen der modernen Gesellschaft zirkulieren gewissermaßen in den Maschen der Disziplinarmacht, d. h. sie sind stets in einer Position, in der sie diese Macht zugleich erfahren und ausüben. Sie sind zugleich Produkt von Machtwirkungen wie deren Verbindungselemente. Sie halten einen Mechanismus in Gang, der sie gegen sich selber ausspielt. Wie dies geschieht, zeigt Foucault in exemplarischer Weise an einem Gefängnismodell: an Bentham's Entwurf des Panopticon.

Das Panopticon ist ein ringförmiger Bau, bei dem die Zellen um einen Turm in der Mitte des Gebäudes angesiedelt sind. Die Zellen selbst sind zur Innen- und Außenseite des Gebäudes hin offen, wodurch die Gefangenen (aus der Perspektive des Wärters, der sich im zentralen Turm der Anlage befindet) in einem Zustand permanenter Sichtbarkeit gehalten werden. Der Wärter selbst aber kann sich hinter Sehschlitzen im Turm verbergen, so dass kein Gefangener genau wissen kann, wann und ob er sich im Blickfeld des Wärters befindet. Mehr noch: Das Zentrum der Anlage könnte durchaus leer sein – und doch brächte sie ihre disziplinierende Wirkung zur Geltung.

Dies ist mehr als ein raffinierter Gefängnisbau: Es liefert für Foucault das verallgemeinerungsfähige Funktionsmodell, an dem sich die Beziehungen der Macht zum Alltagsleben der Menschen in der modernen Welt umreißen lassen. Das Panopticon funktioniert gewissermaßen als ‚Machtverstärker‘, der die Effekte der Disziplinarmacht so weit perfektioniert, dass ihre tatsächliche Ausübung sich einem unteren Grenzwert nähert. Die Macht wird tendenziell unkörperlicher, je beständiger, tiefer, feinmaschiger sie Sichtbarkeiten und Sagbarkeiten produziert. Die Macht ‚läuft durch‘, lautet eine von Foucault häufig benutzte Formel.

Um praktisch wirksam zu werden, bedienen sich panoptische Disziplinarformen der Etablierungen von ‚Einschließungsmilieus‘ (wie sie sich im 19. und 20. Jahrhundert herausbildeten). Die Ringmauer des Panopticons symbolisiert recht anschaulich die institutionellen Voraussetzungen, unter denen die (harten oder sanften) Disziplinartechniken ihre Wirkung entfalten können. Die disziplinierenden Effekte des ‚Schullebens‘, hängen an überschaubaren ‚Gemeinschaften‘, in denen jeder jeden sehen kann bzw. jeder sich zeigen und beweisen muss. Der Panoptismus braucht einen ‚Rahmen‘, einen ‚Lebenskreis‘ (wie es etwa beim Reformpädagogen Gaudig heißt), ein spezifisches Milieu (sei es das Mikro-Milieu eines gruppendynamischen Settings, sei es das Milieu einer Familie, einer pädagogischen Einrichtung oder eines sozialen Feldes). In gewissem Sinn könnte man sagen: Im Kreis konzentriert sich faktisch wie symbolisch die sanfte Disziplinartechnik: vom Stuhlkreis bis zum 360-Grad-Feedback, von der Morgenrunde bis zum Qualitätszirkel, vom Teamgespräch bis zum runden Tisch.

Praktisch alle großen Einschließungsmilieus des 19. und 20. Jahrhunderts (die bürgerliche Kleinfamilie, das Kranken- und das Irrenhaus, das Gefängnis, die Schule, die Fabrik) handhaben die gleichen Disziplinarstrategien. Deleuze fasst ihre Grundoperationen wie folgt zusammen: „Konzentrieren; im Raum verteilen; in der Zeit anordnen; im Zeit-Raum eine Produktivkraft zusammensetzen, deren Wirkung größer sein muss als die Summe der Einzelkräfte" (Deleuze 1993, S. 254).

Was aber geschieht, wenn die Einschließungsmilieus in eine Krise geraten? Dass sie nämlich (seit dem letzten Drittel des 20. Jahrhunderts) in einer Krise sind, pfeifen inzwischen die Spatzen von den Dächern. Wie immer tauchen in solchen Krisenzeiten die Herolde einer neuen Freiheit auf, die den Untergang abgelebter Disziplinarformen zum Morgenrot eine neue Autonomie verklären möchten. Doch finden sich in solchen Zeiten auch kritische Köpfe, die ihre Perspektiven aus einer nüchternen (und ernüchternden) Analyse gewinnen: „Wir befinden uns in einer allgemeinen Krise aller Einschließungsmilieus", heißt es entsprechend bei Deleuze. „Eine Reform nach der anderen wird von den zuständigen Ministern für notwendig erklärt: Schulreform, Industriereform, Krankenhausreform, Armeereform, Gefängnisreform. Aber jeder weiß,

dass diese Institutionen über kurz oder lang am Ende sind. Es handelt sich nur
noch darum, ihre Agonie zu verwalten und die Leute zu beschäftigen, bis die
neuen Kräfte, die schon an die Tür klopfen, ihren Platz eingenommen haben.
Die Kontrollgesellschaften sind dabei die Disziplinargesellschaften abzulösen"
(ebd., S. 255).

Fortsetzung von Kapitel 4.1

Fand die Disziplinarmacht ihren genuinen Ausdruck in Akten der Disziplinierung, Normierung und Normalisierung, so entwickeln Kontrollgesellschaften
demgegenüber ein neues Repertoire von Führungstechniken: ‚Disziplin‘ und
‚Norm‘ garantieren heute längst keine Produktivität mehr; an ihre Stelle treten
‚Flexibilität‘, ‚Motivation‘, ‚Zielvereinbarung‘, ‚Selbstorganisation‘ oder ‚Modularisierung‘. Deleuze thematisiert diesen Wandel als Übergang von der ‚Fabrik‘ zum ‚Unternehmen‘: „Die Fabrik", schreibt er, „setzte die Individuen zu
einem Körper zusammen... Das Unternehmen jedoch verbreitet ständig eine
unhintergehbare Rivalität als heilsamen Wetteifer und ausgezeichnete Motivation, die die Individuen zueinander in Gegensatz bringt, jedes von ihnen
durchläuft und in sich selbst spaltet" (ebd., S. 257). In seiner eigenen, präg-
nanten Bildsprache tastet sich Deleuze an den Unterschied, um den es ihm
geht, heran: „Die Einschließungen sind unterschiedliche *Formen*, Gussformen,
Kontrollen jedoch sind eine *Modulation*, sie gleichen einer sich selbst verfor-
menden Gussform, die sich von einem Moment zum anderen verändert [...]"
(ebd., S. 256).

Das ‚Unternehmen‘ löst jedoch nicht nur die ‚Fabrik‘ ab; es wird zum ver-
allgemeinerbaren Modell der neuen Kontrollformen überhaupt. Sie verbinden
Freiheit und Herrschaft in der paradoxen Figur „freiwilliger Selbstkontrolle"
(vgl. Pongratz 2004). „Familie, Schule, Armee, Fabrik", schreibt Deleuze,
„sind keine unterschiedlichen analogen Milieus mehr, die auf einen Eigentü-
mer konvergieren, Staat oder private Macht, sondern sind chiffrierte, defor-
mierbare und transformierbare Figuren ein und desselben Unternehmens, das
nur noch Geschäftsführer kennt" (Deleuze 1993, S. 260). Hätte Deleuze den
Terminus der ‚Ich-AG‘ bereits gekannt, an diesem Punkt seine Überlegungen
hätte er fallen müssen. Die Grundfiguren des Transformationsprozesses jedenfalls sind weit vorausgesehen: Deleuze formuliert den vorweggenommenen
Kommentar zur aktuellen Bildungsreform: Wie „das Unternehmen die Fabrik
ablöst, löst die permanente Weiterbildung tendenziell die Schule ab, und die
kontinuierliche Kontrolle das Examen. Das ist der sicherste Weg, die Schule
dem Unternehmen auszuliefern. In der Disziplinargesellschaft hörte man nie
auf anzufangen (von der Schule in die Kaserne, von der Kaserne in die
Fabrik), während man in den Kontrollgesellschaften nie mit irgendetwas fertig
wird" (ebd., S. 257). Das ganze Leben wird zur Vorbereitung aufs Leben. Oder
anders: das ganze Leben erscheint als eine einzige, schwankende Modulation.

In Deleuzes Sprachbild: Der Mensch der Kontrollgesellschaft erscheint „wellenhaft [...]. Überall hat das Surfen schon die alten Sportarten abgelöst" (ebd., S. 258). Wir sind umgeben von Surfern: Freizeitsurfern, Internetsurfern, Zeitgeistsurfern (vgl. Pongratz 2003).

„Vielleicht kommt im Geld noch am besten der Unterschied der beiden Gesellschaften zum Ausdruck, weil die Disziplin immer im Zusammenhang mit geprägtem Geld steht, zu dem das Gold als Eichmaß gehört, während die Kontrolle auf schwankende Wechselkurse, auf Modulationen verweist, die einen Prozentsatz der verschiedenen Währungen als Eich-Chiffre einführen" (Deleuze 1993, S. 258). Man könnte auch sagen: Die Kontrollgesellschaft setzt nicht mehr auf Individuen – auf lokalisierbare, fixierbare Identitäten – sondern auf Stichproben, Durchschnittswerte, Wechselkurse oder ‚Banken‘ (von Datenbanken bis zu Genbanken). „Die Individuen", so kommentiert Deleuze, „sind ‚dividuell‘ geworden [...]" (ebd., S. 258). Ihre Signatur, ihr authentischer Schriftzug, verliert zusehends an Wert. Denn die Sprache der Kontrolle besteht aus Nummernkombinationen, Passwörtern, Chiffren. Sie organisieren den Zugang zu oder den Ausschluss von Informationen und Transaktionen. Das ‚Unternehmen‘ bedient sich der numerischen Sprache der Kontrolle (vom Bildungscontrolling bis zur Rankingliste, von der Drittmittelquote bis zum Zitationsindex). Die Eroberung der Märkte läuft über die Kontrolle von Datenflüssen – und umgekehrt: Die neuen Kontrollformen bedienen sich des Marketing. „Man bringt uns bei", schreibt Deleuze, „dass die Unternehmen eine Seele haben, was wirklich die größte Schreckens-Meldung der Welt ist. Marketing heißt jetzt das Instrument der sozialen Kontrolle und formt die schamlose Rasse unserer Herren. Die Kontrolle ist kurzfristig und auf schnellen Umsatz gerichtet, aber auch kontinuierlich und unbegrenzt, während die Disziplin von langer Dauer, unendlich und diskontinuierlich war. Der Mensch ist nicht mehr eingeschlossen, sondern der verschuldete Mensch" (ebd., S. 260). Man braucht diese Sätze nur auf dem Hintergrund der Debatte um Studiengebühren diskutieren, um zu verstehen, was kommt: die dauerhafte Verschuldung aller, die sich zum Hüter ihres eigenen Humankapitals machen müssen, um ein halbes Leben abzuzahlen, was ihnen in der anderen Hälfte ihres Lebens an Bildung verkauft wurde.

Doch wird niemand gezwungen sich in Schulden zu stürzen. Es ist die ‚freie‘ Entscheidung von ‚freien‘ Selbst-Unternehmern, aus sich selbst etwas zu machen (oder abgeschrieben zu werden). Darin gerade liegt das Perfide der neuen Kontrollformen. Ihr Hauptmerkmal besteht – wie es bei Deleuze heißt – darin, von „freiheitlichem Aussehen" (ebd., S. 255) zu sein. Sie verlagern Führungskapazitäten von zentralisierenden Instanzen weg auf ‚selbstverantwortliche‘ und ‚selbstorganisierende‘ Einzelne. Darin kündigt sich ein grundlegender Wandel an: der Umbruch der politischen Technologie der Disziplinierung hin zu neuen Formen der ‚Gouvernementalität‘.

4.2 Gouvernementalität: Die Führung der (Selbst-)Führungen

Damit ist ein weiteres, zentrales Stichwort gefallen; wir verdanken es dem
‚späten Foucault' (Ende der 70er/ Anfang der 80er Jahre). Foucault war ebenso wenig wie Deleuze verborgen geblieben, dass sich die alte Disziplinargesellschaft längst in Auflösung befand: „Wir stehen", so schrieb er, „vielleicht
am Beginn einer großen krisenhaften Neueinschätzung des Problems der Regierung" (Foucault zit. n. Lemke 1997, S. 240). Allerdings: wenn hier von
‚Regierung' die Rede ist, dann nicht in unserem heutigen, engen Sprachge-
brauch. Während ‚Regierung' von uns heute ausschließlich politisch verstanden wird, zeigt Foucault, „dass sich das Problem der Regierung bis ins 18.
Jahrhundert hinein in einen allgemeineren Rahmen stellte. Von Regierung war
nicht nur in politischen Texten, sondern auch in philosophischen, religiösen,
medizinischen, pädagogischen etc. Arbeiten die Rede. Über die Lenkung des
Staates oder der Verwaltung hinaus meinte ‚Regierung' auch Probleme der
Selbstbeherrschung, der Leitung der Familie und der Kinder, der Steuerung
des Haushalts, die Lenkung der Seele etc. Aus diesem Grund bestimmt Foucault Regierung als Führung, genauer gesagt als „Führung der Führungen"
(Foucault 1987, S. 255), die ein Kontinuum umfasst, das von der ‚Regierung
des Selbst' bis zur ‚Regierung der Anderen' reicht" (Lemke 2002, S. 46).
   Was Foucault im Rahmen seiner Untersuchung von Regierungsformen vor
allem interessiert, das ist das Beziehungsnetz von subtilen Zwängen, die sich
zusehends der Individuen bemächtigen, indem sie sie zu permanenter Selbst-
prüfung, Selbstartikulation, Selbstdechiffrierung und Selbstoptimierung anstacheln. Kurz: Foucault interessiert sich für die ‚Subjektivierungspraktiken' der
Gegenwartsgesellschaft (vgl. Pongratz 2009, S. 28 ff.). Zu diesem Zweck entwirft er das Konzept der ‚Gouvernementalität'. In ihm kommt ein spezielles
Forschungsinteresse zum Ausdruck: Foucault geht der Frage nach, wie sich
politische Regierungsformen mit spezifischen (Selbst-)Führungstechniken verbinden; oder anders: wie ‚Regierungslogiken' und ‚Subjektivierungspraktiken'
miteinander verknüpft sind.
   Foucaults Rekonstruktion unterscheidet vor allem drei Führungsformen: die
antike ‚Führung von Gemeinwesen', die christliche ‚Führung der Seelen' und
die seit dem 17. Jahrhundert sich ausbildende ‚Führung von Menschen' (der
sich – nebenbei bemerkt – die moderne Pädagogik verdankt). Diesen Führungsformen entsprechen spezifische Staatskonzeptionen, wobei für unsere
Überlegungen vor allem der (sich seit dem 16. und 17. Jahrhundert heraus bildende) moderne ‚Regierungsstaat' Bedeutung gewinnt. Diese Staatsform ist in
erster Linie nicht mehr durch Territorialität bestimmt, sondern durch eine
Masse: die Masse der Bevölkerung. Um diese Masse regieren zu können, bedarf es einer spezifischen ‚Regierungstechnologie' mit dem Ziel, die Herrschaft abzusichern.
   Der Liberalismus als Regierungsform moderner Staaten entwickelt diese Si-
cherungstechnologie, indem er die Bedingungen organisiert, unter denen die

Individuen ‚frei' sein können. Man könnte auch sagen: Er ‚fabriziert' oder ‚produziert' die Freiheit (vgl. Lemke u. a. 2000, S. 14). Foucault rückt also unsere landläufige Auffassung vom Liberalismus zurecht:

Der Liberalismus garantiert nicht einfach die rechtliche Freiheit von Individuen, sondern er regiert über sie. Diese Unterscheidung wird wichtig, um die aktuelle Transformation liberaler Strategien verstehen zu können: Während der traditionelle Liberalismus „durch die Überwachung und Organisation der ‚Produktionsbedingungen der Freiheit' und damit auch des Marktes gekennzeichnet war, wird dieser nun selbst zum organisierenden und regulierenden Prinzip des Staates" (vgl. Kessel 2001, S. 6).

Dieser Transformationsprozess ruft neuartige gouvernementale Strategien auf den Plan. Foucault zeigt, wie die Restrukturierung von Staat und Gesellschaft mehr denn je darauf abzwecken muss, Selbsttechnologien zu erfinden und zu fördern, die an Regierungsziele angekoppelt werden können. Im Rahmen neoliberaler Gouvernementalität signalisieren Selbstbestimmung, Verantwortung und Wahlfreiheit daher „nicht die Grenze des Regierungshandelns, sondern sind selbst ein Instrument und Vehikel, um das Verhältnis der Subjekte zu sich selbst und zu den anderen zu verändern. Der Abbau wohlfahrtsstaatlicher Interventionsformen wird flankiert von Regierungstechniken, die die Führungskapazität von staatlichen Apparaten und Instanzen weg auf ‚verantwortliche', ‚umsichtige' und ‚rationale' Individuen verlegen" (Lemke u. a. 2000, S. 30; vgl. Opitz 2004).

Im Zuge dieser Gewichtsverlagerung gewinnt Pädagogik eine immense Bedeutung: Schule und Weiterbildung, Erziehungseinrichtungen und Sozialarbeit werden eingebunden in einen strategischen Komplex, der darauf abzweckt, die gesellschaftlichen Verhältnisse auf der Grundlage einer neuen Topographie des Sozialen zu recodieren. Die Bildungsreform erweist sich in dieser Perspektive als gouvernementale Strategie par excellence.

4.3 Systemumbau: Bildungsreform als gouvernementale Strategie

Bereits seit längerer Zeit halten gouvernementale Kontrollformen im Schulsystem Einzug, auch wenn das Selbstverständnis der propagierten Reformmaßnahmen gern davon absehen möchte (vgl. Breit u. a. 2005). Gerade die Informalisierung der pädagogischen Verhältnisse – die Auflösung der ehedem monolithisch verfassten Schule mit starrem Selbstverständnis, die Abflachung von Hierarchien, ein neues Bürokratieverständnis, neue Steuerungsmodelle, die Autonomisierung von Teilbereichen, die Einbindung von Betroffenen in Entscheidungsprozesse – all dies führt zu einer neuen ‚Verhandlungskultur', die nicht das Verschwinden, sondern eine größere Diffusion von Machtwirkungen zur Folge hat.

Was derzeit unter den Stichworten ‚Selbstorganisation' bzw. ‚lernende Organisation' zur Schulreform diskutiert wird, trägt auf den ersten Blick zwar das Gesicht der Humanisierung, läuft letztendlich jedoch darauf hinaus, die Zumutungen an die in der Institution lebenden und lehrenden Menschen tiefer zu legen. Dafür sprechen eine Reihe von Indizien (vgl. Helsper 1990, S. 31, 85, 186 f.): Partnerschaftliche Ideale und die größere Zuschreibung von Eigenverantwortlichkeit an Schüler bedeuten, dass das, was ehemals unmittelbarer Fremdzwang oder internalisierte Autorität leisteten, jetzt durch Selbstzwang erreicht werden muss. „Diese Zwangsverhältnisse tarnen sich als egalitäre Kommunikation zwischen Schülern, Lehrern und Schulleitung, wobei häufig verwischt wird, dass den tatsächlichen Entscheidungsspielräumen (durch bürokratische Vorgaben, administrative und ökonomische Strukturen) enge Grenzen gesetzt sind" (Boenicke 1998, S. 178). Zugleich werden damit die Distanz gegenüber schulischen Prozessen und der Schutz des eigenen Selbst erschwert. Es entsteht eine inkonsistente Nähe, die Schüler stärker in die Schule einbindet, verletzbarer und schutzloser macht. Diese Sogwirkung ist Teil des gouvernementalen Arrangements, mit der das Bildungssystem insgesamt in das politische Projekt des Neoliberalismus eingebunden wird. Das Paradigma der Selbstorganisation bildet dabei gleichsam das Herzstück des Macht-Wissens-Komplexes, durch den der Neoliberalismus, die Kommerzialisierung der Bildung und konstruktivistisch-systemtheoretische Theoriemodelle miteinander verknüpft sind. Die Verbindung von Selbsttechnologien mit neuartigen gouvernementalen Kontrollstrategien, die ‚freiwillige Selbstkontrolle‘ der Individuen, lässt sich auf allen Ebenen des Bildungssystems nachzeichnen:

– So wie aus Lohnempfängern ‚Arbeitskraftunternehmer‘ (vgl. Voß/ Pongratz 1998), ‚Ich-AGs‘ oder ‚Intrapreneure‘ werden sollen, so werden Schüler umdefiniert zu Selbstmanagern des Wissens, zu autopoietischen ‚lernenden Systemen‘, denen vor allem dann Erfolg in Aussicht gestellt wird, wenn sie moderne Managementqualitäten an sich selbst entwickeln, also: sich die Produktionsmittel zur Wissensproduktion aneignen (Lernen des Lernens), sich unter den Selbstzwang permanenter Qualitätskontrolle und –optimierung setzen (Qualitätsmanagement), sich gleichermaßen als Kunde wie als Privatanbieter auf dem Bildungsmarkt begreifen lernen (Selbstmanagement), sich permanenten Kontrollen, Prüfverfahren und Zertifizierungen aussetzen (Selbstoptimierung) usw. Alle – Schüler wie Lehrer, Teilnehmer wie Kursleiter – werden zu ihrem eigenen Kompetenzzentrum. Entsprechend rückt der Kompetenzbegriff ins Zentrum pädagogischer Reflexion. Der Kompetenzbegriff kann seine Verwandtschaft mit ‚competition‘, mit Wettbewerb und Konkurrenz, nicht verleugnen. (Verwundert es da noch, dass Kompetenzmessverfahren wie PISA die Bildungskonkurrenz unablässig anstacheln?) Dabei wird Kompetenz verstanden als die Gesamtheit der „Voraussetzungen eines Menschen, eines Teams, einer Organisation oder eines Unternehmens, in Situationen mit garantiert unsicherem Ausgang einigermaßen sicher zu handeln" (Erpenbeck 2001, S. 206). Kompetenzen sollen „im Dschungel globalisierter Märkte" (ebd. S. 206) die Möglichkeiten zum selbstgesteuerten Lernen sicherstellen. Selbstgesteuert aber sei das Lernen dann, wenn „die Lernziele und die zu ihnen führenden Operationen und Strategien vom lernenden System selbst bestimmt werden" (ebd. S. 204). Die subtile Transformation von Selbststeuerung in Selbstbestimmung kaschiert jedoch lediglich die sozio-technische Instrumentierung von Lernprozessen, die der Kompetenzdiskurs mittransportiert. Denn Selbststeuerung zielt nur auf ein Segment dessen, was einmal mit Selbstbestimmung gemeint war: auf funktionsgerechtes Verhalten (vgl. Boenicke 1998, S. 2 f.).

– Unter der Hand macht der Begriff der Selbststeuerung klar, dass es nichts mehr gibt, woran das Selbst sich halten könnte – außer an sich. Angesichts der unkontrollierbaren Verhältnisse, die sich über ihm zusammenziehen, ist das herzlich wenig. Dass im Dschungel der Marktverhältnisse keine Sicherheiten mehr existieren, die garantieren könnten, mit den eigenen Strategien erfolgreich zu sein, findet seinen Widerhall in der konstruktivistischen These von der ‚Nichtplanbarkeit' und Kontingenz des Lerngeschehens. Dass dennoch jeder sein Letztes geben muss, um den Anschluss nicht zu verlieren, findet seinen Ausdruck in den Maximen der ‚Viabilität' und ‚Anschlussfähigkeit', an denen der Erfolg von Lernprozessen gemessen wird. Auf der Ebene des Unterrichtsprozesses wird so ein neues Vokabular in Umlauf gesetzt, das Unterrichten als eine Art Lernmanagement begreift, als Arrangement und Steuerung von Lernsituationen, in denen es letztlich den Einzelnen überlassen bleibt, das Beste daraus zu machen (oder zu scheitern). In unmittelbarer Übersetzung von Enabeling-Strategien des betriebwirtschaftlichen Managements propagiert die systemtheoretisch-konstruktivistische Pädagogik eine neuartige ‚Ermöglichungsdidaktik' (vgl. Arnold/ Siebert 1995). Sie sanktioniert auf didaktisch-methodischer Ebene den ökonomisch fälligen Übergang von fordistischen Formen der Bildungsproduktion (mit operationalisierten Zielvorgaben, definierten Curriculumelementen und einem entsprechenden Methodenset) zu postfordistischen Steuerungsmodellen. Der Modus der sozialen Steuerung wird umgestellt von einer expertenorientierten Reglementierung hin zu einer kunden- und subjektorientierten mobilen Anpassungsstrategie. Ungewissheit bzw. Kontingenz werden dabei subjektiv umdefiniert: Sie sollen „nicht mehr ausschließlich als Bedrohung, [...] sondern als Freiheitsspielraum und damit als Ressource, die es zu erschließen gilt" (Bröckling 2000, S. 133), wahrgenommen werden. Entsprechenden Lernarrangements fällt die Aufgabe zu, die erwünschten Subjektivierungspraktiken ineins zu ermöglichen und funktional zu begrenzen. Zurückgegriffen wird dabei zumeist auf ältere reformpädagogische Modelle. „Alle pädagogischen Elemente, die einmal zur autonomen Subjektbildung gedacht waren, Projektlernen, Situationslernen, komplexe Lernarrangements und vieles mehr tauchen als neue Mittel auf" (Röder 1989, S. 186), um die Individuen in gouvernementale Strategien einzubinden.

–   Dem dient auf institutioneller Ebene die Reorganisation von Bildungsein-
    richtungen als marktorientierten Service-Centern. Ihr Zweck ist nicht
    mehr ‚Bildung‘, sondern die Vermarktung von Wissen, die nun formal
    nach dem Muster betrieblicher Projektabwicklung gehandhabt wird.
    Schulehalten wird zur Projektmanagementaufgabe: vom Unterrichten und
    Beurteilen bis hin zur Drogenprävention oder zum Ausrichten von Schul-
    feiern. Entsprechend verschwindet der Lehrer, um als Projektberater oder
    Evaluationsmanager wieder aufzuerstehen (vgl. Schirlbauer 1998, S. 56;
    Ribolits/ Zuber 2004). Die moderne Unternehmensführung im Unterricht
    soll eine ‚corporate identity‘ – ein unverwechselbares Schulprofil – ent-
    wickeln, dem auf der Handlungsebene ein ‚corporate behavior‘ und auf
    struktureller Ebene ein ‚corporate design‘ entsprechen. Die Effektivität
    und Effizienz des gesamten Unternehmens lässt sich allerdings nicht
    mehr durch partielle Maßnahmen sicherstellen, sondern erzeugt einen ma-
    nifesten Bedarf an Organisations- und Personalentwicklung. Es etabliert
    sich ein ‚permanentes Qualitätstribunal‘ (vgl. M. Simons 2003, S. 617
    ff.), das die gesellschaftlich fabrizierten Gesetze der Ökonomie mit dem
    Schleier der Unvermeidlichkeit umgibt. „Es gibt ein ganzes Spiel mit den
    Konnotationen und Assoziationen von Wörtern wie Flexibilität, Anpas-
    sungsfähigkeit, Deregulierung, das glauben macht, die neoliberale Bot-
    schaft sei eine der allgemeinen Befreiung“, schreibt der französische So-
    ziologe Bourdieu (Bourdieu 1998, S. 50). Verschärfte Konkurrenz unter
    Lehrenden und Lernenden wird als ‚Leistungsgerechtigkeit‘ ausgegeben;
    die Einführung von Schul- und Studiengeldern wird zur ‚Kostenbeteili-
    gung‘ und das Plädoyer für neue Führungsstrukturen kommt als ‚koopera-
    tive Autonomie‘ daher (vgl. Müller-Böling 2000, S. 40 f.; Bennhold 2002,
    S. 293). Dazu passt der zynische Unterton, mit dem die Bertelsmann-AG
    – Promotor des CHE (Centrum für Hochschulentwicklung) – ihr Jahres-
    motto 1999 präsentierte: „Jeder ist unseres Glückes Schmied.“ Das Motto
    decouvriert auf unfreiwillige Weise die raffinierte Kombination von
    Fremd- und Selbstunterwerfung, der der aktuelle Umbau des Schulsys-
    tems zuarbeitet. Sein wesentlicher Effekt besteht darin, das zu erzeugen,
    was Simons (in Anlehnung an Foucault) den ‚Willen zur Qualität‘ nennt.
    In ihm schürzt sich der Knoten von „advanced liberalism, the permanent
    economic tribunal and the enterprising self“ (Simons 2002, S. 619), kurz:
    von Neoliberalismus, einem beständigen ökonomischen Tribunal und ei-
    nem Verständnis des Individuums als ‚Selbstvermarkter‘.
–   Das totale Qualitätsmanagement, das sich als treibender Motor der Trans-
    formation von Schule und Weiterbildung etabliert, wird seinem totalitären
    Anspruch durchaus gerecht: Die Freiheit der Firma „Ich & Co.“ (vgl.
    Bridges 1996) besteht in der freiwilligen Selbstunterwerfung unter ein
    permanentes und umfassendes ökonomisches Tribunal (als dessen Aus-
    führungsorgane sich Unternehmensberatungen in Szene setzen). Dem
    korrespondiert eine beständige Selbstprüfung und Evaluation. Die zeitge-

nössische ‚Mikrophysik der Macht' lässt die alten Techniken des Überwachens und Strafens weit hinter sich; stattdessen setzt sie auf Benchmarking, Qualitäts-Audits, Empowerment und Tests (vgl. Bröckling u. a. 2000, S. 35).

Die PISA-Untersuchung zieht ihre Attraktion und ihren Schrecken aus einem Gewaltzusammenhang, in dessen Netz PISA selbst als Schaltstelle fungiert. PISA kann daher mit Fug und Recht als ‚Machtverstärker' interpretiert werden, der Disziplinarprozeduren in einen endlos erscheinenden Zeithorizont verlängert. PISA etabliert nicht einfach eine normierende und normalisierende Praktik, die Standards setzt, welche erreicht oder verfehlt werden können. Vielmehr handelt es sich um eine dynamische Form der Qualitätsmessung, die eine Jagd nach immer neuen Rekorden auslöst. Weil in diesen Prüfprozessen die eigene Position immer nur relational zu jener der Mitbewerber bestimmt wird, hört der Zwang zur Leistungssteigerung niemals auf. Jeder rückt gleichzeitig und gleichermaßen in die Rolle des Preisrichters und Wettbewerbers, des Gewinners und Verlierers, des Selbst-Unternehmers und Leibeigenen. Wo die Diktatur des Komparativs herrscht, da wird – in einer Variation Hegels – der Weltmarkt zum Weltgericht (vgl. Bröckling 2000, S. 162). Entsprechend setzen sich Consulting-Unternehmen als berufene Agenten des Weltgeistes in Szene.

4.4 Wahrheitsmaschine: PISA als Machtverstärker

Vielleicht wird in dieser Perspektive verständlich, was den PISA-Schock wirklich ausgelöst hat: Der Weltmarkt und sein Reforminstrumentarium – international implementierte Testbatterien – etablieren sich als Weltgericht. Weitere Tests sind bereits angekündigt und die OECD als ideeller Gesamtmanager wird alles daransetzen, den Prozess fortzuführen. Denn es geht um kalkulierte Gewinnerwartungen und Machtinteressen. Hinter der verführerischen Animation zur freiwilligen Einstimmung in fremdbestimmte Verhältnisse lugt eine beinharte Realität hervor. Dies zeigt sich am klarsten im Kampf um Urheberrechte und Lizenzen für bildungsbezogene Testverfahren. Wer das weltweite Monopol für die Durchführung von Tests besitzt (wie etwa das amerikanische Unternehmen Sylvan Learning Systems für den TOEFL- und GMAT-Test (vgl. Lohmann 2002 c, S. 271)), dem sind nicht nur immense Gewinne, sondern bildungspolitische Einflussbereiche garantiert. Tendenziell verschiebt sich damit die Entscheidungsgewalt über Qualitätskriterien von öffentlichen Instanzen hin zu international agierenden Privatanbietern, denen es ermöglicht wird, über ihre Testverfahren „schließlich die Qualitätsstandards und vor allem die Kriterien für Qualität" (Fritz/ Scherrer 2002, S. 30) zu bestimmen. Kein Wunder, dass große amerikanische Bildungskonzerne darauf drängen, im Rahmen der GATS-Verhandlungen bildungsbezogene Testverfahren freizugeben. Es braucht keine hellseherischen Fähigkeiten, um vorauszusagen, dass in Zukunft Schulprofile, Module oder Kerncurricula von Hochschulstudiengängen mit eigenen Urheberrechten geschützt werden, um sie international vermarkten zu können.

Dass bildungsbezogene Tests mehr sind als neutrale Instrumente der Leistungsmessung, macht die bundesweite Aufregung über die Ergebnisse des PISA-Tests deutlich. Seitdem sind Bildungspolitiker unterschiedlichster Couleur darum bemüht, die Ergebnisse der PISA-Untersuchung für ihre Zwecke zurechtzustutzen, nicht ohne eilfertig zu versichern, alles Erdenkliche zu tun, um den nächsten Testlauf besser zu bestehen. Statt die Zumutungen des Tests kritisch zu hinterfragen oder zurückzuweisen, wird PISA zum willkommenen Anlass, die Initiation in die Kontrollgesellschaft fortzuschreiben. PISA dient als strategisches Element in einer ganzen Kette von Maßnahmen, die eine neue ‚Qualitäts-Kultur‘ hervorbringen sollen: einen ‚Willen zur Qualität‘ als Kern von Subjektivierungspraktiken, der schon in frühester Kindheit aufgebaut werden soll. An der Funktion und Wirkung des PISA-Tests lässt sich das widersprüchliche Gefüge, in dem sich die aktuelle Reform vollzieht, deutlich vor Augen führen:

- PISA ist keine traditionelle Ergebnisprüfung; PISA testet auch keine Persönlichkeitsmerkmale von Schülern, sondern deren Performance zur Bewältigung zukünftiger Aufgaben. Daher orientieren sich die Test-Items auch überwiegend nicht an schulischen Curricula, sondern an allgemeinen, für das Leben der Schüler als basal unterstellten (man könnte auch sagen: virtuellen) Anforderungsprofilen. Grundlage ist ein enges, psychologisch bestimmtes Verständnis von ‚selbstreguliertem Lernen‘, das vor allem die Fähigkeit zum Aufbau von ‚Lernstrategiewissen‘ bzw. die ‚Strategienutzung‘ betrifft.

- Auf Grund der zukunftsorientierten Testkonstruktion lässt sich kein Ende des Testvorgangs mehr angeben; es gibt nur noch ‚Zwischenergebnisse‘, die zur Grundlage des nächsten Testdurchlaufs werden. Die einmal begonnene Erhebung erfordert Folgetests, aus denen jeweils neue Anforderungen erwachsen. Auf diese Weise wird die Lernbiografie zum Dauertestgelände und geraten Schulen unter permanenten Reformzwang. Lernen ist nur noch als ‚lebenslängliches Lernen‘ zu haben.

- „PISA lehrt uns, Bildung sei das Geschick, letztlich an der richtigen Stelle ein Kreuzchen zu machen“ (Jahnke/ Meyerhöfer 2006, S. 15). Was ‚Bildung‘ oder ‚Grundbildung‘ ist, bestimmt die Test-Pragmatik – nicht umgekehrt. Doch gehen diese Vorentscheidungen gewöhnlich im Ergebnis unter. „Wie die eingesetzten Methoden in den Forschungsergebnissen ihre Spuren hinterlassen, diese präformieren, erfahren wir trotz aller technischen Manuale nicht“ (ebd., S. 20). Diese Spuren lassen sich auch deshalb nur schwer erfassen, weil das Aufgabenmaterial nicht offen vorliegt. Daraus resultieren Fehlschlüsse eigener Art, die an das Torwand-Schießen im ZDF-Sportstudio erinnern: „Der gute Fußballspieler trifft auch unter den Scheinwerfern im Sportstudio das Loch in der Torwand; und wer das Loch in der Torwand trifft, ist statistisch gesehen ein guter Fußballspieler. Das legt natürlich den Fehlschluss nahe, dem zwar keine Fußballtrainer, aber doch nun im übertragenen Sinne manche Bildungspolitiker und -administratoren auch öffentlich erliegen, das Training auf das Zielen auf die Torwand zu beschränken" (ebd., S. 15).

– PISA präsentiert sich zwar als Aufklärungs-Instrument, doch erweist sich das gesamte Testarrangement als Teil des Schleiers, den kulturindustrielle Produktionen beständig weben. „Das Ganze ist erkenntnismäßig weniger als die Summe seiner Teile [...]" (ebd., S. 80). So verwundert es nicht, dass am Ende die komplexe Testkonstruktion „von niemandem in Gänze durchschaut werden (kann), auch von der Projektleitung nicht. Man wird dadurch in der Debatte immer wieder an ,Verantwortliche' verwiesen, die aber auch immer nur einen bestimmten Teil des Ganzen vertreten" (ebd., S. 74).

– PISA testet keine vorweg definierten Idealnormen, sondern konzentriert sich auf statistische Durchschnittswerte: Zwischen ,normal' und ,abnormal' erstreckt sich ein Kontinuum, in dem sich die Getesteten verorten sollen. „Der statistische Durchschnitt ist nicht der Sollwert, dem sich die Testperson annähern, sondern die Norm, die überschritten werden soll" (Lemke 2004, S. 266). Daran zeigt sich, wie der PISA-Test diagnostische Erhebung und normierende Selektion strategisch verkoppelt. Was immer die Testergebnisse repräsentieren: Es wird zum Anlass korrigierender (Selbst-) Praktiken, zur unablässigen ,Sorge um sich', zur fortgesetzten Selbstentzifferung.

– In diesem Sinn ließe sich auch sagen: PISA ist – wie jeder Test – eine ,Wahrheitsmaschine', die nicht einfach eine bereits untergründig vorliegende, aber noch unerkannte Wahrheit ans Licht bringt, sondern die die ,Wahrheit' der Testpersonen allererst produziert. PISA bringt das Wirklichkeitsfeld hervor, das dann zum Ansatzpunkt neuer Kontrollstrategien wird.

– PISA produziert als ,Wahrheitsmaschine' widersprüchliche Effekte eigener Art. Dies zeigt sich z B. daran, einerseits Normalitätsstandards ohne Unterlass einzufordern, andererseits jedoch laufend Abweichungen und Differenzen zu identifizieren. Auf diese Weise wird die Einmaligkeit des Einzelnen ständig beschworen, zugleich aber auch systematisch verworfen. Es wird die Einmaligkeit von Schule (ihr unverwechselbares Profil, ihre ,corporate identity') beständig eingefordert, zugleich aber ihre Orientierung an generalisierenden (Bildungs-)Standards zur Pflicht gemacht.

– Die innere Widersprüchlichkeit des PISA-Test zeigt sich auch an seinem gebrochenen Verhältnis zur Kritik: Auf der einen Seite fordert PISA zur permanenten Kritik (und Selbstkritik) heraus. PISA hinterfragt die Produktion eigens definierter ,Kompetenzen' und überprüft deren Selbstverständlichkeit. Gleichzeitig aber wird die kritische Selbstreflexion im Rahmen des Untersuchungsverfahrens instrumentalisiert, um sich „gegen Einwände und Vorbehalte zu immunisieren. Kritik darf geübt werden an den konkreten Maßstäben eines Tests, nicht an der Praxis des Testens selbst. Die Ergebnisse mögen provisorisch sein, die Prämissen sind es nicht" (ebd., S. 268).

Gleichwohl lässt sich nicht verhindern, dass genau diese Praxis ins Zentrum pädagogischer Kritik gerät. Das gilt für vergangene wie aktuelle Reformprojekte. Martin Wagenscheins autobiografische „Erinnerungen für morgen" (1983) liefern dafür ein prägnantes Beispiel. Seine Kritik der Bildungsreform der 70er Jahre bringt er folgendermaßen auf den Punkt: Niemand, so schreibt er, habe damals ahnen können, wie sehr „eine ‚mißratene' Reform die öffentliche Schule der Zwangsidee ausliefern könnte, Unmeßbares als exakt Meßbares zu mißhandeln. [...] Unaufhörliche Leistungs-Messung machte die Leistung zum Phantom" (ebd., S.69). Morgen wird keiner mehr sagen können, er habe dies heute nicht gewusst.

Zweiter Exkurs:
Fluchtgefahr:
Kritik der Befreiung als Befreiung von Kritik?

Vermutlich gibt es nur wenige Monographien, die ohne Unterbrechungen, ohne Denkpausen oder Perspektivenwechsel verfasst werden. Die vorliegende Monographie jedenfalls entstand in mehreren Anläufen. Zwar lassen sich die Nahtstellen zwischen verschiedenen Textteilen rhetorisch retuschieren. Doch lösen sich dadurch divergente Theorieperspektiven nicht einfach in Luft auf. Dies gilt vor allem für die theoretischen Zugänge, die einerseits im zweiten und dritten Kapitel, andererseits im vierten Kapitel dieser Monographie entworfen werden. Während das zweite und dritte Kapitel im Horizont Kritischer (Bildungs-)Theorie argumentiert, bedient sich das vierte Kapitel eines analytischen Instrumentariums, das vor allem auf Foucaults ‚Analytik der Macht‘ und die sich daran anschließenden ‚governmentality studies‘ zurückgreift. Beide Theorielinien berühren sich in der anvisierten Stoßrichtung der Kritik: Sie kommen überein in der Kritik der ‚Befreiung‘, als die sich die aktuelle Bildungsreform missversteht.

Dies verwundert wenig, wenn man die theoretischen Gewährsleute der jeweiligen Theorietraditionen – z. B. Adorno auf der einen, Foucault auf der anderen Seite – miteinander vergleicht. Zwischen der frühen Kritischen Theorie und Foucault lassen sich zahlreiche Verbindungslinien finden: etwa der anti-systematische, anti-totalitäre Denkstil, der mikrologische Blick, der sich vor allem dem Einzelnen und Besonderen – Adorno würde sagen: dem Nichtidentischen – zuwendet, oder die Negativität der Reflexion, die Foucault den Vorwurf einbrachte, er bediene sich eines ‚bösen Blicks‘. Tatsächlich ist der Brückenschlag von der frühen Kritischen Theorie zu Foucault unerwartet kurz, unerwartet auch für Foucault selbst, der 1987 erklärte: „Heute habe ich begriffen, dass die Repräsentanten dieser Schule (gemeint ist die ‚Frankfurter Schule‘; L. P.) – früher als ich – Thesen vertraten, die auch ich seit Jahren geltend zu machen versuche. [...] Was mich betrifft, so glaube ich, dass die Philosophen dieser Schule Probleme gestellt haben, mit denen wir uns noch immer abmühen: insbesondere das der Machteffekte in Verbindung mit einer Rationalität, die sich historisch, geographisch, im Abendland vom 16. Jahrhundert an definiert hat" (Foucault 1996, S. 80 f.). Foucaults diskurs- und machtanalytische Untersuchung legen ebenso wie Adornos Reflexionen zum Ursprung gesellschaftlicher Herrschaft (deren Anfänge er in „archaischen Willkürakten von Machtergreifung" (Adorno 1966, S. 315) vermutet) einen Blickwechsel nahe: statt der ‚Macht der Ökonomie‘ vor allem die ‚Ökonomie der Macht‘ in den Blick zu nehmen.

Gleichwohl bleiben Differenzen, die nicht unterschlagen werden dürfen. Sie kommen im pädagogischen Diskurs vor allem dann zum Zug, wenn nach den

Handlungsperspektiven gefragt wird, die die ‚Kritik der Befreiung' eröffnet. Die Frage, welche Widerstandsformen nötig, möglich und sinnvoll sind, erweist sich gewissermaßen als Nagelprobe der Kritik. An dieser Frage scheiden sich schließlich die Geister: Während etwa Liesner den „Grenzen der Analysemöglichkeiten gouvernementalitätstheoretischer Studien" (Liesner 2006, S. 136) nachgeht, votiert Thompson für eine von Foucault angeregte „kritische Ontologie der Gegenwart" (Thompson 2004, S. 39 ff.). Es ist diese Tendenz zur ‚Re-Ontologisierung', die aufmerksame Beobachter des pädagogischen Diskurses mit Skepsis registrieren. Sie kommt vor allem im Versuch der ‚De-Governmentalisation', wie ihn etwa Masschelein/ Simons vorschlagen, zum Tragen. Ihr Entwurf eines „Raums, den sich niemand aneignen kann" (Masschelein/ Simons 2005, S. 101), schürt den Verdacht, hier solle „dem Unbehagen über die eigene Verstrickung der Entwurf einer unschuldigen Existenz" (Messerschmidt 2007 b, S. 4) entgegengesetzt werden. So gesehen, könnte sich die ‚De-Governmentalisation' als Fluchtversuch erweisen.

I. ‚De-Governmentalisation': Die Ontologisierung der Gouvernementalitätsstudien

Dass die ‚Kritik der Befreiung' bei einigen Gegenwartspädagogen Gefahr läuft, in eine ‚Befreiung von der Kritik' umzuschlagen, kommt nicht von ungefähr. Die beiden gegenläufigen Bewegungen charakterisieren in gewisser Weise bereits das Oeuvre Foucaults. Entsprechend nehmen sie auch die nachfolgenden ‚governmentality studies' in Beschlag. Je nach dem, auf welche Werkphase Foucaults die Rezipienten Bezug nehmen, finden sie einen kritischen Aufklärer, der als Dekan der Reformuniversität von Vincennes sich 1969 im intellektuellen Umfeld der ‚gauche prolétarienne' engagierte und die Gefängnisrevolten von 1971/72 mit unterstützte – oder sie finden einen Marxismus-Kritiker, dessen geistige Anleihen von Heidegger, vor allem aber von einem alternativ zurecht gelegten Nietzsche stammen. So verwundert es nicht, wenn Interpreten des Foucaultschen Macht-Begriffs das eine Mal seine inwendige Differenziertheit in den Blick rücken. (Dann ist von einer Macht die Rede, die ihr eigenes Widerlager – Kritik und Widerstand – hervorbringe.) Das andere Mal wird die Omnipräsenz und Unaufhaltsamkeit der Macht (die alles innergesellschaftliche Geschehen durchdringe) hervorgehoben. Einerseits wird die Macht als reine Relationsgröße, als ‚pouvoir relationel', bestimmt, bis hin zu der bekannten ‚nominalistischen Definition', sie sei nur „der Namen, den man einer komplexen strategischen Situation in einer Gesellschaft gibt" (Foucault 1976, S. 114; 122 f.). Andererseits taucht sie im gleichen Atemzug als eine Art Subjekt auf, dem bestimmte Eigenschaften zugewiesen werden – sei es die eines sublimierten ‚Kriegs' oder dann (in den 80er Jahren) eines beweglich-reziproken Kräfteverhältnisses, das durch die Qualität der Freiheit gekennzeichnet sei (vgl. Rehmann 2004, S. 103). Den aufklärerisch gestimmten Foucault porträtiert z. B. Harald Lemke, der vor allem Foucaults Spätwerk als unvollendetes „Projekt einer Philosophie der Freiheit" (Lemke 2007, S. 96) charakterisiert. Differenzierter und ausführlicher bemüht sich auch sein Namensvetter Thomas Lemke um Brückenschläge zwischen Kritischer Theorie und Foucaults Gouvernementalitätsansatz. Zwar müsse die Kritik, zu der Foucault ermuntert, auf jeden ‚Standpunkt' verzichten, weil jeder Einspruch gegen das System dazu geeignet sei, „als Feed-back ins System eingespeist (zu werden) und seine Leistungsfähigkeit (zu steigern)" (Bröckling u. a. 2004, S. 6). Doch wird am Anspruch, mit Hilfe des Foucaultschen Instrumentariums unsere Gegenwart auf den Begriff zu bringen, festgehalten. Foucault–Kritiker wie Rehmann rücken demgegenüber die totalisierenden Aspekte des Foucaultschen Macht- und Diskursbegriffs in den Blick, durch die „im Gestus einer Radikalisierung der Kritik die Möglichkeit der Kritik" korrumpiert werde. Kritik laufe in dem Moment leer, wo ihr „die Fähigkeit zur differenzierenden ‚bestimmten Negation'" (Rehmann 2004, S. 117) genommen werde.

Offensichtlich können die differierenden Standpunkte gleichermaßen an Foucault anknüpfen. Sie verweisen auf Ambiguitäten bei Foucault selbst, die sich vor allem in seiner Konzeptualisierung von Subjektivität und Erfahrung niederschlagen. Ralf Mayer hat diese Doppelbödigkeit herausgearbeitet (vgl. Mayer 2009). Er zeigt, wie (vor allem der frühe) Foucault im Anschluss an Nietzsche, Blanchot und Bataille ‚Grenzerfahrungen' untersucht, ‚außer-ordentliche' Erfahrungen also, die durch ein Maximum an Intensität gekennzeichnet sind. Solche Erfahrungen sollen es möglich machen, „das Subjekt von sich selbst loszureißen, derart, dass es nicht mehr es selbst ist oder dass es zu seiner Vernichtung oder zu seiner Auflösung getrieben wird. Ein solches Unternehmen ist das einer Ent-Subjektivierung" (Foucault 2005, S. 54). Neben solchen Grenzerfahrungen, in denen es den Subjekten möglich werden soll, sich von sich selbst loszureißen, beschreibt Foucault in seinen historisch-genealogischen Untersuchungen jedoch noch eine andere, konträre Bewegung: nämlich Prozesse der Konstitution von Subjektivität. Er zeigt, wie Menschen durch bestimmte Wissensformen bzw. gesellschaftliche Kräfteverhältnisse in ihrem ‚Subjekt-Sein' hervorgebracht werden, um schließlich umgekehrt in die Machtkonfigurationen, die sie konstituieren, verändernd einzugreifen. Zwar lässt uns Foucault darüber im Unklaren, wo denn das von sich selbst weggerissene Subjekt am Ende ankommt bzw. was den verändernden Eingriff als Negation (statt bloß als Reproduktion) der ‚maître-pouvoir' qualifiziert. Doch bestreitet Foucault, dass es dafür verbindliche Orientierungen geben könne. Denn die Suche nach ‚Grundlagen der Erkenntniskritik' (wie sie etwa Kant betrieb) führe ins Bodenlose, während die Figur dialektischer Vermittlung (wie sie Hegel expliziert) den ‚Riss' verschließe, auf den Foucault hinaus will. Foucault stilisiert Dialektik (die er nur in der totalisierenden, nicht aber in der negativen Variante zur Kenntnis nimmt) zum Kontrapunkt seiner Entsubjektivierungsversuche. An die Stelle der Vermittlung tritt die unvermittelte Disjunktion: das Auseinanderfallen nicht nur von Konstitution und Liquidation des Subjekts, sondern des Subjekts selbst. „Der Riss, der das Foucaultsche Subjekt durchzieht, spiegelt sich in der Vorstellung einer letztlich unausfüllbaren Leere oder Abgründigkeit" (Mayer 2009, S. 102). Foucault bleibt also entschieden unentschieden – oder spitzzüngiger: er möchte den Kuchen essen und behalten.

So changiert sein Werk zwischen den Figuren des Aufbegehrens durch Selbstermächtigung und Figuren exzessiver Ent-Subjektivierung. Diese Ambiguität führt dazu, dass Foucault einerseits als Anknüpfungspunkt einer radikalen Kritik der Gegenwartsgesellschaft bzw. einer emanzipatorischen Praxis fungiert, während er gleichzeitig für neokonservative Lesarten von Autonomie, Individualität und Liberalität in Dienst genommen werden kann. Daher zeigen die gesellschaftspolitischen Konsequenzen der ‚governmentality studies‘ ein doppeltes Gesicht: Auf der einen Seite finden wir die desillusionierende Erkenntnis, dass die aktuellen Widerstandsformen dem unwiderstehlichen „Sog" (Bröckling 2007, S. 284) der unternehmerischen Anrufung nicht mehr entgegensetzen können als momenthafte „Absetzbewegungen" (ebd., S. 286), ohne jedoch auf einen ‚point de rèsistance‘ Bezug nehmen zu können. Auf der anderen Seite aber werden die Möglichkeiten eines großen Exodus beschworen, eines Ausstiegs aus den Konfigurationen der Macht in Form einer ‚De-Governmentalisation‘.

Die ‚De-Governmentalisation‘, die Masschelein/ Simons auf ihre Fahnen schreiben, versteht sich als Kritik – eine Kritik freilich, die ohne Negation auszukommen meint. Masschelein/ Simons entwerfen keine Gegenstrategie zur scheinbar unaufhaltsamen gouvernementalen Vereinnahmung, sondern setzen – abstrakt und imaginativ zugleich – auf einen ‚Ort‘, der aus der Perspektive gouvernementaler Praktiken stets ein ‚Nicht-Ort‘ ist. „Worum es uns geht", erläutern Masschelein/ Simons, „ist die Frage, ob und wie eine Heterotopie möglich ist; ob wir einen Raum und einen Ort für ein Denken-mit-Anderen finden und schaffen könne, das versucht […] unserer […] Existenz gerecht zu werden […]" (Masschelein/ Simons 2005, S. 119). Diese Existenz wird ontologisierend umschrieben: als ‚Ausgesetzt-Sein‘ oder ‚Mit-Sein‘ mit einem ‚Anderen‘, dem gegenüber wir immer etwas ‚schuldig‘ sind (nämlich: ihm Gerechtigkeit widerfahren zu lassen). Es handelt sich um eine Verhältnisbestimmung zum ‚Anderen‘, die gleichsam vor-gesellschaftlich verstanden wird. Wir stehen in der Schuld des ‚Anderen‘, „noch bevor von einer konkreten Gemeinschaft (einer geteilten Vorstellung, Geschichte, einem Stück Land …) die Rede ist" (ebd., S. 100). Wir werden dazu aufgefordert, unsere Existenz auf diese Welt (die zugegebenermaßen nicht von *dieser* Welt ist) neu auszurichten. Alles dreht sich Masschelein/ Simons zufolge um die Frage: „Wie sollen wir unsere Subjektivität vor dem Hintergrund dieser Existenzbedingungen, das heißt ausgehend vom Mit-Sein, dem Ausgesetzt-Sein oder dem In-Kontakt-Sein denken und gestalten?" (Ebd., S. 108)

Der Heideggersche Sprachduktus kommt nicht von ungefähr; die weihevolle Sprache lässt den Eingeweihten erkennen. Eingeweiht sind die, die sich ausgesetzt haben, die sich im ‚Draußen' exponiert haben, die ihre E-dukation, ihr Nach-Draußen-Geführt-Werden am eigenen Leib erfahren haben. Die Quintessenz dieses existenzialistischen Roll-Back kommt denn auch unverblümt zum Zug: Kritik vom Schlag eines kritischen Intellektuellen wird ohne Umschweife den Unterwerfungstribunalen zugerechnet, die die Gegenwartsgesellschaft etabliert. Nur handle es sich hierbei um „ ein anderes – humanes – Tribunal" (ebd., S. 121), dessen Wirkungen dem ökonomischen scheinbar jedoch in nichts nachstehen. Die Macht, von der Masschelein/ Simons berichten, spinnt ihre Fäden überall; sie ist integrativ, totalisierend und nimmt auch noch die Kritik an ihr selbst in Beschlag. Heraus kommt eine postkritische Position, die glaubt, alle gesellschaftskritischen Einwände hinter sich lassen zu können. So „etwas wie ein ‚System'" (ebd., S. 121) gebe es eigentlich nicht, unsere Autonomie sei „unwiederbringlich zerrüttet" (ebd., S. 114) und sollte einem Sich-Öffnen „für das, was geschehen ist und geschehen kann" (ebd., S. 121) Platz machen. Zur Grundlage dieser ‚anderen Existenzweise' wird nicht Kritik, sondern ein „nicht berechnendes und nicht berechnetes Vertrauen" (ebd., S. 121).

Zweifellos ist die umrissene e-dukative Praktik einer aufmerksamen ‚Sorge um sich und andere' gut gemeint. Doch hat sie ihren ‚Nicht-Ort' in jenem exzessiven, riskanten ‚Außen', mit dem Foucault provokant spielte – und von dem er zugleich wusste, dass es den (sozialen oder individuellen) Tod bedeutet. Die e-dukative Praktik nimmt Bezug auf eine ‚Welt', die sich jenseits der gesellschaftlichen Wirklichkeit befindet. „Die Frage, in welchem gesellschaftlichen Raum dieses sympathische Loslassen erfolgt und wer in diesem Raum das Aussetzen genießen kann, wer es erleiden muss, wird nicht gestellt" (Messerschmidt 2007 a, S. 57). Die Ontologisierung der Gouvernementalitätsstudien kostet ihren Preis. Er besteht im Ausblenden der eigenen Verstrickung in gouvernementale Praktiken, in der Illusion, man könne dem Unbehagen über die eigene Integration in Machtprozeduren den Entwurf einer davon unbehelligten Existenz entgegensetzen. Gesucht wird ein imaginärer Raum der Unterbrechung, ein Raum, in dem niemand verurteilt oder angeklagt wird, ein Raum, in dem jeder für andere und sich selbst Achtsamkeit (care of the self) einwickeln kann. „Woher aber", so fragt Messerschmidt, „kommt das Vertrauen darauf, dass mit diesem Einsatz von *care* noch eine Unterbrechung realisiert werden könnte? Schließlich ist die Sorge um sich auch Teil der gouvernementalen Aufforderung zum lebenslangen Lernen, zur Kreativität, zur Gesundheit und Individualität, an der stets zu arbeiten ist" (Messerschmidt 2007 b, S. 4).

Einen unbehelligten Ort der Selbstsorge gibt es ebenso wenig wie den mystifizierten ‚Anderen'. Erst wenn man den ‚Anderen' aus seiner konkreten, historisch-gesellschaftlichen Situiertheit hinauskatapultiert, gewinnt er jene Aura, die Masschelein/ Simons ihm zusprechen. Der ‚Andere' erscheint dann „als etwas ‚Heiliges', demgegenüber man sich niemals adäquat verhalten kann" (Schäfer 2005, S. 204). Sobald man aber den oder die anderen wieder in die geschichtliche Gegenwart zurückversetzt, findet man ihn bzw. sie nur in ‚kontaminierter Form' vor: eben verstrickt in Kämpfe, in Übergriffe und Abwehrmanöver. „Eine ‚reine Beziehung' zur Singularität des Anderen", fasst Schäfer pointiert zusammen, „erscheint nicht möglich, da diese Singularität sich als solche nur als Differenz zu dem in der symbolischen Ordnung Sagbaren zeigt. Es scheint also auf eine Sensibilität gegenüber den Grenzen der symbolischen Ordnung anzukommen. Solche Grenzen zeigen sich aber nur dem, der sich in dieser symbolischen Ordnung bewegt." (Ebd., S. 205)

II. Penetranz der Macht: Die Enteignung des Widerstands

Erweist sich somit die Ontologisierung des Gouvernementalitätsansatzes als theoretische Sackgasse, so erweist sich deren Kontrastprogramm – die Stilisierung gouvernementaler Praktiken zum unwiderstehlichen, alles integrierenden ‚Sog' – als nicht minder problematisch. Der abstrakten E-dukation korrespondiert die differenzlose Einschließung. Die Vorstellung, dass alles Macht sei und selbst der Widerstand, als Gegen-Macht, in ihr aufgehe, verleitet einige Gouvernementalitätsstudien zu fragwürdigen Generalisierungen. Ihnen zufolge spielt die Macht mit dem Widerstand das gleiche Spiel wie der Hase mit dem Igel: Während sich der Hase im Versuch, Differenzen und Gegenstrategien ins Werk zu setzen, tot läuft, kann der Igel selbstsicher behaupten: Ich bin schon da. Die Anrufung des ‚unternehmerischen Selbst' fordert nicht einfach zur Regelbefolgung auf, sondern zur kreativen Abweichung, zur Differenz. Sie fordert Distinktion statt Konformität, kurzum: sie fordert, „anders zu sein" (Bröckling 2007, S. 285). Jeder Versuch, ‚anders zu sein', hat so gesehen selbst schon teil an der Steigerung gouvernementaler Effekte. Und selbst Bröcklings Plädoyer „anders anders zu sein" (ebd., S. 283) führt aus dem Zauberkreis der Macht scheinbar nicht hinaus.

Daher scheiden sich an der Frage, ob das zum selbstverantwortlichen Handeln aufgerufene Subjekt letztlich nur ein Exekutivorgan der ihm auferlegten Regierungskalküle ist – oder ob es langfristig wirksame Widerstandsformen ins Spiel bringen kann, die der scheinbar grenzenlosen Integrationskraft gouvernementaler Strategien widerstreiten – die Geister. Kritiker der ‚governmentality studies' jedenfalls geben zu bedenken, die Fokussierung auf manageriale Ratgeberliteratur trage dazu bei, die vielfältigen Widersprüche auszublenden, die sich im konkreten Vollzug gouvernementaler Regierungskalküle unweigerlich einstellten. Zwar werde offen gelegt, auf welche Weise widerständige Mikropolitiken systemimmanent umgedeutet (und entgegen ihrer ursprünglichen Intention) eingesetzt werden. Doch laufen die ‚governmentality studies' damit Gefahr, die Enteignungsdiagnose der vielfältigen Widerstandsformen methodisch zu verdoppeln, indem sie sie „vollständig gezähmt und entzahnt in der Regierungsstruktur aufgehen sehen" (Draheim u.a. 2005, S. 23).

Es gibt jedoch gute Gründe, dem „impliziten Finalismus" (Lemke 2000, S. 41) – Lessenich spricht gar von: Fatalismus (vgl. Lessenich 2003, S. 92) – reiner Programmanalysen zu misstrauen. Denn: „Welcher Ratgeber möchte schon alle Sollbruchstellen seiner Erfolgsrezepte offen legen?" (Draheim u.a. 2005, S. 23) Dass diese Bruchstellen unvermeidlich sind, gehört zu den irritierenden Erfahrungen der aktuellen Bildungsreform. Man kann daher Vermutungen darüber anstellen, wo und wie das Reformprogramm sich selbst in die Quere kommen wird. Opitz umreißt die Problematik neoliberaler Programme zutreffend wie folgt: „Wenn Programme zugleich Symptome und Matrizen der Gouvernementalität sind, so sind sie doch keinesfalls der Garant, geschweige denn der Beweis für ein reibungsloses Funktionieren. […] Programme bilden […] hegemoniale Strukturen ab, die immer schon dabei sind, überholt zu werden. Sie wollen eine Hegemonie operationsfähig machen und festschreiben, sind damit selbst ein Einsatz im Spiel der Kräfte, durch das die immer schon längst ruiniert worden sind. Man sollte Programme also als Ruinen ansehen und entsprechend analysieren" (ebd., S. 24). Dieser Vorschlag ist zustimmungsfähig. Man sollte nicht nur die ruinösen Wirkungen der aktuellen Reformprogramme in den Blick rücken, sondern vor allem die Art und Weise, wie sie sich selbst dementieren. Man sollten sie als zukünftige Ruinen analysieren.

5.
Lernen lebenslänglich: Lernende Gesellschaft – Flexibilisierung – Selbstoptimierung

5.1 Lernen total: Von der Wiege bis zum Grab

Wer heutzutage in großen Kaufhäusern oder Supermarktketten einkaufen geht, muss mit einer immer wiederkehrenden Frage der Kassiererin rechnen: „Sammeln Sie Punkte?" Nach offizieller Lesart sollen die Punkte als Gratifikation für ‚Kundentreue' verstanden werden. Unter der Hand geht es um mehr: Es geht darum, Kundenprofile zu erstellen, entsprechende Werbestrategien zu entwerfen und die Klientel langfristig an das Unternehmen zu binden. Diese Bindung entsteht, wenn die Kundschaft den Kauf als eine Art Investition begreifen lernt: als Investition in ein bevorzugtes Kundenverhältnis mit Payback-Karte. Wie selbstverständlich wird dabei vorausgesetzt, dass die Menschen die Basis-Lektionen der modernen Tauschgesellschaft internalisiert haben, vor allem: sich als Selbst-Unternehmer und Selbst-Vermarkter zu begreifen, denen jede Unternehmung im Leben – sei es ein Geschäftstermin, ein Rendezvous oder ein Einkauf im Supermarkt – zur Investition gerät. Unternehmerisch sein heißt dann, aus knappen Mitteln (wie Lebenszeit, Waren, Dienstleistungen, Beziehungen etc.) eine Auswahl zu treffen, um die eigenen Vorlieben und Bedürfnisse maximal zu befriedigen.

Sobald sich einmal die „Kapitalisierung des (Zusammen-)Lebens" (vgl. Masschelein/ Simons 2005, S. 22 ff.) als Grundfigur gesellschaftlicher Verkehrsformen durchgesetzt hat, gewinnen auch soziale Beziehungen den Charakter von Tausch- und Dienstleistungsverhältnissen. Pädagogische Beziehungen zwischen Lehrenden und Lernenden bilden dabei keine Ausnahme. Sie werden zu einer Angelegenheit von Berechnung und In-Rechnung-stellen, kurz: sie werden zur Investition in Humankapital. Allerdings bergen solche Investitionen, trotz aller kühlen Berechnung von Kosten und Nutzen, ihre Risiken. Der Marktplatz des Lebens wird zum Ort permanenter Bewährung, in dem jede Investitionsentscheidung den Horizont des Überlebens in sich trägt. „Überleben impliziert, ein bewegliches Leben in einer Marktumgebung zu führen, ein Leben, das im Ergreifen von Chancen und dem Einsatz von Humankapital besteht, und dies alles, bevor andere es tun, und besser als sie es tun. Die weitere Existenz (das Existenzrecht) steht hier ständig auf dem Spiel [...]. Mehr noch, wer nicht bereit ist, sich dem Kampf zu stellen (oder das Spiel zu spielen), hat bereits verloren" (ebd., S. 26). Deshalb eignet dem Operieren der Selbst-Unternehmer auf dem (Bildungs-)Markt ein mehr oder weniger subtiler Zwangscharakter. Die Menschen werden aufgerufen, die eigenen Bedürfnisse unablässig aufzuspüren, das eigene Lernvermögen ständig weiterzuentwickeln, ein Leben lang zu lernen.

5.2 Flashback: Historische Rückblende

Der Begriff des lebenslangen Lernens ist relativ neu. Er kam erst in den 60er Jahren des letzten Jahrhunderts in Umlauf, auch wenn sich das Regime des lebenslangen Lernens gern die Aura einer altehrwürdigen europäischen Tradition zulegen möchte. In kaum einem zeitgenössischen Traktat zum lebenslangen Lernen fehlt daher der Hinweis, die Idee des lebenslangen Lernens entstamme der Tradition der Aufklärungspädagogik. Sie lasse sich z. B. über Condorcet (der 1792 der französischen Nationalversammlung seinen „Bericht und Entwurf einer Verordnung über die allgemeine Organisation des öffentlichen Unterrichtswesens" vorlegte) zurückverfolgen bis zur Pampaedia des Comenius (der bereits 1657 ein Stufenmodell der Bildung entwarf, das von der ‚Schule des vorgeburtlichen Werdens' bis zur ‚Schule des Mannesalters, des Greisenalters und des Todes' reicht). Stellt man jedoch in Rechnung, dass Comenius' Abhandlung lange als verschollen galt und erst 1957 publiziert wurde, dann springt das Willkürliche der historischen Rekonstruktion ins Auge.

Dennoch lässt sich an den comenianischen Schriften – gewissermaßen ex negativo – ablesen, was den aktuellen Transformationsprozessen der Weiterbildung ins Stammbuch zu schreiben wäre: nämlich die widersprüchliche Verkopplung von zugesprochener Freiheit und aufgeherrschter Kontrolle. Erst uns, den Nachgeborenen, wird es möglich, der widersprüchlichen Grundfigur ganz inne zu werden, die bereits die pädagogischen Entwürfe der Frühaufklärung charakterisiert. Auf der einen Seite konzipiert Comenius Bildung als lebenslangen Prozess, durch den die Vernunft zu ihrer gesellschaftlichen Ordnung freigesetzt werden soll. Darin kommt die große Aufstiegsperspektive zum Ausdruck, die das heraufziehende bürgerliche Zeitalter antreibt. Die ganze Menschheit soll heimgeholt werden: ‚Omnia in deum transferre', lautet das Bildungsziel. Dazu aber wird es andererseits notwendig, in den Subjekten ein Ordnungswissen aufzubauen, das ihnen erlaubt, in den Lauf der Dinge ordnend einzugreifen. Dem korrespondiert eine Rationalität der Lebensführung, die von äußerem oder innerem Umherschweifen nichts wissen will: „Das Leben ist Arbeit, ruhelose Tätigkeit wie im Ameisenhaufen" (Comenius 1965, S. 391), schreibt Comenius. Die Kehrseite der großen Perspektive, alle alles zu lehren, lautet, dass keiner müßig gehen darf. Der Lehrmeister Comenius rechnet: „In jede Woche fallen [...] (wenn der siebte Tag völliger Ruhetag ist) 48 Stunden, das macht jährlich 2496; wieviel erst in 10, 20 oder 30 Jahren!" (Comenius 1954, S. 85) Bedenkt man zudem, dass Comenius die Idee einer Schule faszinierte, in der ein Lehrer gar 100 Schüler gleichzeitig unterrichtet, dann potenziert sich (zumindest der statistische) Effekt von Bildung ins Unermessliche.

Diese Perspektive ist erstaunlich modern – wenngleich historisch ahnungslos. Comenius ahnt noch nichts von der ‚pädagogischen Maschine' (vgl. Dressen 1982), die die Pädagogisierung aller Lebensvollzüge schließlich in Gang setzt. Ihn fasziniert die ‚alles beherrschende Ordnung' der von ihm konzipierten Schule, die „Kraft der richtigen Anordnung aller zusammenwirkenden Teile [...], deren jedes seine vorgeschriebene Aufgabe hat und auf diese Aufgabe gerichtete Mittel und zu diesen Mitteln gehörige Arbeitsweisen" (Comenius 1954, S. 77). Wäre es erlaubt, die comenianische Metapher von der Schule als funktionstüchtigem Uhrwerk in unsere Zeit zu übersetzen, dann läge das Bild eines umfassend organisierten und gesteuerten Kompetenzerwerbs nahe. In gewisser Weise schwingt im Comenianischen Leitmotiv ‚omnes omnia omnio' ein totalisierender Anspruch mit. Doch kommt er erst in unseren Tagen ganz zum Tragen. So kündigt sich bereits im frühesten Stadium moderner Pädagogik ein Umschlag an: der Umschlag propagierter Freiheit in die Zwangsprozeduren institutionalisierter Bildung.

Dieser Umschlag prägt auch die Entwicklung des lebenslangen Lernens (vgl. Pongratz 2003, S. 9 ff.; Ahlheim 2007). Unter der Oberfläche scheinbarer thematischer Kontinuität, die den inzwischen rund 40 Jahre währenden Diskurs zum lebenslangen Lernenden auszeichnet, treten Verschiebungen und Brüche zu Tage. Wollte man den Gestaltwandel lebenslangen Lernens in einer kurzen Faustformel auf den Begriff bringen, so böte sich als Formulierung an: »Lebenslang lernen dürfen, können, sollen, müssen und schließlich wollen« (vgl. in abgewandelter Form: Conein/ Nuissl 2001, S. 71 ff.).

5.3 Transformationen: Lebenslang lernen dürfen, können, sollen, müssen

5.3.1 Lebenslang lernen dürfen

Der Beginn der ersten ‚Boomphase' lebenslangen Lernens lässt sich auf das Jahr 1970 datieren, das die UNESCO zum ‚Internationalen Jahr der Erziehung' ausrief. Solche bildungspolitischen Appelle haben gewöhnlich ihr Vorspiel, in diesem Fall: die Prognose einer Weltbildungskrise, die Coombs (vgl. Coombs 1969) Ende der 60er Jahre heraufziehen sah. Sein Krisenszenario ist durchaus vergleichbar mit Pichts ‚Bildungskatastrophe' (vgl. Picht 1964). Picht hatte bereits einige Jahre zuvor für die Bundesrepublik den nationalen Bildungsnotstand ausgerufen. Coombs transponiert dieses Krisenszenario auf internationales Niveau. Er attestiert den Bildungssystemen der Industriegesellschaften, sie seien veraltet, starr strukturiert und kämen den komplexen Anforderungen einer ‚dynamischen Lebenswelt' nicht mehr nach. Zudem seien die einzelnen Bildungsbereiche – von der vorschulischen Erziehung bis zur Berufsausbildung und Weiterbildung – nicht hinreichend miteinander verzahnt. Damit liefert Coombs die entscheidenden Stichworte für den 1972 veröffentlichten Faure-Report der UNESCO. Unter dem programmatischen Titel „Apprendre á etre" (dt.: „Wie wir leben lernen", 1973) entwickelte die Erziehungskommission der UNESCO erstmalig ein Programm, „das in einem übergreifenden Verständnis von lebenslangem Lernen sämtliche Bildungsprozesse und Lernphasen des menschlichen Lebens in einer interdependenten Bedeutung zusammenfasste" (Gerlach 2000, S. 160). Nur ein Jahr später publizierte die OECD ihren Bericht „Recurrent education – A strategy for lifelong education" (Paris 1973). Damit waren die beiden ‚trendy terms' geboren, die die Diskussion der 70er Jahre bestimmen sollten: ‚lifelong education' bzw. ‚education permanente' einerseits und ‚recurrent education' andererseits. „Jeder muss die Möglichkeit haben", heißt es im Faure-Report, „während seines ganzen Lebens zu lernen. Die Idee permanenter Erziehung ist der Grundstein der Lerngesellschaft" (Faure 1973, S. 246). In solchen Sätzen kommt eine bildungspolitische Leitidee zum Ausdruck, die Bildung (wenn schon nicht als ‚Bürgerrecht', so doch) als legitimen Anspruch aller Gesellschaftsmitglieder begreift.

Die UNESCO-Entwürfe der 70er Jahre waren getragen von der humanistischen Idee einer umfassenden Entfaltung des ‚ganzen Menschen' (complete man), von der Verbesserung der menschlichen Lebensbedingungen, von der Demokratisierung der Gesellschaft. Der OECD-Bericht von 1973 verfolgte demgegenüber vor allem wirtschaftspolitische Ziele. Sein wichtigstes Anliegen war, drei damals eher lose miteinander verzahnte Sektoren – nämlich den traditionellen Bildungsbereich, den Ausbildungssektor der privaten Wirtschaft und die Erwachsenenbildung – enger miteinander zu verknüpfen. Im Zentrum der ‚recurrent education' stand der Wechsel beruflicher Tätigkeitsphasen mit Aus- und Weiterbildungszeiten. Dieses ‚Intervall-Lernen' machte eine stärkere Abstimmung und Systematisierung von Bildungsbereichen erforderlich. Davon profitierte zweifellos die Erwachsenenbildung: Sie gewann wachsende Bedeutung als integraler Bestandteil des Bildungssystems – was allerdings auch dazu beitrug, lebenslanges Lernen als „vereinfachende Substitutionsformel für Erwachsenenbildung" (Knoll 1998, S. 36) misszuverstehen. Tatsächlich wird der Begriff des lebenslangen Lernens heute in einem umfassenderen Sinn verstanden, der sämtliche Lebens- und Lernformen umgreift, sich also von der Fixierung auf bestimmte Lebensphasen oder Bildungsinstitutionen gelöst hat.

Diese Loslösung kommt im terminologischen Wechsel von ‚lifelong education' zu ‚lifelong learning' zum Ausdruck. In gewissem Sinn lassen sich den beiden Termini unterschiedliche Vorstellungen einer ‚lernenden Gesellschaft' zuordnen: Die Begriffe ‚lifelong education' bzw. ‚education permanente' verweisen auf ein egalitäres, partizipatorisches Gesellschaftsmodell (das vor allem die späten 60er und 70er Jahre beseelte), während ‚lifelong learning' einem Marktmodell korrespondiert, das auf gut ausgebildete, anpassungsfähige und ‚flexible' Arbeitskräfte setzt, um international wettbewerbsfähig zu sein (vgl. Wiesner/ Wolter 2005, S. 12 ff.; Schuetze 2005, S. 232 ff.). Für kurze Zeit schien es so, als ließen sich beide Entwürfe zusammenbringen: Die Investition in Bildungssysteme Ende der 60er und Anfang der 70er Jahre sollte nicht nur das Wachstum von Wirtschaft und Beschäftigung fördern, sondern zugleich zur Ausweitung von Bildungsbeteiligung und gesellschaftlicher Partizipation beitragen. So betraten das Konzept des lebenslangen Lernens und das Humankapital-Konzept fast zeitgleich die pädagogische Bühne. Doch wurde mit dem Ausklingen der Reformphase auch der partizipative Anspruch, lebenslanges Lernen sei Bürgerrecht, Stück für Stück zurückgenommen. Seit der zweiten ‚Boomphase' des lebenslangen Lernens, die Mitte der 90er Jahren begann, firmiert lebenslanges Lernen als strategisches Element eines globalen Prozesses der Deregulierung von Waren- und Dienstleistungsmärkten. Der Eindruck ist nicht von der Hand zu weisen, „that lifelong learning has been hijacked and transformed from an emancipatory and democratic concept to one that is dictated by a ‚corporist agenda'" (Schuetze u. a. 2004, zitiert nach: Wiesner/ Wolter 2005, S. 21). Lebenslanges Lernen wird schließlich zur Produktionsstrategie anpassungsfähiger Humanressourcen. Sein vorrangiger Zweck besteht darin, individuelle Kräfte zu entfesseln und produktiv werden zu lassen.

5.3.2 Lebenslang lernen können

Diese Entfesselung und Entgrenzung aber kann mit einem statischen Begabungsverständnis und hausbackenen Phasenmodellen des Lebenslaufs nichts mehr anfangen. So gesellt sich zur Forderung, dass alle ein Leben lang lernen dürfen, die Überzeugung, dass alle dies auch ein Leben lang können. Für den ‚flexiblen Menschen' des Industriekapitalismus (vgl. Sennet 1998) erscheint die Vorstellung, Individuen durchliefen eine bestimmte Folge von Entwicklungsphasen, um schließlich zu ihrer gereiften Gestalt zu finden, wie ein Relikt aus der pädagogischen Mottenkiste. Konnte in den 50er Jahren Langeveld den Erwachsenen noch durch seine ‚Abgeschlossenheit' charakterisieren (vgl. Langeveld 1951, S. 36), so lassen die anthropologischen, entwicklungspsychologischen und sozialisationstheoretischen Entwürfe der 60er und 70er Jahre ein anderes Bild hervortreten: Der traditionelle Begabungsbegriff wird ersetzt durch eine dynamische Prozesskategorie: den Vorgang des ‚Begabens' (vgl. Roth 1968). An die Stelle generalisierter, stufenförmiger Entwicklungsmodelle des Lebenslaufs tritt die Annahme der Kontinuität des Lebens (vgl. Thomae 1968, S. 30 ff.), d. h. vorherige Erfahrungen, soziale Rahmenbedingungen und individuelle Lebensumstände gewinnen nun ein eigenes Gewicht. Entsprechend rückt die Permanenz von Lern- und Wandlungsprozessen (einschließlich des Risikos vielfältiger Diskontinuitäten) ins Zentrum der Aufmerksamkeit (vgl. Lehr/ Weinert 1975, S. 9 f.). In gleicher Weise thematisiert auch die Sozialisationsforschung die Plastizität und Veränderbarkeit des Menschen (vgl. Roth 1971, S.31 ff.). Die Idee einer überzeitlichen, stabilen ‚Natur' des Menschen verliert zusehends an Boden. Die anthropologische Reflexion rückt von normativen Vorstellungen ab und thematisiert stattdessen den Menschen als offene, abgründige und unabschließbare Frage (vgl. Plessner 1969; Kamper 1973).

Die hier nur kurz angerissenen theoretischen Umbrüche vollziehen sich in etwa gleichzeitig und in wenigen Jahren. Sie laufen dem Konzept des lebens-

langen Lernens entgegen, geben ihm empirischen Halt und Legitimität. Umgekehrt wird die ‚Adoleszenz-Maximum-Hypothese' – die Behauptung also,
dass die geistige Entwicklung ihren Höhepunkt in der Adoleszenz habe und
danach abnehme – theoretisch delegitimiert und schließlich aus dem Verkehr
gezogen. Die Lebenszeit des Erwachsenen umschreibt keinen Zeitraum der
Ruhe und Stabilität mehr. „Erwachsensein heißt, ständig mit Veränderungen
konfrontiert zu sein und neue Lebenssituationen bewältigen zu müssen" (Lenz
1987, S. 137). Dies alles muss Verunsicherungen auslösen. Doch gesellt sich
zur gesellschaftlichen Irritation ein pädagogischer Zuspruch: die Überzeugung
nämlich, wachsende Unsicherheit durch lebenslanges Lernen bewältigen zu
können (vgl. Kade 1997, S. 115). Was Hänschen nicht lernte, kann Hans eben
doch noch lernen – vorausgesetzt, er akzeptiert die rastlose Ausweitung und
Intensivierung von Lernzumutungen, um darauf mit einer „permanenten Neu-
bestimmung, Neuanpassung und Neuentwerfung" (Seitter 1997, S. 323) zu
antworten. Die Fluchtlinie dieser Vorstellung bildet eine Anthropologie, in der
der Mensch ebenso unbestimmt und leer wie grenzenlos fungibel geworden
ist. Der fortschreitende Entgrenzungsprozess taucht das lebenslange Lernen in
ein zwiespältiges Licht: Zwar soll die Steigerung von Lernzumutungen subjektiv als erweiterter ‚Aneignungsspielraum' zu Buche schlagen, doch lugt
hinter der frohen Botschaft, ein Leben lang lernen zu können, eine neue Direk-
tive hervor: ein Leben lang lernen zu sollen.

5.3.3 Lebenslang lernen sollen

So wandelt sich die emanzipatorische Absicht der 70er Jahre, durch ‚lifelong
education' partizipative gesellschaftliche Entwicklungsprozesse anzustoßen,
unter der Hand zur Bringschuld jedes Einzelnen, sein ‚Potential' ständig ‚up-
zudaten' und auf dem Laufenden zu halten. Auf didaktischer Ebene kommt
dies als deutliche Gewichtsverschiebung vom ‚Lehren' zum ‚Lernen' zum
Ausdruck. Dem ‚Lerner' fällt nun die Verantwortung dafür zu, die Initiative zu
ergreifen und sich um seinen Wissenserwerb selbst zu kümmern. Der ‚autodidactic turn' (vgl. Arnold 1999) setzt eine Reihe neuer Konzepte und ‚key-
words' in Umlauf, die auf der Bühne des lebenslangen Lernens ihre eigene
Rolle zu spielen beginnen: etwa ‚Lernen des Lernens', ‚selbstgesteuertes Lernen', ‚Aneignungsorientierung' oder ‚Schlüsselqualifikationen'.
Solche Begriffe stecken den Horizont ab, innerhalb dessen sich seit den
80er Jahren der Aufbruch in die ‚Lerngesellschaft' vollzieht. Nicht selten
avancieren sie zu Zauberformeln mit Verheißungscharakter. So sollen etwa
‚Schlüsselqualifikationen' dazu beitragen, ein weites Spektrum von unterschiedlichen Aufgabenfeldern gleichsam mit einem ‚General-Schlüssel' aufzu-
schließen. Sie sollen (wie im Märchen vom tapferen Schneiderlein) dazu verhelfen, sieben auf einen Streich zu erlegen. Dazu aber dürfen diese Qualifikationen nicht inhaltsspezifisch, sondern sie müssen formal abstrakt konzipiert

sein. Schlüsselqualifikationen, heißt es entsprechend bei Mertens (einem der Stammväter des Konzepts), tragen dazu bei, „ein enumerativ-additives Bildungsverständnis (Fakten-, Instrumenten- und Methodenwissen) durch ein instrumentelles Bildungsverständnis (Zugriffswissen, know how to know) abzulösen. [...] Die mentale Kapazität soll nicht mehr als Speicher von Faktenkenntnissen, sondern als Schaltzentrale für intelligente Reaktionen genutzt werden" (Mertens 1974, S. 40). ‚Speicher', ‚Schaltzentrale', ‚intelligente Reaktionen': schon der verwendete Begriffskoffer kündet von der ungenierten Ankunft des Automatenmenschen. Der Mensch als höchst flexibler Roboter, als Hardware, die mit veränderter Software immer neue Problemlösungskapazitäten bereit hält – dies dürfte zur innersten Logik der ‚Qualifizierungsoffensive' der 80er Jahre gehören (vgl. Ribolits 1997, S. 161 ff.). Lebenslängliches Lernen wird zur pädagogischen Chiffre für die Einwilligung ins ‚rat race', ins ‚Rattenrennen' um die besten gesellschaftlichen Plätze, die selbstverständlich nur wenigen zur Verfügung stehen.

Die ungebrochene Dynamik dieses Rattenrennens verdankt sich der Verwertungslogik der warenproduzierenden Gesellschaft, der steigenden Geschwindigkeit des erzwungenen technischen Wandels, den Wachstumsimperativen der Ökonomie. Opfer dieser Qualifizierungsoffensive sind nicht allein die Rationalisierungsverlierer, die als Arbeitslose ‚freigesetzt' werden, Opfer ist auch das emanzipatorische Interesse, das das lebenslange Lernen in seiner Anfangszeit noch inspirierte. Verstand sich ‚lifelong education' als Mündigkeitsentwurf, als Anspruch auf selbsttätige und kritische Aneignung der eigenen Lebensumstände, so löst der Qualifikationsbegriff diesen Zusammenhang ausdrücklich auf: Denn die angeeigneten Qualifikationen „verfallen immer rascher, sie werden – Südfrüchten ähnlich – zur Ware, die relativ leicht verdirbt" (Geißler 1992, S. 67). In den Qualifikationsbegriff sind die ‚Verfallszeiten' schon eingebaut. Sein Erfolg, so ließe sich paradox formulieren, ist seine Substanzlosigkeit. In diesem Sinn wird die Qualifizierungsoffensive zum Ausdruck einer Wegwerf-Gesellschaft, die in gigantischem Ausmaß Wegwerf-Qualifikationen verschleudert. Wie viele Ressourcen werden vernutzt, um den ‚Durchfluss von Informationen' zu beschleunigen, die schon morgen nichts mehr wert sind? Statt: ‚Ergreife deine Chance zur selbst bestimmter Aneignung!' wird den Menschen bedrohlich versichert: ‚Übermorgen ist Ihr Wissen nur noch die Hälfte wert!' „Es ist eine äußerst repressive Form der Motivation, die zu nichts als zur rastlosen Anpassung an die beschleunigten Veränderungen der Arbeitswelt führt (und führen soll)" (ebd., S. 68).

Bildungsträger lassen keinen Zweifel daran, dass Bildung keine freie Entscheidung eines sich frei wähnenden Individuums ist, sondern immer mehr zum (notwendigen) Zwang wird. Wer sich diesem Zwang nicht beugt, befindet sich von vornherein auf der Seite der Rationalisierungsverlierer. Und wer ihn auf sich nimmt, bekommt trotzdem keine Garantien, auf der Gewinnerseite zu stehen. Zwar wird der Zwang zu permanenter Weiterqualifikation nur zu gern umgedeutet zum individuellen ‚Marschallstab im Tornister'. Dennoch ist niemand Herr der eigenen Situation. Jeder begreift sich aus seinen Defiziten, aus dem, was er noch nicht kann, was er noch lernen muss. Lebenslängliches Lernen heißt also auch: lebenslänglicher Schülerstatus, lebenslängliches Zwischenstadium. „Immer weniger wird es möglich, einen festen Platz, eine biographische Heimat zu finden. Wir leben bestenfalls als Lern-Nomaden, im schlechteren Fall werden wir zu einer ewig wandernden Baustelle gemacht. Das ganze Leben wird zu einer Vorbereitung aufs Leben" (Geißler 1991, S. 732).

In diesen Vorbereitungsmarkt sind seit den 80er Jahren immer mehr Anbieter eingestiegen. Sie operieren mit dem unerfüllbaren Versprechen, mittels fortgesetzter Qualifizierung werde sich das Leben schon erfüllen. (Daher wohl auch der Hang zum Gediegenen, zum Exklusiven – einschließlich Gebühren –, zur Hochglanz-Bildung im Grand Hotel). Auch wenn der Anspruch, ein Leben lang lernen zu sollen, an jeden gerichtet ist, so können ihm noch längst nicht alle gleichermaßen nachkommen. Im Gegenteil: Weiterbildungsmaßnahmen sind ausgesprochen selektiv; sie bringen vor allem diejenigen in Vorteil, die entsprechenden Dispositionen sowie eigene Lerntechniken und –stile bereits entwickelt haben – ganz zu schweigen von der steigenden Bedeutung finanzieller Ressourcen. „Der säkulare Trend zu einer lernenden Gesellschaft erfasst also keineswegs, einem egalitären Muster folgend, die gesamte Bevölkerung, sondern ist in beträchtlichem Umfang von sozialen Schieflagen und Disparitäten bestimmt [...]" (Wiesner/ Wolter 2005, S. 16). Damit wächst die Gefahr sozialer Spannungen und Krisen. Und es wächst die Sorge um verschwendete Humanressourcen, die volkswirtschaftlich negativ zu Buche schlagen. Dagegen ist Vorsorge zu treffen: Der Anspruch und die Zumutung, ein Leben lang zu lernen, muss allumfassend (im gesamten Bildungssystem) und intensiv (in jedem Einzelnen) verankert werden. Der bloße Appell zur Weiterbildungsteilnahme reicht dazu nicht aus. Das lebenslange Lernen muss zum stummen Zwang eines Systems werden, das mit vielfältigen Beobachtungs- und Kontrollverfahren in jedem Einzelnen den ‚Willen zum Wissen', den ‚Willen zum Lernen', den ‚Willen zur Qualität' (vgl. Simons 2002) verankert. Der strukturelle Zwang, ein Leben lang lernen zu müssen, wie auch der Habitus, ein Leben lang lernen zu wollen, löst den Appell, ein Leben lang lernen zu sollen, seit den 90er Jahren zusehends ab.

5.3.4 Lebenslang lernen müssen

Um diesen ‚Lernzwang' (als strukturellen Effekt) hervorzubringen, wird in der zweiten Boomphase des lebenslangen Lernens (ab Mitte der 90er Jahre) das gesamte Bildungssystem – genauer: das System in seinen gesamten funktionalen Interdependenzen – auf den Prüfstand gestellt und reorganisiert. Bezugspunkte des Lernens sind nicht mehr schulartig organisierte Formen, nicht mehr spezifische Institutionen für unterschiedliche Altersphasen, sondern die unvorhersagbaren und wandelbaren Lernbiographien aller Gesellschaftsmitglieder. Entsprechend gewinnt der Terminus ‚lebenslang' eine umfassende Bedeutung; er wird gleich bedeutend mit ‚lebensumspannend' (vgl. Kirchhöfer 2004, S. 56), ‚lebensweit' oder ‚lebensbreit' (vgl. Schuetze 2005, S. 231). Der Begriff des Lernens erfährt damit eine extreme Entgrenzung; er bezieht sich auf organisiertes wie nichtorganisiertes, institutionelles wie nichtinstitutionelles, formelles wie informelles Lernen; er richtet sich ohne Ausnahme an alle und jeden; er stellt nicht nur den Anspruch an Einzelne, ein Leben lang zu lernen, sondern zielt darauf ab, die ‚lernende Gesellschaft' hervorzubringen.

Dies ist allerdings ohne entsprechende Infrastrukturen nicht möglich. Daher müssen Bildungseinrichtungen die Bereitschaft und Fähigkeit entwickeln, auf wechselnde Bedarfslagen einer wechselnden Kundschaft kurzfristig zu reagieren. Denn die ‚lernende Gesellschaft' braucht flexible, anpassungsfähige und zugleich international konkurrenzfähige Bildungsdienstleister. Deren Angebot orientiert sich an (internationalen) Weiterbildungsmärkten und einer individualisierten Klientel, die mit traditionellen Ausbildungsgängen und Lehrverfahren nur schwer zu gewinnen ist. An die Stelle ehemaliger Curricula (und ihres ‚Bildungssinns') tritt ein fragmentiertes Lernangebot: modularisierte, atomisierte Einzelkomponenten, die je nach Bedarf aneinander angeschlossen oder ausgetauscht werden sollen. Ihren Zusammenhang stiftet keine kritische Bildungsidee, sondern der jeweils erwünschte pragmatische Effekt, die Fähigkeit also, die Bruchstücke des Wissens und des Lebens in immer neuen Formen nutzbringend zusammenzupuzzeln. Damit betritt der Kompetenzbegriff die Bühne: unter der Chiffre ‚Selbstorganisationsdisposition' (vgl. Erpenbeck/ Weinberg 1999) gibt er sich als Zwillingsbruder des lebenslangen Lernens zu erkennen. Sein Leerformelcharakter macht ihn ebenso fungibel wie diffus. Für ratlose Lerner hält er stets den gleichen Rat bereit: Es gehe darum, ‚weiterzulernen'. „Suchen Sie die nächste Anschlussoperation!", lautet der sibyllinische Ratschlag der Systemtheorie. Um sie zu finden, liefern Bildungsdienstleister die passenden Angebote: Beratung, Coaching und Supervision werden zu Markenzeichen einer neuen Lernkultur.

Mit der forcierten Entgrenzung des lebenslangen Lernens treten nicht nur neue Bildungsdienstleister auf den Plan, sondern wird zugleich der Rückbau des bisherigen Bildungssystems eingeleitet. Daraus resultiert einerseits ein neuer Elite-Diskurs, auf der anderen Seite beginnt nun die verstärkte Suche nach sozialen Inklusionsmöglichkeiten für diejenigen, die das System gefährden, weil sie aus ihm herauszufallen drohen. Allerdings wird solchen Gefährdungen nicht mehr mit einer Expansion des Bildungssystems begegnet, sondern mit einer Verkürzung formalisierter Bildungsgänge bei gleichzeitiger Ausweitung von Wahl- und Anschlussmöglichkeiten. Erhöhte Durchlässigkeit und verschärfte Selektivität reichen sich die Hand; ihre Kombination ermöglicht „a flexible movement between education and training and work" (OECD 1996, S. 89). Die Ausweitung flexibler Lernwege und individualisierter Lernangebote hat zugleich eine doppelte Konsequenz: Zum einen wächst mit dem

Rückbau des Bildungssystems und der Einführung von Marktmechanismen der Zwang, Verantwortung und Kosten von Bildung zu privatisieren. Gleichzeitig aber müssen neue Steuerungs- und Kontrollinstrumente für die vielfältigen Übergänge und Abschlüsse implementiert werden. Um die Zertifizier- und Vergleichbarkeit fragmentierter Lernangebote sicherzustellen, bedarf es einer umfassenden Kompetenzbilanzierung, einer durchlaufenden Qualitätskontrolle, einer unablässigen Evaluierung. Im Verein mit Akkreditierung und Standardisierung wächst sich das lebenslange Lernen zu einem Regime eigener Art aus, das darauf abstellt, die Lernbiographien eines immensen Bildungsraums „zu planen, zu dokumentieren und vergleichbar zu machen" (Tuschling 2004, S. 155).

Wie immer kommen die neuen Herrschaftsformen mit wehenden Fahnen daher. Auf ihnen steht z. B. ‚continuity', ‚diversity', ‚equity' und ‚efficiency' (vgl. Knoll 1998, S. 50). Allenthalben wird den input-gesteuerten ‚alten' Bildungssystemen die Rechnung aufgemacht. Beanstandet werden: ihre ungleiche Bildungsbeteiligung, ihre zu hohe Zahl von Abbrechern, ihre zu strikte Trennung von allgemeiner und beruflicher Bildung, ihre überholte curriculare Orientierung usw. Zugleich sind sich die internationalen Akteure des neuen Booms in ihren Lösungsvorschlägen erstaunlich einig: Output-Steuerung des Systems durch neue Formen des Controlling und Monitoring, Wissenserwerb durch lebenslanges Lernen, Beschäftigungsfähigkeit durch anwendungsorientierte Ausbildungsgänge, Entwicklung eines aktivierenden Habitus, schließlich die Einbindung aller Lernenden in eine dynamische Test- und Wettbewerbskultur.

Diese „new educational order" (vgl. Field 2002) wurde Mitte der 90er Jahre von Makro-Akteuren wie OECD, UNESCO oder EU mit lauten Paukenschlägen ins Rampenlicht gerückt: Die europäische Kommission erklärte das Jahr 1996 zum ‚Europäischen Jahr des lebensbegleitenden Lernens'. (Nebenbei bemerkt: Der Terminus ‚lebensbegleitend' vermeidet wohlweislich die Nähe zum Terminus ‚lebenslänglich', doch kommen stattdessen die Anklänge an moderne Figuren der ‚Pastoralmacht' (vgl. Foucault 1987, S. 248 ff.) nun unüberhörbar zum Ausdruck.) Im gleichen Jahr veröffentlichten die UNESCO den Delors-Bericht (vgl. Delors u. a.: „Learning: the treasure within") und die OECD ihren umfassenden Entwurf zum lebenslangen Lernen („Lifelong learning for all"). Auch die Europäische Kommission blieb nicht untätig: Sie publizierte 1996 ihr ‚Weißbuch zur allgemeinen und beruflichen Weiterbildung' („Teaching and Learning – Towards the Learning Society"). Ausgehend vom Humankapital-Ansatz verpflichtet es das lebenslange Lernen im Wesentlichen darauf, die allgemeine Wettbewerbsfähigkeit Europas sicherzustellen. Sämtliche Elemente, die ehedem ein humanistisches und kritisches Bildungsverständnis kennzeichneten, werden nun in Dienst genommen für die Standortsicherung Europas in einer globalisierten Welt.

Offensichtlich brachte das Schlüsseljahr 1996 einen Stein ins Rollen, der kaum noch aufzuhalten ist: Spätestens mit den Beschlüssen des Europäischen

Rates im März 2000 in Lissabon und dem im gleichen Jahr veröffentlichten Memorandum der Europäischen Kommission („Memorandum über lebenslanges Lernen") werden der europäische Wirtschafts- und Bildungsraum aufs Engste zusammengekoppelt. Um den „global policy consensus" (Field 2002, S. 3) zur Bildungsreform, der sich zwischen der EU und anderen internationalen Großorganisationen herausgebildet hat, in die Tat umzusetzen, werden auf internationaler wie nationaler Ebene immense Finanzmittel bereitgestellt: Deutschland etwa legt ein fünfjähriges BLK-Modellprogramm zum lebenslangen Lernen (2000-2005) auf. Das BMBF startet 2001 das Programm „Lernkultur Kompetenzentwicklung", mit dessen Durchführung die ABWF (Arbeitsgemeinschaft Betriebliche Weiterbildungsforschung) bzw. das QUEM-Projekt (Qualifikations-Entwicklungs-Management) betraut werden. Bund und Länder richten das ‚Forum Bildung' (1999-2002) ein, das eigens Empfehlungen zum Themenbereich „Lernen – ein Leben lang" entwickelt (vgl. Forum Bildung 2001). Alle diese Programme teilen die Grundüberzeugungen der ‚new educational order': Verantwortlichkeit des Einzelnen für die Steuerung seiner lebenslangen Lernaktivitäten; intensive Verzahnung von Arbeiten und Lernen; Nutzerorientierung und Verwertbarkeit der Lernergebnisse; Einbeziehung nonformaler und informeller Lernprozesse; Rückzug des Staates, der lediglich einen Rechtsrahmen und Bildungs- und Qualitätsstandards garantieren soll (vgl. ebd., S. 9).

Gleichzeitig bedienen sich alle seitdem lancierten Projekte einer Strategie der ‚Dissemination', d. h. die Fördermittel dienen nicht nur der Organisation von Projekten, sondern auch der Verbreitung der zugrunde liegenden Schlüsselbegriffe und Programme. Die zentralen Botschaften vom europäischen Bildungsraum und seiner Reorganisation nach marktgängigen Prinzipien werden seitdem durch zahllose Publikationen und Verlautbarungen, Interviews und Reden unters Volk gebracht. So entsteht der Eindruck, über die anstehenden Reformen herrsche Evidenz und Konsens (vgl. Drexel 2001, S. 3). Mehr noch: die Eigendynamik, die den Reforminstrumenten innewohnt, erweckt den Eindruck, als handele es sich um geradezu naturwüchsige Prozesse. Die Menschen sollen wollen, was sie müssen. Sie sollen den Zwang zum lebenslangen Lernen so weit verinnerlichen, dass er ihnen zur zweiten Natur wird. Das Regime des lebenslangen Lernens folgt einem totalisierenden Anspruch. Es beabsichtigt, „lifelong learning as an attitude" (OECD 1996, S. 90) in jedem Einzelnen fest zu verankern. „Was Zwang war, soll Bedürfnis werden" (J. Beck 1999, S. 5). Dies ist die neue Anthropologie des Selbst-Lerners, die ihre Inspiration nicht mehr aus organologischen (Wachstum, Reifung) oder informationstechnischen (Speicher, Schaltzentrale, Software) Theoriefiguren gewinnt, sondern systemtheoretische (Autopoiesis, funktionale Ausdifferenzierung) und ökonomische (Kosten-Nutzen-Kalkül, Gewinnmaximierung) Vorstellungen beerbt. Lernen zu müssen wird zum alternativlosen Organisationsprinzip des lernenden Systems. Es will, was es muss, und gibt diesem Zwang einen libertären Anstrich.

Insofern ist die von Kirchhöfer vorgeschlagene Differenzierung der Begriffe ,fremd*organisiert*' und fremd*gesteuert*' (vgl. Kirchhöfer 2004, S. 74) durchaus erhellend. Denn das lebenslange Lernen verquickt *Fremdorganisation* mit *Selbststeuerung*. Der allgegenwärtige Lernzwang, der die Lernenden ergreift, führt am Ende dazu, dass „sie das selbst wollen", was sie müssen (wie Meyer-Dohm – VW-Manager und ABWF-Vorsitzender – freimütig bekennt; vgl. Meyer-Dohm 1997, S. 20). Erst wenn dieses Quidproquo von Freiwilligkeit und Fremdbestimmung unter den Tisch fällt, lässt sich ein Begriffsverständnis in Umlauf setzen, das lebenslanges Lernen als „das freiwillige Aufnehmen, Erschließen, Deuten und Einordnen von Informationen während der gesamten Lebenszeit" (Kirchhöfer 2004, S. 56) missversteht. Die EU-Verlautbarungen schlagen in dieser Hinsicht einen ganz andern Ton an, den Holzer wie folgt zusammenfasst: „Erstens ist lebenslanges Lernen für jede/n Einzelne/n eine ,Pflicht', die es zu erfüllen gilt. Zweitens hat sich die Aus- und Weiterbildung und jede/r Einzelne an ökonomische Entwicklungen anzupassen" (Holzer 2004, S. 95). Diese Forderungen werden schließlich verquirlt mit dem Anspruch einer diffusen Loyalität, einer „gewissen irrationalen Verbundenheit mit dem politischen Betrieb, die sich ,aktive Staatsbürgerschaft' nennt und als Engagement für die Gemeinschaft sichtbar wird" (Schirlbauer 2005 b, S. 229).

Sieht man einmal von wohlfeilen Deklamationen ab, dann tauchen hinter den bildungspolitischen Dokumenten, die seit den 90er Jahren lanciert wurden, die Umrisse einer neuen Kontrollgesellschaft auf. Ihr korreliert ein neuer ,initiativer' Typus: der sich selbst motivierende, sich selbst steuernde, seinen Lernprozess selbst organisierende ,Selbst-Unternehmer', dem die neuen Disziplinartechniken der Führung und Selbstführung – vom Assessment-Center bis zum Qualitäts-Audit, vom Kompetenznachweis bis zum Europäischen Lebenslauf – in Fleisch und Blut übergegangen sind. Allerdings: Noch beschreibt dieser Typus des Selbst-Lerners nicht die faktisch vorherrschende empirische Realität. Vielmehr muss er der Mehrheit der Bevölkerung unterstellt und nahe gebracht werden. Die Menschen sollen allererst noch so werden, wie die Metabildungsprogramme der internationalen und nationalen Akteure bereits vorgeben. Die Programme fungieren als generative politische Strategien.

Damit die Menschen die Mühsal des lebenslangen Lernens auf sich nehmen, wird ihnen ein Versprechen zur Seite gestellt: lebenslanges Lernen erweise sich als adäquater Weg zu Erfolg und persönlichem Glück. Doch erfüllt sich die grimmige Hoffnung, durch Leistungswillen und lebenslanges Lernen einen Vorteil gegenüber den konkurrierenden Mitmenschen herauszuschlagen, allenfalls für eine Minderheit. Das Marktmodell des lebenslangen Lernens erzeugt systematisch Verlierer. Für sie kann sich subjektiv als sinnvoll erweisen, was offizielle Verlautbarungen lediglich als Exklusions-Menetekel an die Wand malen: aus dem Zwang zur „lebenslänglichen Verratlosung", wie es Ivan Illich nennt (vgl. Illich 1999, S. 12 ff.), auszusteigen.

5.4 Widerstand gegen die ‚lebenslängliche Verratlosung‘

Mit dem Siegeszug des lebenslangen Lernens als Totalprogramm flexibler Lebensführung bleibt kein Rückzugsort mehr offen. Es gibt keinen Freispruch, keinen Abschluss des Lernwegs, höchstens noch Jobverlust, Projektende oder kurzfristige Erholungsphasen – selbstverständlich mit eingebauten Weiterbildungsaktivitäten (vgl. Schirlbauer 2005, S. 210). In Verkehrung seiner ursprünglichen Absicht geht Illichs Alternativprogramm zur lebenslänglichen Verschulung – nämlich die ‚Entschulung der Gesellschaft‘ (vgl. Illich 2003) in Form eines offenen Bildungsraums mit informellen Lernangeboten und Bildungsgutscheinen – endlich in Erfüllung. Doch wird der alternativlose Zwang zum Dauerlernen nicht die Verhältnisse menschlicher, sondern die Menschen verhältnismäßig machen. „Unter Verausgabung ihrer begrenzten Kräfte versucht die Mehrheit der Dauerlerner, das Lernziel zu erreichen. Nur wenige können rechtzeitig zuschnappen. Den meisten bleibt nur ein Schnäppchen. Das Ziel läuft vor ihnen her. Aber es hält sie bei der Stange. Es sind die Qualen des Tantalus – nicht mehr die des Sisyphus – mit denen sich diese Zeitgenossen plagen" (Beck 1999, S. 6).

Zweifellos gibt es Grenzen der Belastbarkeit, der Anpassungsbereitschaft, der Selbstunterwerfung. Es gibt lebenskluge Gründe, die den Widerstand gegen das Regime des lebenslangen Lernens nahe legen (vgl. Holzer 2004). Doch gewährt das Regime kein Pardon. Wer sich der omnipräsenten Zumutung widersetzt, liefert der pädagogischen Maschine die besten Gründe zum Weiterlaufen: Jeder Nicht-Teilnehmer ist ein potentieller Teilnehmer – er weiß es nur noch nicht. „Die Nichtteilnahme am lebenslangen Lernprozess setzt Aktivitäten in Gang, die die Nicht-Teilnehmer zu Teilnehmern, zumindest aber zu Noch-Nicht-Teilnehmern macht" (Geißler/ Kutscha 1992, S. 17). Daher nimmt der Widerstand paradoxe und vielgestaltige Formen an. Zum einen erfolgt er als lautloser Rückzug aus den pädagogisch besetzten Feldern, als Verschwinden. In gewisser Weise nimmt er Foucaults Analytik der Macht beim Wort: Wenn nämlich, wie Foucault schreibt, die Sichtbarkeit eine Falle ist (vgl. Foucault 1976, S. 257), dann gewinnt das Unkenntlichwerden eine eigene Qualität. Es unterläuft den Zwang zur permanenten Beobachtung und Selbstbeobachtung, der das Regime des lebenslangen Lernens begleitet.

Zweifellos ist diese Widerstandsfigur zutiefst ambivalent (vgl. Axmacher 1990, S. 212 ff.). Als Generalformel oder verallgemeinerungsfähige Strategie eignet sie sich sicher nicht. Aber genau dies will sie auch nicht sein. Sie ist nur ein Aspekt im Umgang mit einem Lernregime, das durchaus gegenläufige Handlungsoptionen eröffnet. An die Stelle des Rückzugs könnte auch eine Übernahme-Strategie treten, der Versuch also, die Begriffe und Programme des lebenslangen Lernens neu zu definieren und umzuschreiben. Möglich ist beides: das Spiel nicht mitzuspielen und das Spiel anders zu spielen. Wer letztere Möglichkeit wählt, muss den Widersprüchen nachgehen, die dem System selbst innewohnen. Denn das System erzeugt unter dem Anspruch der Mündigkeit stets neue Unmündigkeit. Es verspricht allen erweiterte Bildungschancen und versagt sie systematisch Teilen der Bevölkerung. Es weckt permanent die Angst vor dem Verlust der Selbsterhaltungsfähigkeit, die durch lebenslanges Lernen nicht beruhigt, sondern auf Dauer gestellt wird. An diesen Widersprüchen kann sich die Kritik entzünden. Damit sie jedoch aktionsfähig und wirksam werden kann, braucht sie den Umriss einer Aussicht, eine Perspektive, die den Menschen zutraut, sie könnten auch anders lernen, arbeiten und leben. Diese andere Reform der Bildung kommt nicht als ‚Putsch von oben'. Sie transportiert keine hegemonialen Ansprüche und etabliert keine Kontrollregime. Sie verfolgt keine Kommerzialisierungsinteressen und sortiert nicht Institutionen und Menschen nach Ranglisten. Das Gegenprogramm ist längst formuliert: „Der Prozess, den die Bildung entbindet", schreibt Heinz-Joachim Heydorn (2004, Bd. 4, S. 143), „begreift sich als Prozess an der gesellschaftlichen Basis. Alle Bildung ist auf den Menschen als Gegenüber gerichtet; er ist ihr wirklicher Gegenstand, als lebender, erfahrbarer Mensch. Sie ist Weg von unten. [...] Mit ihrem Ausgang ist Bildung Selbsthilfe, der Mensch soll sich am Menschen gewinnen. Sie ist Geburtsbett unbestimmter Möglichkeiten, Gedächtnis des Menschen an sich selber. Sie ist Selbsttun als gegenseitige Hilfe, damit ständige Initiierung von Befreiung. Sie ist Selbstversuch. [...] Sie beginnt jetzt."

6.
Epilog

Während der Literaturrecherchen, die das Abfassen der hier vorgelegten ‚Einsprüche gegen die Bildungsreform' begleiteten, stieß ich eher zufällig auf Jacques Lusseyrans Autobiographie „Das wiedergefundene Licht" (München 1989). Dort beschreibt er seine Gymnasialzeit an einem Pariser Gymnasium der 30er Jahre des letzten Jahrhunderts. In seiner Erinnerung entsteht ein Bild, das mit staubtrockener Humanistengelehrsamkeit oder skurriler Feuerzangenbowlenromantik ebenso wenig zu tun hat wie mit den Effizienzmythen unserer Tage. Er schreibt (S. 59 f.):

„Es wäre sehr wohl möglich, daß die Zeit, wo das humanistische Gymnasium verschwindet, nicht mehr fern ist. 1935, an einem Pariser Gymnasium, war es jedoch noch fest fundiert. Unsere Arbeit war in zwei fast gleiche Teile geteilt: die Welt von heute und die Welt von einst, die Träume der Antike und die Träume der Neuzeit. Es will mir scheinen, als sei das nicht schlecht gewesen...

Ganze Stunden lang hatten wir mit außerordentlichen Persönlichkeiten oder vielmehr Wesenheiten Umgang zu pflegen: mit Zeus und Aphrodite, den Nixen und Elfen, dann wieder mit Zeus, Prometheus, Hephaist und Apollon. Das war, wirtschaftlich gesehen, eine Zeitverschwendung, geradezu ein Blutsturz des Wissens, vom Gesichtspunkt der praktischen Vernunft eine Verrücktheit. Vielleicht war es eine Verrücktheit, doch wer kann das schon beweisen, und für mich, so kann ich versichern, war es eine glückbringende Verrücktheit.

Auf alle Fälle war es von 1934 bis 1939 meine Aufgabe als Schüler, gleichzeitig Leute so verschiedener Kategorien wie Newton und Athene, Franklin D. Roosevelt, Leon Blum, Adolf Hitler, Herakles und Poseidon bei mir zu empfangen und mit ihnen in harmonischer Gemeinschaft zu leben. Das Erstaunliche dabei war, daß gerade diese seltsame Mischung besonderes Licht hervorrief.

Ja, ich konnte in dieser Atmosphäre klarer sehen. Ich lernte mich besser kennen. Denn auch in mir war das Universum nicht zwei-, sondern dreidimensional. Es bewegte sich in der Gegenwart ebenso wie in der Vergangenheit. Es offenbarte sich im Sichtbaren wie im Unsichtbaren, in dem, was sich wägen lässt, und in dem, was nicht gewogen werden kann, in Dingen, die einen Namen tragen, die man in ihren Elementen erforschen oder die man schaffen kann, doch nicht minder in der Metamorphose.

In meinem Kopf herrscht ein ungeheuerer Aufruhr, eine unaufhörliche Gärung, als ob man mehrere Flüssigkeiten in dasselbe Gefäß gegossen und durcheinander geschüttelt hätte; doch diese setzten sich mühelos, in sauberen Schichten, voneinander ab: Adolf Hitler sank zu Boden, während Apollon wieder an die Oberfläche kam.

Alles, was ich von der griechischen Mythologie und, durch ihr weitreichendes Vermächtnis, von Homer über Racine bis Giraudoux hörte, schien mir klar. Es war indes eine Klarheit, von der ich nur mit größter Mühe Rechenschaft ablegen konnte, besonders wenn ich es schriftlich zu fixieren hatte."

Literaturverzeichnis

Adorno, Theodor W.: Minima Moralia, Frankfurt/ Main 1951

Adorno, Theodor W.: Negative Dialektik, Frankfurt/ Main 1966

Adorno, Theodor W.: Tabus über dem Lehrberuf, in: ders.: Erziehung zur Mündigkeit. Vorträge und Gespräche mit Hellmut Becker 1959-1969, Hrsg. v. G. Kadelbach, Frankfurt/ Main. 1971, S. 70 – 87

Ahlheim, Klaus: Ungleichheit und Anpassung. Zur Kritik der aktuellen Bildungsdebatte, Hannover 2007

Arbeitsgruppe SubArO (Hrsg.): Ökonomie der Subjektivität – Subjektivität der Ökonomie, Berlin 2005

Arnold, Rolf/ Siebert, Horst: Konstruktivistische Erwachsenenbildung, Hohengehren 1995

Arnold, Rolf: Vom ‚autodidactic‘ zum ‚facilitative turn‘ – Weiterbildung auf dem Weg ins 21. Jahrhundert, in: Arnold, Rolf/ Gieseke, Wiltrud (Hrsg.): Die Weiterbildungsgesellschaft, Bd. 1, Neuwied/ Kriftel 1999, S. 3 - 14

Axmacher, Dirk: Widerstand gegen Bildung, Weinheim 1990

Bakic, Josef: Europäisches System zur Anrechnung, Übertragung und Akkumulierung von Studienleistungen (ECTS), in: Dzierzbicka, Agnieszka/ Schirlbauer, Alfred (Hrsg.), Pädagogisches Glossar der Gegenwart, Wien 2006, S. 105 - 113

Barlow, Maude: The Corporate Colonization of Higher Education, in: The Council of Canadians (21.1.2000)

Barthes, Roland: Mythen des Alltags, Frankfurt/ Main 1964

Baukrowitz, Andrea/ Boes, Andreas: Arbeit in der ‚Informationsgesellschaft‘, in: Schmiede, Rudi (Hrsg.): Virtuelle Arbeitswelten. Arbeit, Produktion und Subjekt in der ‚Informationsgesellschaft‘, Berlin 1996, S. 129 - 158

BDI: Innovation und Flexibilität durch Autonomie und Wettbewerb, Bonn 1997

Bechtel, Mark/ Lattke, Susanne/ Nuissl, Ekkehard: Portrait Weiterbildung Europäische Union, Bielefeld 2005

Beck, Johannes: Der verhältnismäßige Mensch, Einführungsvortag in Rahmen der Europäischen Konferenz "Lifelong Learning – Inside and Outside Schools", Ms., Bremen 1999, S. 2 - 7

Beck, A.: The Knowledge Business, in: Social Policy 31, 2000, S. 42 - 49

Becker, Gary S.: Der ökonomische Ansatz zur Erklärung menschlichen Verhaltens, Tübingen 1982

Bellmann, Johannes: Ökonomische Dimensionen der Bildungsreform, in: Neue Sammlung, H.1/ 2005, S. 5 - 31

Benner, Dietrich: Die Struktur der Allgemeinbildung im Kerncurriculum moderner Bildungssysteme, in: Zeitschrift für Pädagogik, H.1/ 2002, S. 68 - 90

Bennhold, Martin: Die Bertelsmann Stiftung, das CHE und die Hochschulreform: Politik der ‚Reformen‘ als Politik der Unterwerfung, in: Lohmann, Ingrid/ Rilling, Rainer (Hrsg.): Die verkaufte Bildung, Opladen 2002, S. 279 - 299

Bernhard, Armin/ Kremer, Armin/ Rieß, Falk (Hrsg.): Kritische Erziehungswissenschaft und Bildungsreform, Bd. 1, Hohengehren 2003, S. 165 - 182

Bilstein, Johannes: Tüchtige und Verworfene. Zur Ideen- und Imaginationsgeschichte von ‚Auslese', in: Ecarius, Jutta/ Wigger, Lothar (Hrsg.): Elitebildung – Bildungselite. Erziehungswissenschaftliche Diskussionen und Befunde über Bildung und soziale Ungleichheit, Opladen 2006, S. 6 - 43

Binder, Ullrich: Modularisierung, in: Dzierzbicka, Agnieszka/ Schirlbauer, Alfred (Hrsg.): Pädagogisches Glossar der Gegenwart, Wien 2006, S. 183 - 190

Blankertz, Herwig: Die Geschichte der Pädagogik. Von der Aufklärung bis zur Gegenwart, Wetzlar 1982

Blumenberg, Hans: Begriffe in Geschichten, Frankfurt/ Main 1998

Bockrath, Franz: Grenzen der Standardisierung: Implizites Wissen - Körperliches Wissen - Negatives Wissen, in: Franke, Elk (Hrsg.): Erfahrungsbasierte Bildung im Spiegel der Standardisierungsdebatte, Hohengehren 2008, S. 99 - 124

Boenicke, Rosemarie: Autopoiesis im Klassenraum? Begründungsprobleme von Konzepten selbstgesteuerten Lernens, Habil.-Vortrag TU Darmstadt, Ms. 1998, S. 1 - 20

Boenicke, Rosemarie: Bildung, absoluter Durchgangspunkt. H.-J. Heydorns Begründung einer kritischen Bildungstheorie, Weinheim 2000

Böttcher, Wolfgang: Ist ein Dialog zwischen Pädagogik und Ökonomie möglich? Diskussion am Beispiel von Anreizsystemen und Schulentwicklung, in: Hoffmann, Dietrich/ Maack-Rheinländer, Kathrin (Hrsg.): Ökonomisierung der Bildung, Weinheim 2000, S. 117 - 137

Boltanski, Luc/ Chiapello, Eve: Die Rolle der Kritik in der Dynamik des Kapitalismus und der normative Wandel, in: Berliner Journal der Soziologie, H. 4/ 2001, S. 459 - 477

Boltanski, Luc/ Chiapello, Eve: Der neue Geist des Kapitalismus, Konstanz 2003

Bourdieu, Pierre: Gegenfeuer, Konstanz 1998

Breit, Helmut u. a.: Kontrollgesellschaft und Schule, schulheft 118/ 2005, Innsbruck 2005

Bridges, William: Ich & Co. Wie man sich auf dem neuen Arbeitsmarkt behauptet, Hamburg 1996

Bröckling, Ulrich/ Krasmann, Susanne/ Lemke, Thomas: Gouvernementalität, Neoliberalismus und Selbsttechnologien. Eine Einleitung, in: Bröckling, Ulrich/ Krasmann, Susanne/ Lemke, Thomas (Hrsg.): Gouvernementalität der Gegenwart, Frankfurt/ Main 2000, S. 7 – 40

Bröckling, Ulrich/ Krasmann, Susanne./ Lemke, Thomas (Hrsg.): Glossar der Gegenwart, Frankfurt/ Main 2004

Bröckling, Ulrich: Totale Mobilmachung. Menschenführung im Qualitäts- und Selbstmanagement, in: Bröckling, Ulrich/ Krasmann, Susanne/ Lemke, Thomas (Hrsg.): Gouvernementalität der Gegenwart, Frankfurt/Main 2000, S. 131 – 165

Bröckling, Ulrich: Das unternehmerische Selbst, Frankfurt/ Main 2007

Brügelmann, Hans: Kommentar zur Expertise ‚Zur Entwicklung nationaler Bildungsstandards', in: Journal für Schulentwicklung, H. 4/ 2004, S. 70 - 72

Brumlik, Micha: Im Schatten Hegels. Warum das Erbe Heinz-Joachim Heydorns die Theoriemisere der pädagogischen Linken nicht beheben kann, in: Sozialwissenschaftliche Literaturrundschau, H. 46/ 2003, S. 62 - 65

Bünger, Carsten/ Euler, Peter/ Gruschka, Andreas/ Pongratz, Ludwig A. (Hrsg.): Heydorn lesen!, Paderborn 2009

Butterwegge, Christoph/ Lösch, Bettina/ Ptak, Ralf: Kritik des Neoliberalismus, Wiesbaden 2007

Comenius, Johann Amos: Große Didaktik (hrsg. von A. Flitner), Düsseldorf/ München 1954

Comenius, Johann Amos: Pampaedia, Heidelberg 1965

Conein, Stephanie/ Nuissl, Ekkehard: „Lernen wollen, können, müssen!" Lernmotivation und Lernkompetenz als Voraussetzung lebenslangen Lernens, in: Forum Bildung (Hrsg.): Lernen – ein Leben lang. Vorläufige Empfehlung und Expertenbericht, Bonn 2001, S. 71 - 85

Coombs, Philipp H.: Die Weltbildungskrise, Stuttgart 1969

Dahrendorf, Ralf: Bildung ist Bürgerrecht. Plädoyer für eine aktive Bildungspolitik, Hamburg 1965

Deleuze, Gilles: Postskriptum über die Kontrollgesellschaften, in: ders.: Unterhandlungen 1972 – 1990, Frankfurt/ Main 1993, S. 254 - 262

Demirovic, Alexander: Wissenschaft oder Dummheit, in: PROKLA 137/ 2004, S. 497 - 514

Deutsches PISA-Konsortium (Hrsg.): PISA 2000. Basiskompetenzen von Schülerinnen und Schülern im internationalen Vergleich, Opladen 2001

Diederichsen, D.: Luhmann mit langem U, in: Frankfurter Rundschau, 17.1.2000

Dohmen, Günther: Lebenslanges Lernen, in: Arnold, Rolf/ Nolda, Sigrid/ Nuissl, Ekkehard (Hrsg.): Wörterbuch Erwachsenenpädagogik, Bad Heilbrunn 2001, S. 186 - 187

Draheim, Susanne/ Opitz, Sven/ Reiz, Tilman: Blindheit und Einsicht. Eine Diskussion über den Gebrauchswert der Gouvernementalitätsstudien, in: Forum Wissenschaft, H.1/ 2005, S. 22 - 24

Draheim, Susanne/ Reitz, Tilmann: Währungsreform. Die neue Ökonomie der Bildung, in: Frost, Ursula (Hrsg.): Unternehmen Bildung. Die Frankfurter Einsprüche und kontroverse Positionen zur aktuellen Bildungsreform, Sonderheft der Vierteljahrsschrift für Wissenschaftliche Pädagogik, Paderborn 2006, S. 201 - 212

Dressen, Wolfgang: Die pädagogische Maschine, Frankfurt/ Main/ Berlin/ Wien 1982

Drewek, Peter/ Heinz-Elmar Tenorth: Das deutsche Bildungswesen im 19. und 20. Jahrhundert, in: Apel, Hans-Jürgen/ Kemnitz, Heidemarie/ Sandfuchs, Uwe (Hrsg.): Das öffentliche Bildungswesen. Historische Entwicklung, gesellschaftliche Funktionen, pädagogischer Streit, Bad Heilbrunn 2001, S. 49 - 83

Drexel, Ingeborg: Neue Konzepte des Lernens in und für den Betrieb – Diskurse, betriebliche Realitäten und gesellschaftliche Perspektiven, in: GEW (Hrsg.): GEW-Herbstakademie Weiterbildung, Dok. 88/ 2001, S. 1 - 15

Eckardt, Philipp: Der Bologna-Prozess. Entstehung, Strukturen und Ziele der europäischen Hochschulreformpolitik, Bonn 2005

Erpenbeck, John/ Weinberg, Johannes: Lernen in der Leonardo-Welt – Von der Weiterbildung zur Kompetenzentwicklung in offenen und selbstorganisierten Lernarrangements, in: Arnold, Rolf/ Gieseke, Wiltrud (Hrsg.): Die Weiterbildungsgesellschaft,
Bd. 1, Neuwied/ Kriftel 1999, S. 144 - 160

Erpenbeck, John: Selbstorganisiertes Lernen – Ausdruck des Zeitgeistes oder Ausdruck der Zeit?, in: Hoffmann, Dietrich/ Maack-Rheinländer, Kathrin (Hrsg.): Ökonomisierung der Bildung, Weinheim 2001, S. 199 - 214

Euler, Peter: Pädagogik und Universalienstreit. Zur Bedeutung von F. I. Niethammers
pädagogischer ‚Streitschrift‘, Weinheim 1989

Euler, Peter: Gesellschaftlicher Wandel oder historische Zäsur? Die ‚Kritik der Kritik‘
als Voraussetzung von Pädagogik und Bildungstheorie, in: Jahrbuch für Pädagogik
1998, S. 217 - 238

Euler, Peter: Erziehungswissenschaft unter den Modernisierungsbedingungen radikali-
sierter Vergesellschaftung, Vortrag, Universität Hamburg 1999

Euler, Peter: Bildung als ‚kritische‘ Kategorie. in: Zeitschrift für Pädagogik, H. 3/
2003, S. 413 - 421

Euler, Peter: Politische Verantwortung für die Allgemeine Weiterbildung in Konzepten
des so genannten ‚lebenslangen Lernens‘: Widersprüche und Neuvermessungen, in:
Bierbaum, Harald/ Euler, Peter/ Wolf, Bernhard S. T. (Hrsg.): Naturwissenschaft in
der Allgemeinen Weiterbildung, Bielefeld 2007, S. 131 - 149

Europäische Kommission: Weißbuch ‚Lehren und Lernen – Auf dem Weg zur kognitiven Gesellschaft‘, Luxemburg 1996

Europäische Kommission: Memorandum über Lebenslanges Lernen, Brüssel 2000

Evers, Carl Heinz.: Zwischen-Fälle, Hamburg 1998

Fach, Wolfgang: Staatskörperkultur. Ein Traktat über den ‚schlanken Staat‘, in: Bröckling, Ulrich/ Krasmann, Susanne/ Lemke, Thomas (Hrsg.): Gouvernementalität der
Gegenwart, Frankfurt/ Main 2000, S. 110 - 130

Faure, Edgar: Wie wir leben lernen, Reinbek 1973

Field, John: Lifelong Learning and the New Educational Order, Stoke on Trent 2002

Fischbach, Rainer: Die Wissensgesellschaft. Maßstab oder Phantom der Bildungsdebatte?, in: Widersprüche, H.83/ 2002, S. 9 - 22

Flaubert, Gustave: Wörterbuch der Gemeinplätze, München 1968

Flitner, Elisabeth: Pädagogische Wertschöpfung. Zur Rationalisierung von Schulsyste-
men durch public-private-partnerships am Beispiel von PISA, in: Oelkers, Jürgen/
Horlacher, Rebekka/ Casale, Rita (Hrsg.): Rationalität und Bildung. Studien im Um-
kreis Max Webers, Zürich 2006, S. 245 - 266

Forum Bildung (Hrsg.): Lernen – ein Leben lang. Vorläufige Empfehlung und Expertenbericht, Bonn 2001

Foucault, Michel: Überwachen und Strafen. Frankfurt/ Main 1976

Foucault, Michel: Sexualität und Wahrheit, Bd. 1: Der Wille zum Wissen, Frankfurt/
Main 1977

Foucault, Michel: Dispositive der Macht. Über Sexualität, Wissen und Wahrheit, Berlin 1978

Foucault, Michel: Das Subjekt und die Macht, in: Dreyfus, H. L./ Rabinow, P.: Jenseits von Strukturalismus und Hermeneutik, Frankfurt/ Main 1987

Foucault, Michel: Das Subjekt und die Macht, in: Dreyfus, Hubert L./ Rabinow, Paul: Michel Foucault – Jenseits von Strukturalismus und Hermeneutik, Frankfurt/ Main 1987, S. 243 - 264

Foucault, Michel: Die Sorge um sich, Frankfurt/ Main 1989

Foucault, Michel: Schriften in vier Bänden. Dits et Ecrits, Bd. 4, Frankfurt/ Main 2005

Forneck, Hermann J.: Die große Aspiration, in: Erwachsenenbildung H. 4/ 2001, S. 158 - 163

Forneck, Hermann J.: Selbstgesteuertes Lernen und Modernisierungsimperative in der Erwachsenen- und Weiterbildung, in: Zeitschrift für Pädagogik, H. 2/ 2002, S. 242 - 261

Fritz, Thomas/ Scherrer, Christoph: GATS 2000 – Handelspolitische Weichenstellungen für die Bildung, in: Widersprüche, H. 83/ 2002, S. 23 - 35

Froment, Eric u.a.: EUA Bologna Handbook: Making Bologna work, Berlin 2006

Frost, Ursula (Hrsg.): Unternehmen Bildung. Die Frankfurter Einsprüche und kontroverse Positionen zur aktuellen Bildungsreform, Sonderheft der Vierteljahrsschrift für Wissenschaftliche Pädagogik, Paderborn 2006

Fuchs, Brigitta/ Schönherr, Christian (Hrsg.): Pädagogische Urteilskraft, Würzburg 2007

Fuchs, Hans-Werner: Auf dem Weg zu einem Weltcurriculum?, in: Zeitschrift für Pädagogik H. 2/ 2003, S. 161 - 179

Funk, Rainer (Hrsg.): Erich Fromm Lesebuch, Stuttgart 1985

Geißler, Karlheinz A.: Qualifikations-Burger und Bildungs-Pizza – lebenslänglich?, in: Die Mitbestimmung 1991

Geißler, Karlheinz A.: Bildung als lebenslänglicher Titelkampf, in: Projektgruppe Jugend 2000 (Hrsg.): Jugend 2000. Trends, Analysen, Perspektiven, Bielefeld 1992

Geißler, Karlheinz A./ Kutscha, Günter: Modernisierung der Berufsbildung – Paradoxien und Parodontosen, in: Kipp, Martin/ Czycholl, Reinhard/ Dikau, Joachim/ Meueler, Erhard (Hrsg.): Paradoxien in der beruflichen Aus- und Weiterbildung, Frankfurt/ Main 1992, S. 13 - 33

Gerlach, Christiane: Lebenslanges Lernen – Konzepte und Entwicklungen 1972 bis 1997, Köln 2000

Gonon, Philipp: Erziehung als Managementproblem: Bildungsinstitutionen zwischen Charisma und Taylorismus, in: Mangold, Max/ Oelkers, Jürgen (Hrsg.): Demokratie, Bildung und Markt, Bern 2003, S. 281 - 301

Gruschka, Andreas: Heinz-Joachim Heydorn/ Herwig Blankertz: Eine Kontaktaufnahme, in: Pädagogische Korrespondenz, H. 34/ 2005, S. 5 - 7

Gruschka, Andreas: Bildungsstandards oder das Versprechen, Bildungstheorie in empirischer Bildungsforschung aufzuheben, in: Pädagogische Korrespondenz, H. 35/ 2006, S. 5 - 22

Hackl, Bernd: Eyes wide shut. Über die Verwechslung von Markt und Freiheit, in: Pädagogische Korrespondenz, H. 31/ 2004, S. 96 - 100

Hameyer, Uwe: Bildungsstandards – Vergessene Geschichte, in: Journal für Schulentwicklung, H. 4/2004, S. 8 – 19

Hanesch, Walter u. a.: Öffentliche Armut im Wohlstand, Hamburg 2004

Hanushek, Eric A.: Assessing the Effects of School Resources on Student Performance: An Update, in: Educational Evaluation and Policy Analysis 1997, S. 141 - 164

Hardach, Karl: Wirtschaftsgeschichte Deutschlands im 20. Jahrhundert, Göttingen 1976

Hartmann, Michael: Der Mythos von den Leistungseliten. Spitzenkarrieren und soziale Herkunft in Wirtschaft, Politik, Justiz und Wissenschaft, Frankfurt/ Main 2002

Hartmann, Michael: Elite und Masse. Die Aufspaltung der deutschen Universitätslandschaft in Forschungs- und Ausbildungsuniversitäten, in: Sünker, Heinz (Hrsg.): Bildungspolitik und Bildungsforschung, Frankfurt/ Main 2007, S. 87 – 99

Hessisches Kultusministerium/ Institut für Qualitätsentwicklung: Die Bildungsstandards, die Outputsteuerung und ihre Kritiker, Wiesbaden 2006

Hegel, Georg Wilhelm Friedrich: Gymnasialrede vom 29. September 1809, Sämtliche Werke, Bd. 3 (hrsg. von H. Glockner), Stuttgart 1940

Hegel, Georg Wilhelm Friedrich: Phänomenologie des Geistes, Frankfurt/ Main 1986

Hegelheimer, Armin: Auch in Bildung und Wissenschaft mehr Wirtschaftlichkeit durch Marktmodelle?, in: Letzelter, Franz/ Reinermann, Heinrich (Hrsg.): Wissenschaft, Forschung und Rechnungshöfe, Berlin 1981, S. 351 - 375

Heid, Helmut: Was vermag die Standardisierung wünschenswerter Lernoutputs zur Qualitätsverbesserung des Bildungswesens beizutragen?, in: Benner, Dietrich (Hrsg.): Bildungsstandards, Paderborn 2007, S. 29 - 48

Helsper, Werner: Schule in den Aporien der Moderne. In: Krüger, Heinz-Hermann (Hrsg.): Abschied von der Aufklärung? Perspektiven der Erziehungswissenschaft, Opladen 1990, S. 175 - 194

Herrlitz, Hans-Georg/ Hopf, Wulf/ Titze, Hartmut: Deutsche Schulgeschichte von 1800 bis zur Gegenwart, Königstein 1981

Herrmann, Ullrich: ‚Bildungsstandards‘ – Erwartungen und Bedingungen, Grenzen und Chancen, in: Zeitschrift für Pädagogik, H. 5/ 2003, S. 625 - 639

Herrmann, Ullrich: Die nationale Testservice-Agentur IQB, in: Neue Sammlung, H. 2/ 2005, S. 299 - 307

Herrmann, Ulrich: Fördern ‚Bildungsstandards‘ die allgemeine Schulbildung?, in: Rekus, Jürgen (Hrsg.): Bildungsstandards, Kerncurricula und die Aufgabe der Schule, Münster 2005, S. 24 - 52

Herzog, Roman: Entlassen wir Schulen und Hochschulen in die Freiheit, in: Frankfurter Rundschau, 6.11.1997

Hessisches Kultusministerium/ Institut für Qualitätsentwicklung: Die Bildungsstandards, die Outputsteuerung und ihre Kritiker, Wiesbaden 2006

Heydorn, Heinz-Joachim: Werke in 9 Bänden, Studienausgabe, Wetzlar 2004

Hochschulrektorenkonferenz: Attraktivität durch internationale Kompatibilität, Berlin 1996

Hoffacker, Werner: Reform oder Systemänderung, in: http://www.Forschung-und-lehre.de/archiv/08-01/hoffacker.html

Hoffmann, Dietrich/ Maack-Rheinländer, Kathrin (Hrsg.): Ökonomisierung der Bildung, Weinheim 2001

Hoffmann, Dietrich: Die Auswirkungen der ‚unsozialen Marktwirtschaft' auf den pädagogischen Zeitgeist, in: Hoffmann, Dietrich/ Maack-Rheinländer, Kathrin (Hrsg.): Ökonomisierung der Bildung, Weinheim 2001, S. 23 - 48

Hoffmann, Dietrich: Kritische Erziehungswissenschaft, Hamburg 2007

Höhne, Thomas: Evaluation als Medium der Exklusion, in: Weber, Susanne/ Maurer, Susanne (Hrsg.): Gouvernementalität und Erziehungswissenschaft, Wiesbaden 2006, S. 197 - 218

Holzer, Daniela: Widerstand gegen Weiterbildung – Weiterbildungsabstinenz und die Forderung nach lebenslangem Lernen, Wien 2004

Hüfner, Klaus u. a.: Konjunkturen der Bildungspolitik in der Bundesrepublik Deutschland, Bd. 1, Stuttgart 1977

Humboldt, Wilhelm von: Theorie der Bildung des Menschen, in: Röhrs, Hermann (Hrsg.): Bildungsphilosophie, Bd. 2. Frankfurt/ Main 1968, S. 56 - 60

Illich, Ivan: Lebenslängliche Verratlosung, Vortrag in Rahmen der Europäischen Konferenz ‚Lifelong Learning – Inside and Outside Schools', Ms., Bremen 1999, S. 12 - 13

Illich, Ivan: Entschulung der Gesellschaft, München 2003

Jameson, Frederic: Economics, Postmodernism and the Market, in: ders.: Postmodernism or The Cultural Logic of Late Capitalism, Durham 1997, S. 260 - 278

Kade, Jochen: Riskante Biographien und die Risiken lebenslangen Lernens, in: Faulstich-Wieland, Hannelore/ Nuissl, Ekkehard/ Siebert, Horst/ Weinberg, Johannes (Hrsg.): Literatur- und Forschungsreport Weiterbildung, Thema: Lebenslanges Lernen – selbstorganisiert?, Frankfurt/ Main 1997, S. 112 - 124

Kade, Jochen./ Seitter, Walter: Selbstbeobachtung: Professionalität lebenslangen Lernens, in: Zeitschrift für Pädagogik H. 3/ 2004, S. 338 - 341

Kahl, Reinhard: Der deutsche Hohlweg, in: Die Zeit, Nr. 45 vom 31.10.2002

Kamper, Dietmar: Geschichte und menschliche Natur, München 1973

Kant, Immanuel: Kritik der reinen Vernunft, Werkausgabe, Bd. IV, Frankfurt/ Main 1977

Kappner, Hans-Hartmut: Die Bildungstheorie Adornos als Theorie der Erfahrung von Kultur und Kunst, Frankfurt/ Main 1984

Kersting, Christa: Vom ‚Interimspädagogen' zum pädagogischen Unternehmer, in: Mangold, Max/Oelkers, Jürgen (Hrsg.): Demokratie, Bildung und Markt, Bern 2003, S. 145 - 174

Kessel, Fabian: Von Fremd- und Selbsttechnologien - mögliche Perspektiven einer Gouvernementalität der Gegenwart, in: Sozialwissenschaftliche Literaturrundschau, H. 43/ 2001, S. 5 - 13

Kiper, Hanna: Können Schulen ‚gemanagt' werden? Neue Aufgaben für Schulleitungen, in: Hoffmann, Dietrich/ Maack-Rheinländer, Kathrin (Hrsg.): Ökonomisierung der Bildung, Weinheim 2000, S. 165 - 184

Kirchhöfer, Dieter: Neue Lernkulturen im Spannungsfeld von staatlicher, öffentlicher und privater Verantwortung, in: Lohmann, Ingrid/ Rilling, Rainer (Hrsg.): Die verkaufte Bildung, Opladen 2002, S. 69 - 85

Kirchhöfer, Dieter: Lernkultur Kompetenzentwicklung, Berlin 2004

Klausenitzer, Jürgen: Privatisierung im Bildungswesen?, in: Die deutsche Schule, H. 4/ 1999, S. 504 - 514

Klausenitzer, Jürgen: Bildung und globaler Paradigmenwechsel, in: Die deutsche Schule, H. 2/ 2001, S. 242 - 245

Klausenitzer, Jürgen: Altes und Neues – Anmerkungen zur Diskussion um die gegenwärtige Restrukturierung des deutschen Bildungswesen, in: Widersprüche H. 1/ 2002, S. 53 - 68

Klausenitzer, Jürgen: Thesen zur Rationalisierung und Privatisierung im Bildungsbereich, in: Huffschmid, Jörg/ Attac (Hrsg.): Die Privatisierung der Welt, Hamburg 2004, S. 140 - 157

Klemm, Klaus u. a.: Bildung für das Jahr 2000, Reinbek 1985

Klieme, Eckhard u. a.: Expertise zu nationalen Bildungsstandards, Bonn 2003

Knobloch, Clemens: Eine neoliberale Transformationsgeschichte: Vom Bildungsprivileg zur Selbstoptimierungspflicht, in: SoWi H. 2/ 2004, S. 23 - 26

Knoll, Joachim H.: ‚Lebenslanges Lernen‘ und internationale Bildungspolitik: Zur Genese eines Begriffs und dessen nationalen Operationalisierungen, in: Brödel, Rainer (Hrsg.): Lebenslanges Lernen – lebensbegleitende Bildung, Neuwied 1998, S. 35 - 50

Koch, Lutz: Allgemeinbildung und Grundbildung, Identität oder Alternative?, in: Zeitschrift für Erziehungswissenschaft, H. 2/ 2004, S. 183 - 191

Koch, Lutz: Normative Empirie, in: Heitger, Marian u. a.: Kritik der Evaluation von Schulen und Universitäten, Würzburg 2004, S. 39 - 55

Koch, Lutz: Eine neue Bildungstheorie? in: Frost, Ursula (Hrsg.): Unternehmen Bildung. Die Frankfurter Einsprüche und kontroverse Positionen zur aktuellen Bildungsreform, Sonderheft der Vierteljahrsschrift für wissenschaftliche Pädagogik, Paderborn 2006, S. 126 - 139

Köller, Olaf: Bildungsstandards, einheitliche Prüfungsanforderungen und Qualitätssicherung in der Sekundarstufe II, in: Benner, Dietrich (Hrsg.): Bildungsstandards, Paderborn 2007, S. 13 - 28

Koneffke, Gernot: Einleitung zur Neuausgabe der bildungstheoretischen Schriften Heydorns in: Heydorn, Heinz-Joachim: Bildungstheoretische Schriften, Bd. 1, Frankfurt/ Main 1980, S. 7 - 48

Koneffke, Gernot: Überleben und Bildung. Zur Neufassung des Bildungsbegriffs bei H.-J. Heydorn; in: Das Argument, Sonderband 58/ 1981 (Die Wertfrage in der Erziehung), S. 163 - 194

Koneffke, Gernot, Globalisierung und Pädagogik, in: Jahrbuch für Pädagogik 2004, Frankfurt/ Main, S. 237 - 254

Koneffke, Gernot: Der Grund für die mögliche Befreiung von Herrschaft liegt im Diesseits – gegen die Theologisierung der kritischen Bildungstheorie, in: Pädagogische Korrespondenz, H. 33/ 2005, S. 15 - 41

Koneffke, Gernot: Einige Anmerkungen zur Begründung materialistischer Pädagogik, in: Keim, Wolfgang (Hrsg.): Bildung und gesellschaftlicher Widerspruch. Hans-Jochen Gamm und die deutsche Pädagogik seit dem Zweiten Weltkrieg, Frankfurt/ Main 2006, S. 29 - 44

Kost, Fritz: Volksschule und Disziplin, Zürich 1985

Kraul, Margret: Das deutsche Gymnasium 1780 – 1980, Frankfurt/ Main 1984

Kremer, Armin: Motive, Verlaufsdynamik und Ergebnisse der Bildungsreform, in: Bernhard, Armin/ Kremer, Armin (Hrsg.): Kritische Erziehungswissenschaft und Bildungsreform, Bd. 1, Hohengehren 2003, S. 165 - 182

Kultusministerkonferenz: 10 Thesen zur Bachelor- und Masterstruktur in Deutschland, o. O. 2003

Kultusministerkonferenz (Hrsg.): Bildungsstandards im Fach Deutsch für den Mittleren Schulabschluss, München 2004

Lange, Bernward: Produktmanager für Erziehung und Bildung? Was erwartet unsere Studentinnen und Studenten im Berufsleben?, in: Strittmatter-Haubold, Veronika/ Häcker, Thomas (Hrsg.): Das Ende der Erziehung? Lehren und Lernen für das nächste Jahrtausend, Weinheim 1998, S. 161 - 175

Langeveld, Martinus J.: Einführung in die Pädagogik, Stuttgart 1951

Lehr, Ursula/ Weinert, Franz E. (Hrsg.): Entwicklung und Persönlichkeit, Stuttgart 1975

Lemke, Harald: Kritik des populären Gouvernementalitäts-Diskurses, in: Aufklärung und Kritik, H. 1/ 2007, S. 93 - 106

Lemke, Thomas: Eine Kritik der politischen Vernunft. Foucaults Analyse der modernen Gouvernementalität, Berlin 1997

Lemke, Thomas: Neoliberalismus, Staat und Selbsttechnologien, in: Politische Vierteljahresschrift, H. 1/ 2000, S. 31 - 47

Lemke, Thomas: Stichwort: Gouvernementalität, in: Information Philosophie, H. 3/ 2002, S. 46 - 48

Lemke, Thomas: Stichwort ,Test' in: Bröckling, Ulrich/ Krasmann, Susanne/ Lemke, Thomas (Hrsg.): Glossar der Gegenwart, Frankfurt/ Main 2004, S. 263 - 270

Lenz, Werner: Lehrbuch der Erwachsenenbildung, Stuttgart 1987

Lenzen, Dieter: Vom Ideal der Allgemeinbildung zur Basiskompetenz, in: Bucher, Anton A./ Lauermann, Karin/ Walcher, Elisabeth (Hrsg.): … wessen der Mensch bedarf. Bildungsideale im Wettstreit, Wien 2005, S. 15 - 31

Lenzen, Dieter: Erziehungswissenschaft – Pädagogik, in: ders. (Hrsg.): Erziehungswissenschaft. Ein Grundkurs, Reinbek 1994, S. 11 - 41

Lersch, Rainer: Unterricht und Kompetenzerwerb. In 30 Schritten von der Theorie zur Praxis kompetenzfördernden Unterrichts, in: Die deutsche Schule H. 4/ 2007, S. 434 - 446

Lessenich, Stephan: Soziale Subjektivität. Die neue Regierung der Gesellschaft, in Mittelweg 36, H. 4/ 2003, S. 80 - 93

Levacic, Rosalind/ Hardman, Jason / Woods, Phil A.: Relating competition to school performance, Ljubljana 1998

Levacic, Rosalind/ Woods, Philip A.: Quasi-Markets and school performance: evidence from a study of English secondary schools, in: Weiß, Manfred/ Weishaupt, H. (Hrsg.): Bildungsökonomie und neue Steuerung, Frankfurt/ Main 2000, S. 53 - 95

Liesner, Andrea: Die Bildung einer Ich-AG. Anmerkungen zum Lehren und Lernen im Dienstleistungsunternehmen Universität, in: dies. und Sanders, Olaf (Hrsg.): Bildung der Universität, Bielefeld 2005, S. 43 - 64

Liesner, Andrea: Kontrolliert autonom. Zur Architektur des europäischen Hochschulraums, in: Weber, Susanne/ Maurer, Susanne (Hrsg.): Gouvernementalität und Erziehungswissenschaft, Wiesbaden 2006, S. 121 – 138

Liessmann, Konrad Paul: Theorie der Unbildung, Wien 2006

Lind, Georg: Erfahrungen mit Standards in den USA – eine Übersicht, in: Journal für Schulentwicklung, H. 4/ 2004, S. 55 - 60

Lohmann, Ingrid: Strukturwandel der Bildung in der Informationsgesellschaft, in: Gogolin, Ingrid/ Lenzen, Dieter (Hrsg.): Medien-Generation. Beiträge zum 16. Kongress der DGfE, Opladen 1999, S. 183 - 208

Lohmann, Ingrid: When Lisa Becomes Suspicious. Erziehungswissenschaft und die Kommerzialisierung von Bildung, in: Jahrbuch für Pädagogik 2001, Frankfurt/ Main 2002 a, S. 187 - 200

Lohmann, Ingrid: After Neoliberalism, in: Lohmann, Ingrid/ Rilling, Rainer (Hrsg.): Die verkaufte Bildung, Opladen 2002 b, S. 89 - 108

Lohmann, Ingrid: Bildungspläne der Marktideologen. Ein Zwischenbericht, in: Vierteljahrsschrift für wissenschaftliche Pädagogik, H. 3/ 2002c, S. 267 - 279

Lohmann, Ingrid: EHEA-Testgelände. Universität, Technologie und Bildungsmarkt, in: Huffschmid, Jörg/ Attac (Hrsg.): Die Privatisierung der Welt. Hamburg 2004, S. 166 - 175

Luhmann, Niklas: Codierung und Programmierung. Bildung und Selektion im Erziehungssystem, in: ders.: Soziologische Aufklärung 4, Opladen 1994, S. 182 - 201

Luhmann, Niklas: Kausalität im Süden, in: Soziale Systeme, H. 1/ 1995, S. 7 - 28

Luhmann, Niklas: Inklusion und Exklusion, in: ders.: Soziologische Aufklärung 6, Opladen 1995, S. 237 - 264

Luhmann, Niklas: Jenseits von Barbarei, in: Miller, Max/ Soeffner, Hans-Georg (Hrsg.): Modernität und Barbarei, Frankfurt/ Main 1996, S. 219 - 230

Luhmann, Niklas: Das Erziehungssystem der Gesellschaft, Frankfurt/ Main 2002

Lusseyran, Jacques: Das wiedergefundene Licht, München 1989

Masschelein, Jan/ Simons, Maarten: Globale Immunität- oder: Eine kleine Kartographie der europäischen Bildungsraums, Zürich/ Berlin 2005

Mattern, Cornelia/ Weißhuhn, Gernot: Einführung in die ökonomische Theorie von Bildung, Arbeit und Produktion, Frankfurt/ Main 1980

Maturana, Humberto R.: Erkennen: Die Organisation und Verkörperung von Wirklichkeit, Braunschweig 1985

Mayer, Ralf: Mysterium - Erfahrung - mediale Technik. Entgrenzende Technologisierung als Provokation für kritische Bildungstheorie, Diss. TU Darmstadt 2009

Mertens, D.: Schlüsselqualifikationen. Thesen zur Schulung für eine moderne Gesellschaft, in: Mitteilungen aus der Arbeitsmarkt- und Berufsforschung 1974, H. 7, S. 36 - 43

Messerschmidt, Astrid: Von der Kritik der Befreiungen zur Befreiung von Kritik? Erkundungen zu Bildungsprozessen nach Foucault, in: Pädagogische Korrespondenz, H. 36/ 2007 a, S. 44 - 59

Messerschmidt, Astrid: Kommentar zum Vortrag von Masschelein/ Simons während des 20. DGfE-Kongresses in Frankfurt/ Main, Manuskript 2007 b, S. 1-5 (in gekürzter Form in: Brumlik, Micha/ Merkens, Hans (Hrsg.): bildung – macht – gesellschaft. Beiträge zum 20. Kongress der DGfE, Opladen 2007, S. 204 – 205)

Messerschmidt, Astrid: Verdrängte Dialektik. Zum Umgang mit einer widersprüchlichen Bildungskonzeption in globalisierten Verhältnissen; in: Bünger, Carsten u. a.: Heydorn lesen!, Paderborn 2009, S. 109 - 122

Messner, Rudolf: Was Bildung von Produktion unterscheidet, in: Böttcher, Wolfgang/ Messner, Rudolf: Mit Standards Menschen bilden?, Hofgeismar, Evang. Akad., 2004, S. 19 - 45

Meyer-Dohm, Peter/ Nuissl, Ekkehard: P. Meyer-Dohm im Gespräch mit E. Nuissl: „Lernen wollen, können, dürfen!", in: DIE, H. 2/ 1997, S. 18 – 21

Morkel, Arnd: Die Universität muss sich wehren, Darmstadt 2000

Müller-Böling, Detlef: Die entfesselte Hochschule, Gütersloh 2000

Nath, Axel: Die Perioden des modernen Bildungswachstums, in: Apel, Hans-Jürgen/ Kemnitz, Heidemarie/ Sandfuchs, Uwe (Hrsg.): Das öffentliche Bildungswesen. Historische Entwicklung, gesellschaftliche Funktionen, pädagogischer Streit, Bad Heilbrunn 2001, S 14 - 48

Niethammer, Friedrich Immanuel: Der Streit des Philanthropinismus und Humanismus in der der Theorie des Erziehungs- Unterrichts unserer Zeit, Jena 1808 (bearbeitet von Werner Hillebrecht, Weinheim 1968)

OECD: Recurrent education – A strategy for lifelong education, Paris 1973

OECD: Human Capital Investment, Paris 1989

OECD: Literacy, Economy and Society, Paris 1995

OECD: Governance in transition, Paris 1995

OECD: Lifelong learning for all, Paris 1996

Oelkers, Jürgen/ Mangold, Max: Einleitung, in: Mangold, Max/ Oelkers, Jürgen (Hrsg.): Demokratie, Bildung und Markt, Bern 2003, S. 7 - 24

Oelkers, Jürgen: Die Internationalisierung der pädagogischen Theoriebildung, in: Fuchs, Eckhardt (Hrsg.): Bildung international, Würzburg 2006, S. 29 - 43

Ofenbach, Birgit: ‚Best Practices' im Systemvergleich, in: Pädagogische Rundschau, H. 3/ 2005, S. 267 – 278

Opitz, Sven: Gouvernementalität im Postfordismus, Hamburg 2004

Paulsen, Friederich: Das Deutsche Bildungswesen in seiner geschichtlichen Entwicklung, Leipzig 1906

Petersen, Peter: Führungslehre des Unterrichts (Langensalza 1937), Weinheim 1970 (9. Aufl.)

Picht, G.: Die deutsche Bildungskatastrophe, Freiburg 1964

Plessner, Helmut: homo absconditus, in: Merkur 1969, S. 989 - 998

Pörksen, Uwe: Plastikwörter. Die Sprache einer internationalen Diktatur, Stuttgart 1988

Polanyi, Michael: Implizites Wissen. Frankfurt/ Main 1985

Pongratz, Ludwig A.: Bildung und Subjektivität - Historisch-systematische Studien zur Theorie der Bildung, Weinheim 1986

Pongratz, Ludwig A.: Bildungstheorie im Prozess der Moderne – Perspektiven einer theoriegeschichtlichen Dekonstruktion, in: Bildungsforschung und Bildungspraxis 1987, S. 244 - 262

Pongratz, Ludwig A.: Pädagogik im Prozess der Moderne. Studien zur Sozial- und Theoriegeschichte der Schule, Weinheim 1989

Pongratz, Ludwig A.: Freiheit und Zwang – Schulische Strafformen im Wandel, in: Die deutsche Schule, H. 2/ 1995, S. 183 - 195

Pongratz, Ludwig A.: Zeitgeistsurfer. Weinheim 2003

Pongratz, Ludwig A.: Freiwillige Selbstkontrolle, in: Ricken, Nobert/ Rieger-Ladich, Markus (Hrsg.): Michel Foucault: Pädagogische Lektüren, Wiesbaden 2004, S. 243 - 260

Pongratz, Ludwig A.: Critical Theory and Pedagogy: Adorno und Horkheimer's Contemporary Significance for a Critical Pedagogy, in: G. Fishman/ Peter McLaren/ Heinz Sünker/ Colin Lankshear (Hrsg.): Critical Theories, Critical Pedagogies and Global Conflicts, Boulder/ Colorado 2005, S. 154 – 163

Pongratz, Ludwig A.: Subjektivität und Gouvernementalität, in: Hafeneger, Benno (Hrsg.): Subjektdiagnosen, Schwalbach/Ts. 2005, S. 25 - 38

Pongratz, Ludwig A./ Nieke, Wolfgang/ Wimmer, Michael (Hrsg.): Nach Foucault – Diskurs- und machtanalytische Perspektiven der Pädagogik, Wiesbaden 2004

Pongratz, Ludwig A./ Nieke, Wolfgang/ Wimmer, Michael (Hrsg.): Bildungsphilosophie und Bildungsforschung, Bielefeld 2006

Pongratz, Ludwig A./ Masschelein, Jan/ Simons, Maarten/ Bröckling, Ulrich (Hrsg.): The Learning Society from the Perspective of Governmentality, Oxford 2006

Pongratz, Ludwig A./ Reichenbach, Roland/ Wimmer, Michael (Hrsg.): Bildung – Wissen –Kompetenz, Bielefeld 2007

Pongratz, Ludwig A.: Untiefen im Mainstream. Zur Kritik konstruktivistisch-systemtheoretischer Pädagogik (Neuausgabe), Paderborn 2009

Radtke, Frank-Olaf: Das neue Erziehungsregime, in: Frost, Ursula (Hrsg.): Unternehmen Bildung. Die Frankfurter Einsprüche und kontroverse Positionen zur aktuellen Bildungsreform, Sonderheft der Vierteljahrsschrift für wissenschaftliche Pädagogik, Paderborn 2006, S. 45 - 49

Radtke, Frank-Olaf: Die Erziehungswissenschaft der OECD. Aussichten auf die neue Performanz-Kultur, in: Nittel, Dieter/Seitter, Wolfgang (Hrsg.): Die Bildung des Erwachsenen, Bielefeld 2003, S. 277 – 304

Reheis, Fritz: Bildung contra Turboschule, Freiburg 2007

Rehmann, Jan: Postmoderner Links-Nietzscheanismus. Deleuze und Foucault. Eine Dekonstruktion, Hamburg 2004

Rekus, Jürgen: Schulqualität durch Nationale Bildungsstandards?, in: engagement, H. 4/ 2004, S. 287 - 297

Rekus, Jürgen: Nationale Bildungsstandards – Grundlagen von Schulqualität? in: Rekus, Jürgen (Hrsg.): Bildungsstandards, Kerncurricula und die Aufgabe der Schule, Münster 2005, S. 77 - 90

Rckus, Jürgen: Kompetenz – ein neuer Bildungsbegriff?, in: engagement, H. 3/ 2007, S. 155 - 160

Ribolits, Erich: Die Arbeit hoch?, Wien 1997

Ribolits, Erich/ Zuber, Johannes: Pädagogisierung: Die Kunst, Menschen mittels Lernen immer dümmer zu machen, schulheft 116, Innsbruck 2004

Röder, Rupert: Funktionalisierung von Bildung im Bereich informations- und kommunikationstechnischen Lernens, in: Gieseke, W./ Meueler, E./ Nuissl, E. (Hrsg.): Zentrifugale und zentripetale Kräfte in der Disziplin Erwachsenenbildung, Mainz 1989

Rolff, Hans-Günther: Soziologie der Schulreform, Weinheim 1980

Roth, Heinrich: Begabung und Lernen, Stuttgart 1968

Roth, Heinrich: Pädagogische Anthropologie, Bd. 2, Hannover 1971

Ruhloff, Jörg: Bildung heute, in: Pädagogische Korrespondenz, H. 21/ 1998, S. 23 - 31

Ruhloff, Jörg: Die Universität ist kein Wirtschaftsbetrieb, in: Frost, Ursula (Hrsg.): Unternehmen Bildung. Die Frankfurter Einsprüche und kontroverse Positionen zur aktuellen Bildungsreform, Sonderheft der Vierteljahrsschrift für wissenschaftliche Pädagogik, Paderborn 2006, S. 31 - 37

Rumpf, Horst: Mit fremdem Blick, Weinheim 1986

Rumpf, Horst: Belebungsversuche. Ausgrabungen gegen die Verödung der Lernkultur, Weinheim 1987

Rumpf, Horst: Unterschlagene Erfahrungen, in: Frost, Ursula (Hrsg),: Unternehmen Bildung. Die Frankfurter Einsprüche und kontroverse Positionen zur aktuellen Bildungsreform, Sonderheft der Vierteljahrsschrift für Wissenschaftliche Pädagogik, Paderborn 2006, S. 64 - 68

Rutschky, Katharina (Hrsg.): Schwarze Pädagogik, Frankfurt/ Main 1977

Sablowski, Thomas: Privatisierung und Kapitalakkumulation, in: Huffschmid, Jörg/ Attac (Hrsg.): Die Privatisierung der Welt, Hamburg 2004, S. 27- 33

Salzmann, Christian Gotthilf: Moralisches Elementarbuch, Leipzig 1785

Schäfer, Alfred: Einführung in die Erziehungsphilosophie, Weinheim 2005

Schirlbauer, Alfred: Vom Verschwinden des Lehrers in der Neuen Lernkultur, in: Wenger-Hadwig, Angelika (Hrsg.): Der Lehrer – Hoffnungsträger oder Prügelknabe der Gesellschaft, Innsbruck 1998, S. 54 - 69

Schirlbauer, Alfred: Menschenführung durch Evaluation und Qualitätsmanagement, in: Heitger, Marian u. a.: Kritik der Evaluation von Schulen und Universitäten, Würzburg 2004, S. 57- 67

Schirlbauer, Alfred: Die Moralpredigt. Destruktive Beiträge zu Pädagogik und Bildungspolitik, Wien 2005a

Schirlbauer, Alfred: Humboldt incorporated, in: Dzierzbicka, Agnieszka/ Kubac, Richard/ Sattler, Elisabeth (Hrsg.): Bildung riskiert, Wien 2005 b, S. 227 - 235

Schirlbauer, Alfred: '…an Bildung festhalten, nachdem die Gesellschaft ihr die Basis entzog', in: Klement, Karl (Hrsg.): Trotzdem: Zuversicht, Hohengehren 2006, S. 31 - 40

Schmiede, Rudi: Informatisierung, Formalisierung und kapitalistische Produktionsweise. Entstehung der Informationstechnik und Wandel der gesellschaftlichen Arbeit, in: ders. (Hrsg.): Virtuelle Arbeitswelten, Berlin 1996, S. 15 - 48

Schroeder, Jörg: Emanzipation durch informatisierte Erwerbsarbeit?, Ms., Darmstadt 2002

Schuetze, Hans G.: Modelle und Begründungen lebenslangen Lernens und die Rolle der Hochschule – Internationale Perspektiven, in: Wiesner, Gisela/ Wolter, Andrea (Hrsg.): Die lernende Gesellschaft – Lernkulturen und Kompetenzentwicklung in der Wissensgesellschaft, Weinheim/ München 2005, S. 225 - 260

Seitter, Wolfgang: Geschichte der Erwachsenenbildung, in: Harney, Klaus/ Krüger, Heinz-Hermann (Hrsg.): Einführung in die Geschichte von Erziehungswissenschaft und Erziehungswirklichkeit, Opladen 1997, S. 311 - 329

Senge, Peter N.: Die fünfte Disziplin: Kunst und Praxis der lernenden Organisation, Stuttgart 2003

Sennelart, Michel (Hrsg.): Michel Foucault. Geschichte der Gouvernementalität, Bd. 1, Frankfurt/ Main 2004 a

Sennelart, Michel (Hrsg.): Michel Foucault. Geschichte der Gouvernementalität Bd. 2, Frankfurt/ Main 2004 b

Sennett, Richard: Autorität, Frankfurt/ Main 1990

Sennett, Richard: Der flexible Mensch – Die Kultur des neuen Kapitalismus, Berlin 1998

Sesink, Werner: Der Eigensinn des Lernens, Weinheim 1990

Simons, Maarten: Governmentality, Education and Quality Management, in: Zeitschrift für Erziehungswissenschaft, H. 4/ 2002, S. 617 – 633

Spiewak im Gespräch mit Dieter Lenzen zum Thema: Mit vier Jahren in die Schule, in: Die ZEIT, Nr. 47 vom 13.11.2003

Steiner-Khamsi, Gita: Innovation durch Bildung nach internationalen Standards?, in: Gogolin, Ingrid/ Tippelt, Rudolf (Hrsg.): Innovation durch Bildung. Beiträge zum 18. Kongress der DGfE, Opladen 2003, S. 141 - 162

Steinmetz, Ralf: Deutschlands Rückstand war absehbar, in: TUD intern 7/ 2000, S. 4

Tenorth, Heinz Elmar: Paradoxa, Widersprüche und die Aufklärungspädagogik, in: Oelkers, Jürgen (Hrsg.): Aufklärung, Bildung und Öffentlichkeit, 28. Beiheft der Zeitschrift für Pädagogik, Weinheim/ Basel 1992 a, S. 117 - 134

Tenorth, Heinz Elmar: Laute Klage, stiller Sieg, in: Zeitschrift für Pädagogik, 29. Beiheft, Weinheim/ Basel 1992 b, S. 129 - 139

Tenorth, Heinz Elmar: Engagierte Beobachter, distanzierte Akteure, in: Zeitschrift für Pädagogik, H. 1/ 1995, S. 3 - 12

Tenorth, Heinz Elmar: ‚Bildung‘ – Thematisierungsformen und Bedeutung in der Erziehungswissenschaft, in: Zeitschrift für Pädagogik, H. 6/ 1997, S. 969 - 984

Tenorth, Heinz-Elmar: Bildungsziele, Bildungsstandards und Kompetenzmodelle – Kritik und Begründungsversuche, in: Recht der Jugend und des Bildungswesens, H. 2/ 2003, S. 156 - 164

Tenorth, Heinz-Elmar: Bildungssystem im Wandel – Zwischen Eigendynamik, Politik und Pädagogik, in: Gogolin, Ingrid/ Tippelt, Rudolf (Hrsg.): Innovation durch Bildung. Beiträge zum 18. Kongress der DGfE, Opladen 2003, S. 325 - 332

Tenorth, Heinz-Elmar: Stichwort: ‚Grundbildung‘ und ‚Basiskompetenzen‘, in: Zeitschrift für Erziehungswissenschaft, H. 2/ 2004, S. 169 - 182

Tenorth, Heinz-Elmar: Milchmädchenrechnung, in: Die Zeit, 06.10.2005

Tenorth, Heinz-Elmar: Basiskompetenzen – Über die Ignoranz gegenüber dem Selbstverständlichen in der Bildungstheorie, in: Wessel, Karl-Friedrich (Hrsg.): Die Zukunft der Bildung und die Bildung für die Zukunft, Bielefeld 2007, S. 32 - 41

Terhart, Ewald: Standards für die Lehrerbildung, Münster 2002

Terhart, Ewald: Reform der Lehrerbildung: Chancen und Risiken, in: Gogolin, Ingrid/ Tippelt, Rudi (Hrsg.): Innovation durch Bildung. Beiträge zum 20. Kongress der Deutschen Gesellschaft für Erziehungswissenschaft, Opladen 2003, S. 163 - 180

Thomae, Hans: Das Individuum und seine Welt, Göttingen 1968

Thompson, Christiane: Diesseits von Authentizität und Emanzipation. Verschiebungen kritischer Erziehungswissenschaft zu einer ‚kritischen Ontologie der Gegenwart', in: Ricken, Norbert/ Rieger-Ladich, Markus (Hrsg.): Michel Foucault: Pädagogische Lektüren, Wiesbaden 2004, S. 39 - 56

Tillmann, Klaus-Jürgen: Aufgaben und Chancen öffentlicher Bildung, in: Mangold, Max/ Oelkers, Jürgen (Hrsg.): Demokratie, Bildung und Markt, Bern 2003, S. 305 - 324

Timmermann, Dieter : Bildungsmärkte oder Bildungsplanung: Eine kritische Auseinandersetzung mit zwei alternativen Steuerungssystemen und ihren Implikationen für das Bildungswesen, Mannheim 1985

Tippelt, Rudolf/ Mandl, Heinz/ Straka, Gerald: Entwicklung und Erfassung von Kompetenz in der Wissensgesellschaft, in: Gogolin, Ingrid/ Tippelt, Rudolf (Hrsg.): Innovation durch Bildung. Beiträge zum 18. Kongress der DGfE in München, Opladen 2003, S. 349 - 370

Titz, Ewald: Bilderverbot und Pädagogik, Weinheim 1999

Tuschling, Anna: Lebenslanges Lernen, in: Bröckling, Ulrich/ Krasmann, Susanne/ Lemke, Thomas (Hrsg.): Glossar der Gegenwart, Frankfurt/ Main 2004, S. 152 - 158

UNESCO: Learning: The treasure within, Paris 1996

vbw (Vereinigung der Bayerischen Wirtschaft) (Hrsg.): Bildung neu denken!, Bd. 1 (Das Zukunftsprojekt), Opladen 2003; Bd. 2 (Das Finanzkonzept), Opladen 2004

von der Groeben, Annemarie u.a.: Unsere Standards. Ein Diskussionsentwurf, in: Neue Sammlung, H. 2/ 2005, S. 253-297

von Hentig, Hartmut: Die Schule neu denken, München 1993

Voß, Günter G./ Pongratz, Hans-Joachim: Der Arbeitskraftunternehmer. Eine neue Grundform der Ware Arbeitskraft?, in: Kölner Zeitschrift für Soziologie und Sozialpsychologie, H. 1/ 1998, S. 131 - 158

Wagenschein, Martin: Erinnerungen für morgen, Weinheim 1983

Wayne, Andrew J./ Youngs, Peter: Die Art der Ausbildung von Lehrern und die Lerngewinne der Schüler. Eine Übersicht über aktuelle empirische Forschung, in: Zeitschrift für Pädagogik, 51. Beiheft, Weinheim/ Basel 2006, S. 71 - 96

Weber, Peter J.: Humankapital, Schulbildung und Wirtschaftswachstum, in: von Weizsäcker, K. (Hrsg.): Bildung und Wirtschaftswachstum, Berlin 1998, S. 49 - 76

Weiß, Manfred: Bildungsökonomie in den 90er-Jahren, in: Mangold, Max/ Oelkers, Jürgen (Hrsg.): Demokratie, Bildung und Markt, Bern 2003, S. 209 - 230

Weiß, Manfred: Stichwort: Bildungsökonomie, in: Zeitschrift für Erziehungswissenschaft, H. 2/ 2002, S. 183 - 200

Wiesner, Gisela/ Wolter, Andrea (Hrsg.): Die lernende Gesellschaft – Lernkulturen und Kompetenzentwicklung in der Wissensgesellschaft, Weinheim/ München 2005

Willke, Gerhard: Neoliberalismus, Frankfurt/ Main 2003

Zabeck, Jürgen: ‚Just in time' als Bildungspolitisches Prinzip?, in: Hoffmann, Dietrich/ Maack-Rheinländer, Kathrin (Hrsg.): Ökonomisierung der Bildung, Weinheim 2001, S. 79 - 91

Zenetti, Lothar: Texte der Zuversicht, München 1972

Zymek, Bernd: Re-Partikularisierung universalistischer Bildungssysteme?, in: Apel, Hans-Jürgen/ Kemnitz, Heidemarie/ Sandfuchs, Uwe (Hrsg.): Das öffentliche Bildungswesen. Historische Entwicklung, gesellschaftliche Funktionen, pädagogischer Streit, Bad Heilbrunn 2001, S. 84 - 102

Zymek, Bernd: Was bedeutet ‚Ökonomisierung der Bildung'? Analyse des Gutachtens der Vereinigung der Bayerischen Wirtschaft ‚Bildung neu denken! Das Zukunftsprojekt', in: Berliner Debatte Initial, H. 4/ 2005, S. 3 - 13